U0165449

智慧財產權法專論

——營業秘密實務暨資通安全與著作權法定授權

曾勝珍 | 著

五南圖書出版公司 印行

序

　　這本專書的產生，首先感謝五南靜芬副總編輯與伊真編輯的協助，甫於今年2月1日申請自願退休的我，才能有持續出版的機會。

　　離開專任教職的我，仍繼續貢獻專長，無論是演講、審查、評鑑等工作，都有更多的餘裕度，而這一切要感謝我多年的行政助理—胡萱婷小姐的支持；此本專書收錄的共同著作，則是研究生們與我共同走過的研究軌跡。

　　家人們永遠都是我最強大的支援團隊，孫兒、孫女的誕生是我們莫大的喜悅，學者奶奶會繼續發揮專長，回饋讀者們。

曾勝珍
2021年春天

目　錄

|第一章|
2016年美國營業秘密防衛法修法前後之案例探討

A Discussion about Cases Before and After the Amendments in the U.S. Defend Trade Secrets Act of 2016

曾勝珍*

* 嶺東科技大學財經法律研究所教授，shengtseng1022@gmail.com。

壹、前言

　　創新科技改變企業秘密資訊被竊取的途徑，網路駭客入侵竊取機密，形成國家社會發展的巨大威脅。各類型的企業為了防堵因應經濟間諜的竊取行為，相對更新電腦設備與措施，電腦駭客往往技高一籌，攻擊突破防火牆的技術節節上升，3C 產品的普及化與價格的下跌，使得竊取或不當使用營業秘密的行為更為便利，一般的受僱人也很容易從事企業內的竊取行為。因為科技的發達，營業秘密的保障更形不易，營業秘密是企業經濟命脈當中的重要環節之一，以美國而言，缺乏聯邦法規的保障，徒增營業秘密被竊取與不當使用的漏洞。

　　2016 年美國國會的會議紀錄指出美國企業中將近百分之八十的是無體財產權[1]，其中大多數是屬於營業秘密的智慧財產權。公開上市交易的公司（Publically Traded Companies, PTCs）持有將近 5 兆美元價值的營業秘密，相等於美國整年一半的經濟價值[2]。2014 年的資料顯示，每年有高達 1,600 億到 4,800 億美元的損失[3]。經濟間諜案件對於每年的經濟損失，確實造成巨大影響，金額也難以估計。2016 年美國營業秘密防衛法（Defend Trade Secrets Act of 2016, DTSA）制定通過之後，被害人可以直接在聯邦法院提起訴訟，或選擇在各州州法院提出訴訟。DTSA 使被害人可以直接由聯邦法規尋求保護，同時各州不再各自為政，這也是 DTSA 通過的重要因素。

　　不論是企業外部或是內部的營業秘密竊取或不當使用的情

---

[1]　162 CONG. REC S1626 (daily ed. Apr. 4, 2016) (statement of Rep. Klobuchar).

[2]　162 CONG. REC. H2033 (daily ed. Apr. 27, 2016) (statement of Rep. Nadler).

[3]　Kaylee Beaucha, *Comment: The Failures Of Federalizing Trade Secrets: Why The Defend Trade Secrets Act Of 2016 Should Preempt State Law*, 86 Miss. L.J. 1033 (2017).

況，皆構成對企業難以彌補的傷害[4]，新興科技的崛起與更迭，造成對營業秘密保障的莫大威脅，聯邦法院有關營業秘密的訴訟，從 1988 年到 1995 年數量加倍，1995 年到 2004 年再呈現加倍現象，曾有學者於 2010 年推測 2017 年數量至少會再增加二到三倍[5]。DTSA 通過前，Senator Chris Coons 提出的統計數字，說明一年間因為營業秘密的損失高達 1 億 6,000 萬至 4 億 8,000 萬美元[6]。前述的經濟損失足以說明，DTSA 之前對營業秘密的法規規範不足，並且無法提供被害人足夠的保障，加上近年來，原本仰賴以專利保障的案件，因為受限於專利申請期間冗長與程序的繁瑣，企業轉而引用營業秘密保障企業本身的智慧財產權。

　　科技進步神速，個人或企業組織能有更便捷省時的方式，如增加企業可以在聯邦法院提出民事救濟的請求，來防堵與懲治侵入與竊取他人企業秘密資訊等惡行，美國因為聯邦法規範的不足進而促成聯邦法規的增修，因此觀察其修法背景和施行成效成為本文研究動機。

貳、營業秘密修法與侵害理論

一、修法背景

　　美國統一營業秘密法（Uniform Trade Secrets Act, UTSA）於 1979 年制定，並於 1985 年由美國統一法律協會（Uniform Law Commission, ULC）增修，除了內布拉斯加州以外，採用 UTSA 的

---

[4]　Alissa Cardillo, *Another Bite At The Apple For Trade Secret Protection: Why Stronger Federal Laws Are Needed To Protect A Corporation's Most Valuable Property*, 10 Brook. J. Corp. Fin. & Com. L. 577 (2016).

[5]　David S. Almeling et al., *A Statistical Analysis of Trade Secret Litigation in Federal Courts*, 45 GONZ. L. REV. 291, 293 (2010).

[6]　162 CONG. REC. S1630 (daily ed. Apr. 4, 2016) (statement of Rep. Coons).

各州亦增加修訂對營業秘密的定義規範[7]，目前美國有四十八州與華盛頓特區適用統一營業秘密法。UTSA[8] 截至 2018 年 3 月，除麻省（Massachusetts, MA）[9]、紐約（New York, NY）[10]，已有四十八州遵循或採納 UTSA 部分框架[11] 與華盛頓特區適用，惟因各州所持理論依據不同，因而對營業秘密保護尺度不一，造成不少公司及產業的困擾，且許多州在執行相關法規時，受限各州預算及管轄權，造成執行面困難重重，又如該法主要針對民事救濟程序，無有效遏止侵害營業秘密所造成的實際損害，或竊賊之犯意及犯行等。美國律師協會中「針對營業秘密保護法案的特別委員會」（American Bar Association's Special Committee on the Uniform Trade Secrets Protection Act）指出，某些農業州或人口數較為稀少的州，在搭配或銜接營業秘密保護的法規上，較無法發展出相對應的司法制度[12]。

與此性質相關的還有「1986 年電腦詐欺與濫用法」（1986

---

[7] Richard F. Dole, *Identifying The Trade Secrets At Issue In Litigation Under The Uniform Trade Secrets Act And The Federal Defend Trade Secrets Act*, 33 Santa Clara High Tech. L.J. 476 (2017).

[8] Uniform Trade Secrets Act, 14 U.L.A. 369 (1985 & Supp. 1989).

[9] MASS. GEN. LAWS ANN. ch. 266, §30(4) (West 2008).

[10] Ashland Mgmt. Inc. v. Janien, 82 N.Y.2d 395, 407 (1993).

[11] 2013 年 5 月 2 日德州簽署德州統一商業秘密法（TUTSA）。Sorana Georgiana Ban and Katarzyna Brozynski, PROTECT YOUR TRADE SECRETS-TUTSA, *Gray Reed & McGraw, P.C.,* May 30, 2013, http://www.grayreed.com/NewsResources/Legal-Updates/40227/Protect-Your-Trade-Secrets-TUTSA (last visited: 10/29/2017). "Legislative Fact Sheet," Uniform Law Commission, http:http://www.uniformlaws.org/LegislativeFactSheet.aspx?title=Trade%20Secrets%20Act (last visited: 3/27/2018).

[12] Unif. Trade Secrets Act With 1985 Amendments, Prefatory Note (Unif. Law Comm'n 1985).

Computer Fraud and Abuse Act, CFAA）[13] 與「1996 年經濟間諜法」
（Economic Espionage Act of 1996, EEA）[14]，EEA 著重於懲戒與查緝
外國政府或企業在幕後支持的經濟間諜，若是美國本土企業遭受侵
害，反而無法得到合理賠償，特別是小規模的公司，無論在查緝或
訴訟上都無法得到相對應的配套措施，UTSA 嘗試解決各州之間對
於營業秘密案件見解分歧的現象，並嘗試尋找一致性的解決方案。

　　公司必須舉證證明欲保障的資訊內容，符合營業秘密的定
義，其中最重要的是秘密所有人必須盡相當努力維護其秘密。2004
年 *MicroStrategy, Inc. v. Business Objects, S.A.* 案 [15]，維吉尼亞州法院
判決指出，原告爲軟體開發商，其文件內容載明所有營銷策略與競
爭優勢，當然具備獨立經濟價值，是值得被保護的營業秘密。相反
地，2007 年在華盛頓州另外一件判決中，法院認爲原告主張的保
險申報說明手冊並不具備經濟價值，亦未被競爭對手視爲是具備競
爭優勢的資料 [16]。

（一）營業秘密定義不夠明確

　　定義中具有獨立經濟價值，不爲社會大眾輕易得知，也不能爲
一般人輕易取得，營業秘密的要件其中之一，是必須要有相當的
經濟價值，無論是現在或未來的潛在價值，或者是競爭對手願意
出價購買的價值。此外，營業秘密的定義，還包括並不能爲一般人
所輕易得知的資訊，這點在 DTSA 與 UTSA 的規範中雖然用語有
些許不同，然而實際意義是一致的，因此適用聯邦或各州州法並無
差別。最後一個最重要的要件是營業秘密的所有人盡所有合理努

---

[13] 18 U.S.C. § 1030(2015).

[14] 18 U.S.C. § 1831(2015).

[15] *MicroStrategy, Inc. v. Business Objects, S.A.*, 331 F. Supp. 2d 396, 422 (E.D. Va. 2004).

[16] *Woo v. Fireman's Fund Ins. Co.*, 137 Wash. App. at 489, 154 P.3d 236, 240 (2007).

力，保持秘密的完整性。以下各個法院對此定義[17]，做出細緻分別。

原告必須付出相當合理努力維持資訊之秘密性，如馬里蘭州法院判決原告勝訴，原告與重要的在職員工簽署保密合約，並且要求簽約員工必須保密的對象，包括其他第三人，如合作廠商[18]。伊利諾州的判決則認為原告既未將其視為重要的客戶名單上鎖保管，也未主動告知受僱員工該名單的重要性，判決結果認為原告未盡保守秘密的合理努力[19]。另外一個威斯康辛州的判決，即使原告與受僱人簽署保密契約，然而判決結果認為原告主張的客戶名單、潛在客戶名單與程式軟體等，皆不構成原告值得受保護的營業秘密，因為原告付出維護秘密資訊的努力不夠，因此不足以彰顯該資訊的獨立價值[20]。

喬治亞州法院判決認為要求受僱人簽署保密契約，並不足以構成原告保障其客戶名單成為營業秘密的理由，因為未見原告其他的努力[21]；另外一個伊利諾州的案件，原告亦無法主張其客戶名單是值得受保護的營業秘密，因為原告與離職的受僱人，簽訂離職後僅有一年的保密期間，以此協定無法證明原告付出的努力[22]。此外，有利於原告的判決如下，如奧克拉荷馬州，雖然原告未與被告簽署保密協定，然而員工手冊中明定競業禁止條款，因此原告主張的客

[17] 討論 UTSA 中 generally known to 與 readily ascertainable 等用語，參見 *United States v. Lange,* 312 F.3d 263, 267 (7th Cir. 2002) 與 *United States v. Hsu,* 155 F.3d 189, 196 (3d Cir. 2001) 等判決。

[18] *Liberty Am. Ins. Group, Inc. v. WestPoint Underwriters, L.L.C*, 199 F. Supp. 2d 1271, 1286 (M.D. Fla. 2001).

[19] *Jackson v. Hammer*, 653 N.E.2d 809, 816 (Ill. App. 4th Dist. 1995).

[20] *ECT Int'l, Inc. v. Zwerlein*, 597 N.W.2d 479, 484-485 (Wis. Ct. App. 1999).

[21] *Equifax Services, Inc. v. Examination Mgmt. Services, Inc.*, 453 S.E.2d 488, 493 (Ga. Ct App. 1994).

[22] Dole, *supra note* 7, at 275.

戶名單被視爲是營業秘密[23]。觀察前述例子，得出結論，各州之間因爲規定不同，涉及跨州業務的企業廠商，必須對各州的法規融會貫通，自行趨吉避凶。現狀說明對聯邦法規的需求強度增加，需要建立加強法規，促使呈現一套完整的法規，藉以解決各州對營業秘密保護與維持的一致性。

美國經濟間諜法（EEA）之制定爲有效處理並解決上述疑義[24]，然而觀察美國實務，EEA雖有防範與制裁外國經濟間諜之目的，單以美國境內的營業秘密維護而言，並未達到預期的功能，因EEA未能提供民事損害賠償，又非由受害人而是檢察官決定全案偵查與否，且舉證刑事侵害責任遠高過民事侵害責任。

如1996年EEA當時的立法背景，維護創作者的創作動機，只有受到相對應的保障，才會讓創作發明者願意持續投注熱情，其他如商標法、著作權法、專利法，皆有聯邦法的規定，如果將EEA其中有關聯邦民事救濟的規定，再加上刑事制裁的罰則，就能解決問題。缺乏一致性的聯邦法規，造成各州各級法院審理時的標準不一，在科技工具發達盛行的今日，五十州仍然未有一致標準。雖然有論者以爲聯邦民事營業秘密法規，可能造成適用疑義，因爲未能排除各州法的適用，反而造成和各州法交疊[25]，加上若未涉及跨州的產品或服務範疇的營業秘密，各州內的營業秘密爭端又跟聯邦法規無涉，因此，造成適用標準難以一致。

---

[23] *AllTech Commc'ns, LLC v. TelWorx Commc'ns, LLC, 2010 WL 3732150, at *5* (ND. Okla. 2010).

[24] 18 U.S.C. §§1831-1839. The Economic Espionage Act of 1996, Pub.L. No. 112-236, 126 Stat. 1627 (2012).

[25] Letter from David Levine et al., Professors Intellectual Property Law, to Congress Opposing Trade Secret Legislation (August 26, 2014), http://infojustice. org/wp-content/uploads/2014/08/Professor-Letter-Opposing-Trade-Secret-Legislation.pdf (last visited: 5/17/2017).

（二）增加聯邦相關民事法規

　　EEA 通過的原因乃為維護積極創造力的國家，必須有相對應的法律工具，網路經濟間諜竊取美國產業鏈的案例，尤其來自中國大陸，造成經濟安定的重大危險[26]。此外，國會應當如2015年營業秘密法（DTSA of 2015）的內涵，增加聯邦營業秘密的民事法規，提供被害企業或組織的求償範圍[27]，要增加民事賠償的前提必須符合以下條件[28]：1.任何依據聯邦民事程序準則（Federal Rules of Civil Procedure, FRCP）的執行命令，都不能違反營業秘密的保障；2. 不執行查封將對被害人造成直接的經濟損失；3. 執行查封的結果一定是利大於弊，才能執行；4. 涉及到的資訊內容屬於營業秘密，若未執行查封，當有人不當使用或洩漏，會造成營業秘密外洩；5. 被害人必須是營業秘密的所有人；6. 若未執行查封，被告有可能讓營業秘密無法再被維護，甚或消失無蹤。以上，必須由法院基於急迫性、經濟價值與造成的損害與未給予查封命令而增加的額外傷害等因素而做出決定。

　　DTSA 制定通過後對於聯邦統整營業秘密法規的適用，除之前討論的優點外，也有反對意見，經由 42 位法律教授連署寄信給國會。反對理由乃認為對小型企業不利，妨礙受僱人的任職自由，造成營業秘密法規的不統一性[29]。另外一種見解指出，營業秘密的洩漏與當今員工更換工作的頻繁速度，加上有別於從前僱傭關係的誠信原則，現在員工對職場的熱情和對僱用人的忠誠度，相較從前明

---

[26] Beaucha , *supra note* 3, at 1035.

[27] *See* H.R. 3326, S. 1890.

[28] H.R. 3326.

[29] Professors' Letter in Opposition to the Defend Trade Secrets Act of 2015 (S. 1890, H.R. 3326) (November 17, 2015), https://cyberlaw.stanford.edu/files/blogs/2015%20Professors%20Letter%20in%20Opposition%20to%20DTSA%20FINAL.pdf (last visited: 3/26/2018).

顯低落許多，這也是造成營業秘密案件增加的原因之一。

　　DTSA 通過之前，42 位法學教授聯名反對 DTSA 法案的理由如下 [30]：1. 此法主要爲避免網路經濟間諜行爲，然而適用聯邦營業秘密法，並無法阻止網路經濟間諜的問題；2. 聯邦營業秘密法並不足以保障美國營業秘密，因爲相關的配套州法早已存在；3. 爲了防堵並進行聯邦民事程序的救濟，將會耗費相當多的經濟資源。連署信中建議 [31] 國會必須重新思考 DTSA 通過的影響，此法案暗示確認「不可避免揭露原則」（inevitable disclosure doctrine）的存在；此法案通過會增加相關案件法律訴訟必須耗費的時間與費用；反而會造成營業秘密法規的不一致。

　　首先，信件內容針對扣押條文，條文中的扣押規定對小企業的傷害更大，該規定不但模糊且對企業的研發造成寒蟬效應，同時也增加許多昂貴的訴訟費用 [32]；其次，條文中禁制令的規定無異承認聯邦法確認「不可避免揭露原則」[33]；此法案通過會增加相關案件法律訴訟必須耗費的時間與費用，增加訴訟的過程與費用，因爲原告必須證明被告行爲符合貿易條款（Commerce Clause）中 [34]，不當使用營業秘密的要件規定，才能依據聯邦民事執行程序（Federal Rules of Civil Procedure）進行救濟 [35]；最後，反而造成營業秘密法規的不統一性，增加當事人法庭選擇（forum shopping）的更多可能性。

　　James Pooley 是少數贊成 DTSA 的法律學者之一，他對前述的

---

[30] *Id.*

[31] *Id.*

[32] *Id.* at 3-4.

[33] *Id.* at 4.

[34] S. REP. No. 114-220, at 14-15 (2016).

[35] Professors' Letter in Opposition to the Defend Trade Secrets Act of 2015, *supra note* 29, at 6.

反對意見,藉由發表文章闡述立場[36],他以為影響研發是毫無根據的說法,條文默示採納「不可避免揭露原則」的論述毫不足取;法案徒增案件訴訟過程的冗長與花費,反對者必須提出明確證據,最後,此法案正是因應各州州法規定不一,反對者認為會破壞各州營業秘密相關法規的一致性,說詞正好顛倒。相反地,他主張此法案對於增進營業秘密案件的審理,特別在因應國際性案件能提供統合性的準則與基準。他認為此法案最大的問題,在於此法並無法提供一致性的使用準則,反而徒增訴訟的過程費用,造成對於小企業更大的不安定感,雖然聯邦與州法併行,並無法避免先行適用州法[37]。

企業在州法與聯邦法的調適中,只會更增加訴訟成本[38],因為必須搭配兩種規定的需求,企業內部成本必增無疑[39],因為必須在受僱人的僱傭契約或條款中訂明內容,因為草案的要求,企業必須重新擬定員工守則或契約規範,當然造成公司成本增加。

(三)各州見解不一致

各州之間法規適用的不同自然會產生法庭選擇的問題,因此統一的聯邦民事法規,自然能夠解決此類問題,尤其是當被告涉嫌竊取不同州的營業秘密時,透過聯邦法規才足以讓被告賠償被害公司的損害;此外,受僱人在不同州際之間轉換工作時,一樣會有使用何種州法的疑慮。聯邦法院對於跨州的案件在管轄權與訴訟經驗上,比起各州的法院自行審理,與當事人考量法庭選擇等部分,

---

[36] Beaucha, *supra note 3*, at 1062.

[37] Beaucha, *supra note 3*, at 1064.

[38] Professors' Letter in Opposition to the Defend Trade Secrets Act of 2015, *supra note 29*, at 6.

[39] 18 U.S.C.A. §1833(b)(3)(A) (West 2016).

更加適合[40]。隨著時代變遷，法規必須與時俱進，當現狀無法被滿足，問題層出不窮，只能展望未來，馬上做出改變與因應。

美國營業秘密法多年以來往往依據各州法院的判決見解，從根據侵權行為整編解釋（Restatement of Torts）對營業秘密的定義，再加上各個案例事實的內容，作出判決結果成為該法實務運作模式。UTSA 認為「預先防範的措施」（Reasonable Secrecy Precautions, RSP）的規定係獨立存在的要件要求，原告對於秘密資訊的保密性維護，乃為主張營業秘密受侵害的必要條件[41]，將 RSP 視為營業秘密的要件並不恰當，代表形成營業秘密的保護要件，貌似多了一項額外的要求，同時增加法院在判決解釋上的困難。RSP 對於權利人而言並不容易，因為要求權利人事前做好避免營業秘密被洩漏的各種作為去應付可能出現的侵權人，實屬不易。RSP 的規定增加對經濟獨占與道德倫理的判斷難度，增加被害人求償的困難及費用。因此，如何鼓勵企業研發，而非投注精力和時間在避免營業秘密的被竊取上，如此才會形成營業秘密保障的實質意義[42]。總體而言，法官在做出判斷時須衡量被告的動機，配合觀察被告的行為，如此才能做出被告是否違背誠信，且行為乃為惡意的結論，平衡被害人必須為其營業秘密舉證的責任，亦即被害人（如原告）在遵守 RSP 規定時，即使疏漏仍可受到保護。

亦有法院認為此項要件乃為佐證營業秘密的獨立經濟價值而存在，因為企業若願意投入經費，維護該等秘密資訊，一定代表該等資訊具有一定的價值，企業才會投注經費予以保護。同樣地，當有論者以為 RSP 的要件規範，只能作為資訊保持秘密性的情狀證據，頂多證明該類資訊並非一般人可輕易接觸或獲知的佐證，並非

---

[40] Cardillo, *supra note* 4, at 602.

[41] 14 U.L.A. 433 (2015).

[42] Deepa Varadarajan, *Trade Secret Precautions, Possession, and Notice*, 68 Hastings L.J. 374 (2017).

所有案例都可以適用此項原則。亦有論者以為 RSP 的意義在於，要求權利所有人做出更多保障營業秘密的預防工作，代表被告惡意竊取的行為更加明顯，除非被告已經承認，否則 RSP 的規定，亦即另外成為不當竊取營業秘密的獨立要件，形成主張被告不當行為的佐證。本文提供另外一個判斷準則，如果適用有體物竊取的種種規範，在營業秘密的案件中，是否只要確認有助排除其他複雜要件的考量，就有實益，因為光是 RSP 的調查和判定就非常複雜，往正面思考，反而節省時間。

　　1889 年紐約法院在 *Bristol v. Equitable Life Assurance Society* 案[43] 中，拒絕原告的請求，本案有關一個招攬人身保險的新系統，判決主軸以「當事人是否擁有控制權與主權」作為審定標準，這個十九世紀的判決用大自然的動物比擬對物的控制與主權。權利人必須盡力維護其資訊的保密性，並善盡合理努力保障自身權益。若將 RSP 的要件內容視為效益化的優點，類比為侵權法中的共同過失（contributory negligence）理論，此理論中原告因為自己的與有過失而必須共同承擔責任，因為受害人應注意能注意而不注意，為此，立法本意乃為節省社會成本，提高當事人的注意義務，若其能預先防範，當屬有利[44]。但是如此的規範要求，卻給一般企業產生莫大的壓力，即使法律並未嚴格要求，企業會因為自行把關，預做防範工作，企業為維持本身的秘密資訊，原本就會為維護其秘密性而做出努力。

　　福特汽車公司發生受僱人竊取公司營業秘密，將其移轉給中國大陸的新雇主，福特公司初步估計因此遭受的經濟損失為 5,000 萬到 1 億美元之間[45]。2012 年 FBI 官網宣稱經濟間諜的威脅造成美國

---

[43] *Bristol v. Equitable Life Assur. Soc'y of the U.S.*, 5 N.Y.S. 131, 132-33 (1889).

[44] Varadarajan, *supra note* 42, at 377.

[45] 112 CONG. REC. S5086 (daily ed. July 17, 2012) (statement of Rep. Kohl).

高達 130 億美元的損失，其後數個相關法案嘗試通過國會審查[46] 皆未成功，直至 2016 年 5 月，期間亦有 31 位教授連署提出反對意見，主因是並不認為新的方案可以解決任何問題，反對的理由如下[47]：1. 有效率與一致性的各州州法已經存在；2. 新的法案將會破壞各州州法既有的統一性，創造出另外一個平行的、多餘冗長的無實質意義的法令；3. 此法案失去平衡性，只會被利用來作為妨礙競爭的目的；4. 此法案增加營業秘密被意外洩漏的危險性；5. 此法案存在潛在的風險，可能損害資訊取得的客觀性，影響企業正常發展與勞工轉換工作的可能性。

（四）營業秘密案件訴訟費用相當昂貴

營業秘密的案件訴訟費用相當昂貴，一般而言，大約在 100 萬到 1,000 萬之間[48]，依據 DTSA 的案件訴訟費用很高，原因有幾，首先，原告可能在聯邦或州皆提出訴訟，還有可能依據 CFAA 提出其他請求[49]；其次，訴訟費用的增加造成營業秘密獨占的案例增多[50]；再者，DTSA 內容明確規定，若影響到僱傭關係的建立[51]，將

---

[46] Trade Secrets Protection Act of 2014, H.R. 5233, 113th Cong. (2014).

[47] Professors' Letter in Opposition to the "Defend Trade Secrets Act of 2014" (S. 2267) and the "Trade Secrets Protection Act of 2014," (H.R. 5233) (August 26, 2014), https://papers.ssrn.com/sol3/papers.cfm?abstract_id=2699735 (last visited: 3/26/2018).

[48] *Id.*

[49] Eric Goldman, *The New 'Defend Trade Secrets Act' Is the Biggest IP Development in Years*, FORBES.COM (April 28, 2016, 1:04 PM), https://perma.cc/FG8U-52SF (last visited: 4/9/2019).

[50] David S. Levine & Sharon K. Sandeen, *Here Come the the Trade Secret Trolls*, 71 WASH. & LEE L. REV. ONLINE 230, 232 (2015), https://scholarlycommons.law.wlu.edu/cgi/viewcontent.cgi?article=1013&context=wlulr-online (last visited: 4/9/2019).

[51] 18 U.S.C.A. § 1836(b)(3)(A)(i)(I) (West 2016).

不會同意核發原告申請的禁制令，因為不利於鞏固僱傭關係的穩定性，並非此法案的立法用意。因此原告只能夠儘量利用其他的貿易條款（Commerce Clause）[52]，增加請求的可行性，如此，徒增訟累。最後，反對者認為因為訴訟救濟程序，尚需搭配一般正常的民事訴訟過程（Federal Rules of Civil Procedure）[53]，如此無意疊床架屋，除了增加更多訴訟的費用與繁瑣的過程，未見實益。

2016 年 4 月 4 日前，參議院全數通過對 DTSA 的提案，Senators Hatch 與 Coons 介紹此法案[54]，司法院所轄的智慧財產權與網路委員會（House Committee on the Judiciary and the Subcommittee on Courts, Intellectual Property and the Internet），於 2016 年 4 月 26 日未加任何補充條文予以通過 DTSA 法案[55]，次日國會表決 410 票同意，只有 2 票反對，其一為創造網路科技平台的 Thomas Massie，本身發明多項專利，創立獲利成長良好的 SensAble Technologies 公司，他的反對與國會通過此法案成為明顯對比，以其本身豐富的智慧財產權的背景經歷，卻反對此法案，令人深省[56]。

二、修法內涵

營業秘密在智慧財產權中的地位愈趨重要，由以往的灰色地帶進入重要階段。2016 年 5 月 11 日美國總統歐巴馬簽署了聯邦位階

---

[52] S. REP. No. 114-220, at 14-15 (2016).

[53] Professors' Letter in Opposition to the Defend Trade Secrets Act of 2015, *supra note* 29, at 6.

[54] 162 CONG. REO. S1626 (daily ed. Apr. 4, 2016) (statements of Reps. Hatch & Coons).

[55] H.R. REP. No. 114-529, at 1-6 (2016).

[56] Beaucha , *supra note* 3, at 1050.

的「營業秘密防衛法」（DTSA）[57]，整合並加強對營業秘密保護的規定。有學者認為 DTSA 是美國聯邦商標法立法以來，最重要的聯邦層級智慧財產權法案。DTSA 對被害人的補償，包括符合衡平原則的救濟，估算行為人不當使用行為的授權費用，被害人的實際損失與所失利益。此外，依據侵害態樣的嚴重程度，判斷是否需要額外增加懲罰性的賠償金，還有律師費用的請求。

美國 DTSA 制定通過之後，被害人可以直接在聯邦法院提起訴訟，或選擇在各州州法院提出訴訟，DTSA 並未優於州法適用，取決於被害人的法庭選擇自由（Forum Selection），DTSA 賦予原告最強大且避免營業秘密被洩漏到海外或對公眾洩漏的救濟手段，允許原告在特殊情形下，例如可能發生立即而無法彌補的損害時，得單方聲請扣押遭到不當取得的營業秘密，無須通知對造。目前美國沒有任何州法律有這樣類似規定。

（一）營業秘密所有人得於聯邦法院提起民事訴訟

DTSA 允許營業秘密遭到不當取得時，所有人得於聯邦法院提起民事訴訟，但這項營業秘密必須是用於或將用於跨州使用、外國商業使用相關的產品或服務，即使這項營業秘密在被不當取得時是僅供被害人內部使用，仍得向聯邦法院主張。只要符合「(1) 該等資訊的所有人已經採取合理措施保護秘密性及 (2) 該等資訊由於並非公知，或非可被公眾輕易得知，因此具有現實上或潛在的獨立經濟價值」定義方式。換句話說，透過 DTSA 提起訴訟的侵害標的範圍，可能比州法更廣泛。「不當取得」的定義和統一營業秘密法相同，包括未經同意取得明知透過不當方法取得的營業秘密等。不當方法則包括竊取、賄賂、不實陳述、違反或誘導違反保密義務、以電子或其他手段從事間諜活動等，但不包括逆向工程、獨立

---

[57] Defend Trade Secrets Act of 2016, Pub. L. No. 114-153, 130 Stat. 376, 381 (codified as amended at 18 U.S.C. § 1836 (2012)).

推導，或收購等其他合法方式。

　　DTSA 使秘密所有人（原告）在涉及與州際貿易相關的商品或服務的營業秘密時，可以提起民事訴訟的請求[58]，包括禁制令、實際損失、不當得利、授權金、律師費用或其他懲罰性損害賠償[59]，特別是在民事訴訟過程中，可以避免系爭資訊或秘密被洩漏，原告可以向法院提起的保全程序[60]，有別於以往的證據保全，此乃DTSA效力優於州法的特點。

　　DTSA 法規有以下特色，必須符合第 1836 條[61]八項要件後才能請求民事執行命令，對於系爭機密資訊的保障更為嚴格，避免訴訟期間機密資訊的外洩[62]，法院亦可指定特定人，管理訴訟過程所有文件與資料保護，防堵所有可能被竊取與洩漏的行為，DTSA 與 EEA 法規的某些定義不同，如「不適當與不正確的方式」（misappropriation and improper means）洩漏營業秘密，強化對EEA 中營業秘密的定義，不適當乃藉由不正當方式使用或洩漏他人的營業秘密，並且明知或可得而知其為營業秘密；「不正確的方法」指偷竊或洩漏，違反應盡的保密義務，並且明文排除任何還原工程或合法方式所取得的營業秘密與獨立研發的資訊。

　　所謂合法方法，如合法取得某些裝置或其部分，而從中一窺原件或全貌，這些並未違反 DTSA 規定中營業秘密的保障[63]。其他部分的定義則延用 EEA 內容，如財務訊息、密碼程式、製程、配

---

[58] 18 U.S.C. § 1836(b)(1).

[59] 18 U.S.C. § 1836(b)(3).

[60] 18 U.S.C. § 1836(b)(2).

[61] 18 U.S.C. § 1836(b)(2).

[62] 18 U.S.C. § 1836.

[63] Brennan R. Block, *Nebraska Trade Secret Protection:The Forum Selection Conundrum Facing Trade Secret Owners After The Defend Trade Secrets Act Of 2016*, 50 Creighton L. Rev. 562 (2017).

方。藉由不正當的方法竊取秘密資訊，DTSA 規範的方式包括：偷竊、瞞騙、詐欺、違約、引誘他人違反保密協定，進而從事經濟間諜行為，不論在美國國內或國外，無論從事實際的行為或是利用網路，皆屬之。

　　原告不僅需為善意且要符合 DTSA 規範的要件，始能提出請求保障其營業秘密的請求[64]，若原告為惡意，不僅要繳交罰金且須負擔被告的律師訴訟費用[65]，DTSA 立意良善，以善意的原告為保護的目標。DTSA 根據以下法理制定賠償的標準，1946 年商標法第 34 條第 (d) 項第 (11) 款[66]規範對於錯誤的民事執行命令，若當事人造成任何損失，包括實質的原料、商品虧損，經濟損失與所失利益，商標所有人的商譽減損，若提出請求執行命令的請求人出於惡意，尚可請求因此而產生的律師訴訟費用。

（二）被害人可請求懲罰性的損害賠償

　　DTSA 提供給被害人的補償，除了被害人所受損失與所失利益，還可以請求懲罰性的損害賠償，當證明被告為惡意時[67]，原告還可另外請求訴訟程序中所有的律師費用，營業秘密訴訟過程耗時耗力，花費巨大，DTSA 提供給被害人超過 NTSA 兩倍的補償，若加上懲罰性賠償金，立法意旨乃為昭告世人被告必須為其侵害行為負責且接受懲罰。DTSA 規定在特定情況之下，法院授權為避免營業秘密的散布，可以頒布查封命令，查扣與封鎖營業秘密相關的證物[68]。然而造成最大的問題，是涉及跨州的企業貿易行為，特別是小型或剛起步的公司，無法如大型企業能動支大額經費支付龐大的

---

[64]　18 U.S.C. §1836(b)(2)(A)(i).

[65]　18 U.S.C. §§1836(b)(2)(G), 1836(b)(3)(D).

[66]　15 U.S.C. §1116(d)(11) (2012).

[67]　18 U.S.C. §1836(b)(3)(C).

[68]　18 U.S.C. §1836(b)(2).

訴訟費用，承受複雜的訴訟程序與時間的耗費。

DTSA內容有吹哨者條款，鼓勵受僱人或獨立契約的承攬人，當發現有其他受僱人有不當使用營業秘密的情形時，可以主動向政府機關或執法部門舉報[69]，舉報人會受到相當的保障，此條文的用意乃為鼓勵內部舉報營業秘密被不當使用，避免損害繼續擴大，保障企業重要的資訊。雇主需要提醒受僱人豁免條款的存在，若缺乏此項要件，未來的營業秘密訴訟進行時，雇主在權益維護的部分，無法主張懲罰性賠償金與律師費用。最後，造成原告法庭選擇（forum shopping）的現象，此點形成對原告的偏頗，民事強制執行的條文規定，也會造成原告獨占競爭優勢，對小型的企業主造成巨大的壓力[70]，特別是對被告公司資料扣押，在扣押執行錯誤時，如何計算被告公司的所失利益，形成執行的障礙。

DTSA是EEA的補充條文，二者針對外國間諜與美國國內的貿易活動有所規範[71]，DTSA有別於UTSA，並未排除任何一般法（common law）與州法對於不當使用營業秘密的規定，亦即二者是相對應的法規，DTSA和UTSA最大的不同，在於民事強制執行命令的規定，特別是求償時還需配合聯邦法規的執行程序，若先行適用各州州法，又將如何處理執行程序上些許不同的內涵。本文以為此草案難以解決目前美國營業秘密被不當使用的眾多問題，反而破壞目前既存的司法系統的一致性，呈現更加混亂的實務解決方案，且對美國企業本身造成傷害。

探討DTSA的合理性，目前UTSA為大多數州所遵奉，但內容是否能符合企業現狀的需求，DTSA對營業秘密定義的內涵和

---

[69] 18 U.S.C.A. § 1833(b).

[70] Eric Goldman, *The New 'Defend Trade Secrets Act' Is the Biggest IP Development in Years*, FORBES.COM (Apr. 28, 2016, 1:04 PM), https://perma.cc/FG8U-52SF (last visited: 4/9/2019).

[71] S. REP. No. 114-220, at 14-15 (2016).

UTSA 有些微的差別，然而對於合理性的要求，皆建立在相同的基準，必須達到實用性的標準。以下有待探討。

　　國會希望通過此法案的目的在於：1. 提供營業秘密竊取案件，聯邦民事救濟程序的限縮規定；2. 創造統一及充滿預期可能性的營業秘密聯邦法規；3. 提供快速、有效率與足夠的營業秘密保護司法系統，解決營業秘密被不當使用的相關法律訴訟問題；4. 保障美國企業研發動力與經濟成長 [72]。反對者認為不但達不到法規一致性的訴求，而且會造成小企業研發與訴訟成本的提高，為了設置符合各州與聯邦的相關法規，可能造成企業必須建制內部的法律部門，統籌處理所有的相關法律問題，如此又造成企業的內部成本提高，大型公司當然不會有此類的疑慮，但這正是法律教授連署信中最大的疑慮，因為美國由 2,600 個中小企業，提供給美國人民百分之六十到八十的工作機會 [73]，因此國會的立法訴求，不僅保障大型企業，更應照顧廣大的中小企業。

　　因此如何在其間取得平衡，考驗立法當局的立法決策與因應智慧。此法授予聯邦法院足夠權力解決營業秘密案件的審理，使該類案件的審查更具備一致性，解決美國國內各州或跨州的相關案件，避免與先前同時適用州法與聯邦法兩套標準。有別於以往聯邦法規通體解決外國經濟間諜，卻無法解決美國本土的國內經濟間諜問題。此草案可以避免 UTSA 無法解決聯邦各州法規不一致的現象，只要讓此法案可以跳過州法法規適用性的問題，直接以聯邦法解決跨州營業秘密不當使用的案件，達到最大的效益。建議此法案的增修條文乃因為，即使解決國會希望保障美國企業與研發，僅限於對大型公司才容易達到上述目的，尤其是解決網路經濟間諜相關

---

[72] S. REP. No. 114-220, at 14-15 (2016).

[73] Brad Sugars, *How Many Jobs Can Your Startup Create This Year?*, ENTREPRE-NEUR (Jan. 14, 2012, 7:15 AM), https://perma.cc/R6AW-GDVH (last visited: 4/10/2018).

問題，然而對大多數的中小企業而言，無法得到此項訴求，這是目前此法案最被質疑的地方。

（三）借鏡 HIPAA

1996 年美國健康保險與可攜式法（Health Insurance and Portability Act of 1996, HIPAA）[74]，本法規的主要立法精神：1. 確切落實對敏感資訊的保護；2. 正視網路環境對於資訊保障造成的巨大威脅。HIPAA 建制美國對資訊安全保護，至今最完善的規制，將所有的病患資訊皆記載在數位資訊系統中，不但在讀取病患資訊、醫療機構之間的互通協助、政府部門給予的獎勵補助，減少眾多原來硬體需要設置的儲存空間，雲端數位化，不僅節約空間、時間，最大的優勢是使用上的便利，並且節省相當多的成本。

2000 年一名醫院的受僱人洩漏知名歌手 Tammy Wynette 病患資料，以 2,610 美元賣給雜誌社 National Enquirer and Star[75]；2003 年一名駭客涉嫌盜取 5,500 份神經外科的病患資料，其中包括電話號碼、地址、就診紀錄等[76]。此均與個人資料之洩漏有關。

營業秘密不單純存在於企業的機密資訊中，目前應擴大含括個人機密資料的保障，2005 年之後不單是企業，包括許多健檢醫學單位，其所擁有的眾多個人資訊成為企業營運致勝的關鍵，客戶資訊管理愈詳盡，所能營造的經濟利益愈大[77]。

HIPAA 取代以往紙本保存資料的方式，為個人健康保險資訊提供保存的最佳標準，因應數位科技時代且防備潛在的網路資訊竊取行為，為個人健康資訊（protection of individually identifiable

---

[74] The Health Insurance Portability and Accountability Act of 1996, Pub. L. No. 104-191, 110 Stat. 1936 (1996).

[75] Dole, *supra note* 7, at 278.

[76] Dole, *supra note* 7, at 279.

[77] *Chronology of Data Breaches 2005-Present*, PRIVACY RIGHTS CLEARING-HOUSE, https://www.privacyrights.org/data-breaches (last visited: 1/26/2018).

health information, PHI）提供完善的配套準則，PHI 包括自然人所有過去及目前，甚至涵括未來的健康資料，還有自然人支付健康保險的付款資訊，HIPAA 設置線上查詢與儲存 PHI 的系統，稱為 e-PHI，落實執行含括涉及技術與非技術面的所有產業與機構，以及所有個人健康資料資訊保護 [78]。

HIPAA 針對保障個人健康資訊，關於醫療機構與相關產業，在提供病人健康資訊方面，不論是傳遞訊息、接收資料，醫護機關間的彼此交換，特定機構對該類病患個人資訊有特別的使用權限和保密義務 [79]。美國衛生與公共服務部（U.S. Department of Health and Human Services, HHS），是維護美國公民健康，提供公眾服務的聯邦政府行政部門，當其提出任何調查的請求時，可以根據 HIPAA 的內容配合調查，如此才能維護病患個人隱私的保障 [80]。

三、侵害理論

營業秘密所有人，如果以企業主或僱用人而言，必須要提出證據，表明維護營業秘密的實際作為，如跟受僱人之間簽署競業禁止條款或保密協定，證明僱用人為維護其秘密資訊所做出的合理努力，才能滿足營業秘密受侵害的要件規定。營業秘密訴訟中估算受侵害公司因而所導致的損害賠償，包括以下：

（一）實際損失：公司喪失的收益，原本出售產品或服務可以獲得的利益，或因為侵害人的不當競爭行為，招致公司售價受損，如侵害人削價競爭。

（二）合理的授權金：被侵害公司原本可以達成的契約或授權，因為侵害人的行為而無法實現。

（三）侵害人不當得利的部分：請求侵害人因侵害行為而不當

---

[78] 45 C.F.R. § 164.501 (2013).

[79] 45 C.F.R. § 164.502(a) (2015).

[80] Dole, *supra note* 7, at 280.

獲取的利益[81]。

　　Hagen v. Burmeister & Associates 案[82] 中，明尼蘇達州最高法院是首例使用替代侵害理論的法院，此案是針對明尼蘇達統一營業秘密法的判決，當受僱人利用工作時間或場所構成侵害行為時，公司必須與構成侵害的受僱人連帶負責，或能證明該公司知情侵害人的行為或有所參與，公司也必須負連帶責任[83]。*Hagen v. Burmeister* 案中，明尼蘇達州最高法院判決認為 American Agency, Inc. 不應為 Hagen 引誘原先任職公司 Burmeister & Associate 的 200 位員工，違反競業禁止與保密契約，承擔替代侵害責任，因為 Burmeister 無法舉證[84]。替代侵害責任的判斷基準包括公平性與經濟利益的衡量，前述 *Hagen* 案中，明尼蘇達州最高法院做出的標準，當僱用人可以預見受僱人不當行為的後果，且受僱人的行為乃與其正常工作的職權內容相關，若僱用人也因為受僱人的行為而受益，當然必須負擔共同侵權責任，公司連帶負責。

　　金錢的損害賠償，包含被害企業或公司已經遭受的或未來可能存在的損失，還有被告所獲得的不當得利，懲罰性的賠償金則是針對被害人額外的損失或是未來可能發生的損失；甚或在被告惡意破壞的案件中，被害人還可以請求律師費用[85]，若僱用人沒有付出合理的努力維護其企業營業秘密，如 *Omega Optical, Inc. v. Chroma Technology Corp* 案[86]，法院會拒絕原告的請求，原告在僱用受僱人時，明確的對受僱人表明，工作期間接觸到的資訊是營業秘密，不能對外洩漏。僱用人要主張其營業秘密的權益，必須證明有付出合

---

[81] Cardillo, *supra note* 4, at 584.

[82] *Hagen v. Burmeister & Assocs.,* 633 N.W.2d 497 (Minn. 2001).

[83] Cardillo, *supra note* 4, at 587.

[84] *Hagen v. Burmeister & Assocs.,* 633 N.W.2d 497 (Minn. 2001).

[85] Cardillo, *supra note* 4, at 598-599.

[86] *Omega Optical, Inc. v. Chroma Technology Corp.,* 800 A.2d 1064 (Vt. 2002).

理努力,維持其資訊的秘密性。營業秘密受到侵害時,有數種不同的內容可以請求賠償實際的損害、授權金、律師費用以及請求法院作出禁制令的費用。

2007 年 1 月 5 日加州聯邦上訴法院,於 *Aldrich Supply Company, Inc. v. Richard Hanks* 一案[87],認為原告 Aldrich Supply Company, Inc.(Aldrich)販售經銷建築用的地下 PVC 水管,被告 Hanks 離職後,被控涉嫌不當使用原告之營業秘密,並影響原告企業之經營。加州地院判決原告敗訴,原告不服隨即上訴,被告亦請求律師費用之返還,然地院駁回,被告亦即針對此部分上訴,最後上訴法院仍維持地院原判決結果。

某些案例中,對原告而言,超額的民事損害根本使其無法恢復原狀,因此,大額的賠償縱使不能使原告恢復運作或彌補損失,配合查封命令會產生加倍的效力,填補營業秘密案件中的漏洞。如 2012 年 *United States v. Kolon Industries Inc.* 案[88],美國政府指控南韓公司竊取美國營業秘密,控訴金額高達 2 億 2,500 萬美元,刑期長達三十年;另案,*E.I. du Pont de Nemours and Company v. Kolon Industries Inc.*[89],則涉及 9 億 2,000 萬美元的賠償金額與禁制令的核發。

關於賠償,DTSA 與 UTSA 二者的規定大同小異。法院可以頒發禁制令限制被告離職之後的競業禁止行為[90],也會核發合理的代償金,並規定使用該類營業秘密所應給予的授權金,DTSA 針對賠

---

[87] *See* Preliminary Injunction in Trade Secret Case, 1 OHTRTLJ 149 (2007).

[88] TRADE SECRETSINSTITUTE, *United States v. Kolon Indus. Inc. et al.,* Aug. 21, 2012, http://tsi.brooklaw.edu/cases/united-states-v-kolon-industries-inc-et-al (last visited: 5/16/2017).

[89] *E.I. du Pont de Nemours and Co. v. Kolon Indus. Inc.,* 803 F. Supp. 2d 469 (E.D. Va. 2011).

[90] 18 U.S.C. §1836(b)(3)(A)(i)(I).

償提供替代方案，除了授權金的請求外，也可以請求實際損失及任何不當得利，在被告蓄意詐欺或欺瞞的情形，即證明被告惡意的情形時，原告還可以請求懲罰性賠償金，但是不能超過法定賠償金的兩倍 [91]，此外，也可以請求訴訟中所支出的律師費用。UTSA 與 DTSA 二者皆允許在營業秘密被不當使用的情況之下，當情況需要，給予禁制令也不見得恰當時 [92]，法院可以要求被告必須賠償給原告合理的授權金，包括原告的實際損失與不當得利的部分 [93]。

特殊情況下，禁制令無法達到效果時 [94]，DTSA 允許扣押被告的財產（包括資料與存檔文件）[95]，這是 DTSA 最大的特點，其中百分之四十二的內容都是有關扣押財產的條文 [96]。

（一）*U.S. v. Aleynikov* [97] 案

高盛（Goldman Sachs）是一家跨國銀行控股公司集團，業務涵蓋投資銀行、證券交易和財富管理，在紐約證券交易市場（New York Stock Exchange, NYSE）與納斯達克證券交易市場（NASDAQ Stock Market）頗具盛名。高盛公司為保有證券領導地位，致力研發一套高效率的證券交易系統（High Frequency Stock Trading Systems），且對此獨占鰲頭之資訊作業系統，投注設備和人力所費不貲，更視機密加以維護 [98]。Aleynikov 於 2007 年 5 月至 2009 年

---

[91] 18 U.S.C. § 1836(b)(3)(C).

[92] UNIFORM TRADE SECRETS ACT § 3; 18 U.S.C.A. § 1836(b)(3)(B).

[93] UNIFORM TRADE SECRETS ACT § 3(a); 18 U.S.C.A. § 1836(b)(3)(B)(i)-(ii).

[94] 18 U.S.C.A. § 1836(b)(2)(A)(i); 18 U.S.C.A. § 1833(b).

[95] 18 U.S.C.A. § 1836(b)(2)(A)(i).

[96] Beaucha , *supra note* 3, at 1056.

[97] *U.S. v. Aleynikov*, 737 F. Supp. 2d 173, S.D.N.Y., 2010.

[98] 1999 年高盛公司以 5 億美元的代價買下對貿易系統精通的 Hull 公司（Hull Trading Company），此後即積極開發該作業系統，除致力防堵程式碼對外公開的可能性外，並竭力保障不被洩漏與使用，更重要的是，高盛員工

6月，在高盛股票部門擔任副總裁，負責開發與提升交易平台系統的團隊，並爲研發此套作業系統之成員；離職後欲至尚未成立但同性質的 Teza Technologies 公司任職[99]，並自高盛資訊系統中複製程式的原始碼，帶走該證券交易系統的重要部分；2010 年 2 月遭 FBI 逮捕並遭指控偷竊營業秘密，違反 EEA[100]、CFAA[101] 及跨州贓物運送法（National Stolen Property Act, NSPA）三項罪名[102]。

　　兩造爭點爲交易系統是否能被視爲營業秘密[103]？被告提出抗辯書中指稱，系爭交易系統不能被視爲營業秘密[104]；紐約南區地方法院在 2011 年判決中認爲，被告至少從 2009 年 5 月開始到 7 月 3 日間爲圖利於自己與新僱用人（Teza 公司）目的違法、蓄意明知、未經授權的情形下，以複製、速記、描繪、攝影、下載、上傳、郵寄等各種方法，不當使用高盛公司的營業秘密，被告行爲觸犯

都必須簽署保密契約及僱傭期間若有任何發明、創意都必須轉讓給高盛的同意書，高盛也嚴格限制接觸該高效率金融交易系統的員工，除非工作與自己的業務有關，否則不可能知悉該系統使用密碼。如該公司在 2008 年及 2009 年以平均年薪 27 萬 5,000 美元聘請了 25 位電腦程式工程師。參見 United States v. Aleynikov, 10 Cr. 96 (DLC), 2011 WL 939754, at 1 (S.D.N.Y. Mar. 16, 2011)。

[99] Teza 希望 Aleynikov 能繼續幫該公司負責在 Goldman 時研發的高效率金融交易系統（high-frequency trading business），該系統與 Goldman 會產生競爭關係；此高效率金融交易系統是爲因應不同的銀行與金融機構間，爲使其交易行爲進行達到高度效度化，而設計的電腦軟體程式，統合過去和現今的貿易數據，成立一個可以輸入數據後立即估算的數據平台（Platform）。Id.

[100] 18 U.S.C. § 1832(a)(2) of the Economic Espionage Act of 1996 (EEA).

[101] 18 U.S.C. § 2314 of the National Stolen Property Act (NSPA).

[102] 18 U.S.C. § 1030(a)(2)(C) and 1030(c)(2)(B)(i)-(iii) of the Computer Fraud and Abuse Act (CFAA).

[103] *United States v. Aleynikov*, 2010 U.S. Dist. LEXIS 92101 at 4 (S.D.N.Y. Sept. 3, 2010).

[104] *Id.*

EEA[105] 依據如下：1. 由專家證人對該交易系統，是否符合營業秘密的定義做出判斷，認為被告確實違反保密義務；2. 被告得每年領取年薪約 15 萬與 12 萬美元之紅利，得視為相當之報酬；3. 被告確實侵害原僱用人之營業秘密，即此案中的程式密碼為營業秘密，涉及的產品是交易系統。2012 年判決 [106]，被告被控違反 CFAA 與 EEA 法規，被告離職前為了離職到原告競爭公司工作，涉嫌竊取原告公司電腦內的機密資訊，下載大量機密文件在其個人的隨身碟中。

（二）*United States v. Agrawal* 案 [107]

United States v. Agrawal 案中，被告被指控違背 NPSA 與 EEA，被告乃任職於法國興業銀行（Société Générale, SocGen）的定量分析師（quantitative analyst），運作高頻率的貿易系統，此系統主要仰賴兩套決定買入或賣出的電腦貿易系統，年度操作金額達 1,000 萬美元 [108]。2009 年 6 月被告與 Tower 公司（Tower Research Capital, Tower）有所接觸，被告允諾可以為該公司建造與 SocGen 相同的貿易系統 [109]，雙方會面之後，被告返回紐約的興業銀行，印下超過 1,000 頁有關高頻貿易系統的程式碼文件，全部帶回被告位於紐澤西的家中，最後被告被科處違法 [110]。

Aleynikov 與 *Agrawal* 兩案中，最大的差別在於前者利用網路，下載傳送無法觸摸的知識產權，後者則是有形的具體文件資料，兩案相同之處乃涉及的客體皆為具有獨立經濟價值、非一般人可輕易

---

[105] The Economic Espionage Act of 1996, Pub.L. No. 104-294, 110 Stat. 3488 (1996).

[106] *United States v. Aleynikov*, 676 F.3d 71 (2d Cir. 2012).

[107] *United States v. Agrawal*, 726 F.3d 235, 237 (2d Cir. 2013).

[108] *Id.* at 237-238.

[109] *Id.*

[110] *Id.*

接觸且予以維護保密的資訊內涵；差異處則在於 *Aleynikov* 案未涉及實體物品，並未構成 NSPA 規範中的構成要件。

若探討重點在於被偷竊的資訊形體，而非核心的資訊價值或對公司造成的經濟傷害，會限縮適用的刑責內涵與範圍。美國聯邦第二巡迴上訴法院推翻原審法院對 *Aleynikov* 案的判決結果，但相反地，卻在 *Agrawal* 案中維持一審的判決結果[111]，兩案的區別實益在於秘密資訊附著的形式與實體不同。本文延伸思考，既存的美國法規，如 EEA 或 NSPA，是否存在增修的必要性，以下再觀察最新修法現狀。

（三）後續

針對 *Aleynikov* 案，曼哈頓地區檢察官其後發表聲明，紐約州將提出被告大量複製 Goldman Sachs 公司程式密碼的秘密資訊的證據，在 *People v. Aleynikov* 案[112] 中，被告被控違反兩項紐約州法，其一是機密資料的不當使用[113]，另外則為電腦資訊的違法複製行為[114]，然而紐約最高法院最後判決，認同被告並未獲取個人經濟利益，且竊取的內容涉及無體財產權，並不符合法規規範的客體[115]。此案原告不服，認為此案判決結果無異讓僅因竊取客體不符有體物規定的被告輕易脫罪[116]，紐約州法院駁回該案原告的上訴，維持原審判決結果。觀察此案的過程與結果，除了缺乏聯邦法規的適用，州法規範保障營業秘密的部分亦是不足，造成企業最有價值的資訊內涵面臨法規範不足的問題。

---

[111] Cardillo, *supra note* 4, at 592.

[112] *People v. Aleynikov,* 15 N.Y.S.3d 587, 590 (N.Y. Sup. Ct. 2015).

[113] New York Penal Code section 165.07.

[114] New York Penal Code section 156.30.

[115] *People v. Aleynikov,* 15 N.Y.S.3d 615 (N.Y. Sup. Ct. 2015).

[116] *Id.* at 615.

028 | 智慧財產權法專論──營業秘密實務暨資通安全與著作權法定授權

保障公司營業秘密更好的方式，應加重對構成侵害的自然人刑責，不應區分資訊的型態是具象的形體或無體財產權，單純從資訊附著型態而區分侵害人的責任不同，對於被侵害人是非常不公平的，應該觀察被侵害的公司企業所蒙受的損失，如何填補與求償被侵害的結果才是重點。此外，強化被害人的民事賠償，避免往昔訴訟結束仍無法取得賠償，因為過程中被告早已移轉財產或完成所有規避的行為。

Aleynikov 案後，美國國會通過修正 EEA 與營業秘密竊取澄清法（Theft of Trade Secrets Clarification Act, TTSCA）[117]，TTSCA 增加有別於 EEA 的條文用語和定義，增加服務與意圖使用等用語，解決上述 *Aleynikov* 案件中因為竊盜的資訊未附著於形體[118]，為無體財產權的網路下載與流動，因而不受法規約束的不公平現象。*Aleynikov* 案被告未因 NSPA 受罰，乃因該條文內涵限定以州際間的貿易往來為主，網路上的營業秘密資訊，並不符合此項要件，因此，TTSCA 修法加上此項內涵[119]。NSPA 修法應該加入對無體財產權的保障，因為 1934 年代當時並沒有營業秘密此類資訊財產，時至今日，該法有隨時代變遷修正的必要，2012 年 TTSCA 通過施行，雖然擴及到美國各州際間的貿易行為，然而並未包含無體財產權的保障。

2014 年 2 月由兩家組織與機構 Center for Responsible Enterprise and Trade（CREATE.org）與 PricewaterhouseCoopers LLP（PwC）共同合作完成的調查報告《*Economic Impact of Trade Secret Theft: A Framework for Companies to Safeguard Trade Secrets and Mitigate*

---

[117] Cardillo, *supra note* 4, at 593.

[118] Theft of Trade Secrets Clarification Act of 2012, Pub. L. No. 112-236, §2, 126 Stat. 1627 (2012).

[119] *See* 158 CONG. REC. S6878-03, 2012 WL 5932548 (2012) (statement of Sen. Leahy).

Potential Threats》，該報告研究的核心問題爲下列：1. 涉及營業秘密竊取的案件總量；2. 損失估算總量；3. 企業估算營業秘密的價值總額；4. 未來十到十五年間營業秘密安全性的預估。有關營業秘密的經濟損失難以估計，原因如下：1. 不同產業別的估算標準不同；2. 爲避免影響公司股價與市場，受害公司不會輕易舉報受損狀況；3. 在營業秘密的估算中，往昔估算情形與問卷調查，並不值得被信賴；4. 因爲需要被估算的資料量體很大，形成估算上的挑戰；5. 很多企業與公司甚至還不了解，內部的營業秘密已經被竊取；6. 營業秘密估算的價值常常產生變化，往往才剛決定，卻立即又發生改變[120]。

參、實務探討

　　營業秘密的聯邦發展乃制定各州一致遵循的法規，規避網路社會可能觸及的風險，便利行爲人適用的依循準則。若沒有足夠的保護機制，對美國企業界最大的危機是業者不願意再投入研發經費，避免資訊秘密的洩漏，造成研發心血及資金的投入前功盡棄，更甚者，造成勞資雙方訴訟對立與經年纏訟的損失。目前在法院的判決與專利審查官方面，都認爲企業應該更有效使用專利法以強化營業秘密的保障，DTSA 立法之後，更多企業將會愈加發現使用該法的重要性，以營業秘密法取代專利法，以下將予以說明。

---

[120] Center For Responsible Enterprise And Trade & Pricewaterhousecoopers Llp, Economic Impact Of Trade Secret Theft: A Framework For Companies To Safeguard Trade Secrets And Mitigate Potential Threats 11 (Feb. 2014), https://create.org/wp-content/uploads/2014/07/CREATe.org-PwC-Trade-Secret-Theft-FINAL-Feb-2014_01.pdf (last visited: 3/9/2018).

一、現況

（一）醫藥工業的營業秘密保障

　　國際社會的投資環境愈趨重視營業秘密的保障與維護[121]，醫藥產業中特別是外國直接投資基金（Foreign direct investment, FDI）[122]，更加注重。維護投資環境中的智慧財產權保障，可以使投資人對於機密營運與商業資訊的內容，不會被外洩而產生安心感，進而願意投放更多資金挹注智慧財產權產業的發展。2015 年歐州藥品管理局（European Medicines Agency, EMA）[123]，加強對資料分享的規定；世界衛生組織（2014/2015 WHO）也提出建議[124]。此外，再如 2015 年國際醫藥機構（2015 Report of the Institute of Medicine of the National Academies）的專業報告「分享診療審判資料：利益最大化，風險極小化」（Sharing Clinical Trial Data: Maximizing Benefits, Minimizing Risk）[125]。

　　EMA 是第一個正式公告診療報告的官方機構，2015 年 1 月並

[121] Daria Kim, *Article: Protecting Trade Secrets Under International Investment Law: What Secrets Investors Should Not Tell States*, 15 J. Marshall Rev. Intell. Prop. L. 229 (2016).

[122] The United Nations Conference On Trade And Development, World Investment Report 2014, 2014, http://unctad.org/en/PublicationsLibrary/wir2014_en.pdf (last visited: 12/21/2016).

[123] The EMA, *The European Medicines Agency Policy on Publication of Clinical Data for Medicinal Products for Human Use*, EMA/240810/2013 (2014), http://www.ema.europa.eu/docs/en_GB/document_library/Other/2014/10/WC500174796.pdf (last visited: 12/21/2016).

[124] The World Health Organization, *Call for public consultation: WHO Statement on Public Disclosure of Clinical Trial Results*, http://www.who.int/ictrp/results/en/ (last visited: 12/21/2016).

[125] The Institute of Medicine of the National Academies, *Sharing Clinical Trial Data: Maximizing Benefits, Minimizing Risk* (2015), http://www.iom.edu/Reports/2015/Sharing-Clinical-Trial-Data.aspx (last visited: 12/21/2016).

做出指示，相關資訊可以被使用在類似藥品的研究當中，然而必須
嚴守以下原則：科學與非商業性的研究目的，特別是不能作為基因
藥品許可的使用目的。

　　醫藥工業的營業秘密保障，還需考量違反公平競爭的部分，歐
盟法院近期有兩個著名案例，與兩家醫藥公司 AbbVie 和 InterMune
有關，這些案例和 EMA 的決定不同，如果第三人有需要，可以申
請閱覽相關資訊[126]，歐盟規範基本權利的第 7 條規定對機密資訊的
保護，保障基本人權與自由的歐洲公約第 8 條，還有歐盟基礎規範
條款的第 339 條，皆有相關規定。歐盟一般法院針對 EMA 的公開
規定，作出禁制令的裁定，然而其後被歐盟法院的副總裁駁回，並
希望原審法院重新考量，若當事人有檢視該等診療資訊的需求，且
有遭受嚴重且無法回復的損害時，應該開放某種程度的資訊公開才
為合理[127]。

　　診所與醫藥庫資料是否適合被視為外國投資，進而被保障？
Apotex v. United States 案[128]，加拿大的醫藥公司抵制美國 FDA 的決
策，主要訴求在於兩種基因藥物的市場開發核可，加拿大公司提出
已經投注相當金額的投資，每年為了因應 ANDAs，藉以在美國提
出申請，投入數以百萬計的美元。另外，製造、開發、配製取得核
可可以在美國與其他國家的基因醫藥產品，同時也要符合 NAFTA
的公約規定[129]，前述案件中醫藥公司並不符合投資人的定義，只能

---

[126] Case T-44/13, AbbVie, Inc., AbbVie Ltd. V. EMA, (C.J.E.U. 2014) (delivered July 17, 2014); InterMune UK and Others v. EMA, Case T-73/13, (C.J.E.U. 2013) (delivered April 25, 2013).

[127] Daria Kim, *Article: Protecting Trade Secrets Under International Investment Law: What Secrets Investors Should Not Tell States*, 15 J. Marshall Rev. Intell. Prop. L. 232 (2016).

[128] *Apotex Holdings Inc. and Apotex Inc. v. United States of America*, ICSID Case No. ARB(AF)/12/1 (August 25, 2014).

[129] *Apotex v. the United States of America*, Notice of Arbitration under Chapter 11 of

被視為是進口商，最終，本案因為管轄領域的問題而未受理[130]。

（二）DTSA 制定後

因為喪失或洩漏營業秘密的損失，造成美國的經濟虧損每年高達 3,000 億美元，每年也減少高達 210 萬個工作機會[131]，利用線上傳輸功能大量迅速且有效地傳送資訊，利用大數據雲端等科技措施，儲存巨量資訊，達到前述功能性的同時，相對使營業秘密的保障更形重要。目前各州的營業秘密法，並未書面明定對儲存電子資訊規定，因此如何提供受害人有具體保障其營業秘密的努力措施，以及涉及電子資訊的營業秘密時原告的舉證責任等，都是數位環境下面臨的新議題；另外一個困難點，在於有關跨州的營業秘密案件，當事人面臨準據法依據的選擇。這兩點促使制定保障機密資訊的跨州性聯邦營業秘密法儘快簽署通過[132]。

適用 DTSA 必須舉證不當使用或洩漏其營業秘密的事實，發生在 DTSA 制定通過之後[133]，且原告請求必須在侵害發生的三年之內[134]，超過三年的時限，表示原告已經忽略維護自己權益，且三年的時間，應是一個謹慎的人發現自己權益受損，提出請求的合理期間。DTSA 對於為了案件調查目的之自然人洩漏機密資料給聯邦政府、州政府或地區政府機構，為了案件調查目的的自然人，有民、刑事免責條款的規定，同樣地，受僱人在符合吹哨者

the NAFTA, P 111 (June 4, 2009).

[130] Daria Kim, *Article: Protecting Trade Secrets Under International Investment Law: What Secrets Investors Should Not Tell States*, 15 J. Marshall Rev. Intell. Prop. L. 235 (2016)

[131] S. Rep. No. 114-220, at 2 (citing The IP Commission Report, The National Bureau of Asian Research (2013)).

[132] Dole, *supra note* 7, at 283.

[133] *See* Defend Trade Secrets Act of 2016 § 2(b).

[134] 18 U.S.C. § 1836(d).

（whistleblowing）條款的情形時，亦可適用免責規定[135]。

　　原告可以在訴訟程序中儘早安排與填寫申請調查請求，被告也可以在原告有任何疑義時，請求法院的保護令，相對地，保障自己的權益。這是 UTSA 和 DTSA 都希望達到的目標和重點，維護當事人真正的營業秘密，是立法真意。企業必須付出保存營業秘密的合理（Reasonable Secrecy Precautions, RSP），才能在主張營業秘密受到侵害時，請求相當的救濟[136]。RSP 遠在十九世紀的法院判決，便已設定此項標準原則，並非因應法規修改而制定的新內涵[137]。無論是有形的財產或是無體財產權，要主張權利的救濟，必須先證明擁有所有權，因此權利所有人採取合理的保護措施，維護其營業秘密相關權益，更形重要。

　　即使各州的規定有所差別，然而對於營業秘密保護的規範，基本要件一致。首先，秘密所有人必須證明其資訊符合營業秘密的定義；其次，所有人必須證明已經盡合理的努力，以維護其秘密[138]。營業秘密不若專利權，必須透過聯邦或各州的代理人，申請取得對營業秘密的保障；亦非如同商標權或專利權經由申請註冊登記，取得對該等權利的保障。被告的行為涉及不當使用秘密資訊，所謂不當使用的方式，乃指被告與原告間一定的僱傭或合作關係，被告必須堅守保障秘密資訊的義務[139]。

　　以下是兩個小型公司訴訟成功的案例：1. 1997 年 *Vermont Microsystems, Inc. u. Autodesk, Inc.* 案[140]，被告聘請從原告公司離職的設計師，原告提醒被告該設計師熟知原告公司的營業秘密，且被

---

[135] Defend Trade Secrets Act of 2016 §7(b).

[136] Varadarajan, *supra note 42*, at 357.

[137] Varadarajan, *supra note 42*, at 360.

[138] Varadarajan, *supra note 42*, at 364.

[139] 18 U.S.C. 1839.

[140] Beaucha, *supra note 3*, at 1052.

禁止使用該類秘密資訊，結果該名設計師離職後果眞到被告公司工作，違背與原告之間的競業禁止條款，造成高達 770 萬美元的損害賠償；2. 2012 年 TechForward 贏了控告 Best Buy 的訴訟，判定被告賠償 2,200 萬美元，外加 500 萬美元的懲罰性賠償金，以及 500 萬美元的律師費 [141]。

二、案例

　　1950 年到 2008 年之間，統計聯邦地方法院有關於營業秘密的案件，共 394 件，其中超過其中百分之八十五以上的案件，皆與原告控告已離職的受僱人或合夥人有關 [142]。以下根據年代別的時間軸說明相關案例。

（一）先前案例

　　1. 1953 年 *Franke v. Wiltschek* 案 [143]：美國聯邦第二巡迴法院針對被告行爲做出永久禁制令的決定，禁止被告製造跟販售與原告有競爭性的商品，即使被告舉證經由原告過期的專利與公開市場上的產品資訊，而得到相關的資訊，最終法院判決原告勝訴。聯邦第二巡迴法院達成一致判決見解，確認被告的責任，並應該接受原告的請求，作出禁制令的判決；惟法官 Judge Frank 提出不同意見，認爲不應該給予原告禁制令的請求 [144]。早於 1917 年的 *E. I. DuPont de*

---

[141] *TechForward, Inc. v. Best Buy Co.*, No. 2:ll-cv-1313-ODW(JEMx) (CD. Cal. Jan. 25, 2013), http://www.leagle.com/decision/In%20FDCO%2020130128620/TECHFORWARD,%20INC.%20v.%20BEST%20BUY%20CO.,%20INC? (last visited: 3/29/2018).

[142] David S. Almeling, Darin W. Snyder, Michael Sapoznikow, Whitney E. McCollum & Jill Weader, *A Statistical Analysis of Trade Secret Litigation in the Federal Courts*, 45 GONZ. L. REV. 291, 293, 302-303 (2010).

[143] *Franke v. Wiltschek,* 209 F.2d 493 (2d Cir. 1953).

[144] *Franke,* 209 F.2d at 494-495.

*Nemours Powder Co. v. Masland*案[145]，認為判決重點不在於原告擁有的資訊是否具備秘密性，亦不在於被告是否故意為之，重點在於原告與被告之間的信任關係，被告違背與原告之間的誠信原則。

2. 1968 年 *Diodes, Inc. v. Franzen* 案[146]：原告公司控告兩名離職員工，涉竊取其營業秘密並開設同類性質的競爭公司，加州上訴審法院維持和一審法院相同見解，原告在偵查階段必須提出系爭營業秘密的具體內容，避免訴訟過程中，為了確定營業秘密的內涵與範圍，法院必須花費眾多人力與時間。

3. 1979 年 *Garner Tool & Die v. Laux* 案[147]：原告 Garner Tool 是一家設計與製作工具的公司，與本案被告 Laux 公司有關的是先前任職於 Garner Tool 公司的一群受僱人們，離職後所開設發展的公司，被告生產的項目內容，是與原告項目類似的工具製造，因此原告提起此項訴訟，認為被告涉嫌竊取於任職期間所知悉的營業秘密。被告舉證與本案有關的刀具打磨、削尖、打洞等技術，其實與原告另外一名契約廠商 Goodyear，多年合作關係學習有關。本案爭點在於系爭技術是否屬於營業秘密。本案判決結果，內布拉斯加最高法院維持和前審法院相同見解，系爭技術應歸納為該類行業內的一般知識，並不屬於原告的營業秘密，因此原告敗訴。

1979年此判決對不當使用營業秘密的判斷標準規定如下[148]：(1) 確實存在營業秘密；(2) 該類營業秘密對秘密所有人事業的重要性與價值；(3) 僱用人對該營業秘密有所有權，並有權享用該營業秘密研發成果；(4) 僱用期間，加強且告知受僱人對維持營業秘密的重要性，洩漏該類資訊將對僱用人造成不當利益，違反僱傭關係的誠信原則。

---

[145] *E. I. DuPont de Nemours Powder Co. v. Masland,* 244 U.S. 100, 102 (1917).

[146] *Diodes, Inc. v. Franzen*, 260 Cal. App. 2d 244, 67 Cal. Rptr. 19 (2d Dist. 1968).

[147] *Garner Tool & Die v. Laux,* 285 N.W.2d 219 (Neb. 1979).

[148] *Id.* at 221. *Garner Tool & Die v. Laux,* 285 N.W.2d 219 (Neb. 1979).

036 | 智慧財產權法專論——營業秘密實務暨資通安全與著作權法定授權

4. 1983 年地方法院在 *Electro-Craft Corp. v. Controlled Motion, Inc.* 案 [149] 中，指出 ECC 投注相當的時間與金錢，從 1966 年至 1975 年間在 1,125 台汽車的研發，對於任何競爭對手而言，原告的技藝確實為其營業秘密，原告所擁有的資訊內容，乃經過長期的時間與心力付出而得。

5. *Tan-Line Sun Studios, Inc. v. Bradley* 案 [150]：1986 年聯邦法院作出的判決結果，本案有關原告係經營幾家曬黑肌膚的美容沙龍，被告們則為該美容沙龍的顧問，判決認為本案系爭資訊是值得受保護的營業秘密。

Tan-Line 與 *Franke v. Wiltschek* 兩個判決，法院見解皆保障原告的營業秘密，被告違背跟原告之間的信任關係，因此，皆為原告勝訴。1972 年 *Clark v. Bunker* 案 [151]，第九巡迴法院判決認為被告洩漏營業秘密，構成商業經濟間諜行為，被告對其違背誠信，破壞原告的商譽行為，必須擔負賠償責任。

6. 1993 年 *Data General Corp. v. Grumman Systems Support Corp.* 案 [152]：被告愈早提出請求原告提列營業秘密的內涵與範圍的聲明書，對其本身的訴訟防禦愈有利；相對地，愈慢提出，法院愈不容易同意被告的請求。經過九週陪審團的審理，有關著作權侵害與營業秘密不當使用的請求內容，法院判決侵害著作權的部分賠償金額為 27,417,000 美元，對於被告的惡意另外賠償 900 萬美元，被告指稱原告怠於主張其營業秘密的內涵，最終，法院仍給予原告賠償。

---

[149] *Electro-Craft Corp. v. Controlled Motion, Inc.*, 332 N.W.2d 890, 901 (Minn. 1983).

[150] *Tan-Line Sun Studios, Inc. v. Bradley,* No. 84-5925, 1986 WL 3764 (E.D. Pa. Mar. 25, 1986), aff'd sub nom Paul v. Tanning, Health, & Fitness Equip. Co., 808 F.2d 1517, 1517-1518 (3d Cir. 1986).

[151] *Clark v. Bunker,* 453 F.2d 1008 (9th Cir. 1972).

[152] *Data General Corp. v. Grumman Systems Support Corp.*, 825 F. Supp. 340 (D. Mass. 1993), reversed in part on other grounds, 36 F.3d 1147 (1st Cir. 1994).

　　7. 2001 年伊利諾州的判決 *Automed Techs., Inc. v. Eller* 案 [153]：認為對於系爭營業秘密的認定，不必公布其資訊細節；2001 年威斯康辛州 *IDX Sys. Corp. v. Epic Sys. Corp.* 案 [154]，判決認為對於營業秘密的範圍描述必須精確，才能有別於一般人可以輕易得知與接觸的定義，其後於 2002 年美國聯邦第七巡迴上訴法院，維持上述判決。2002 年 *Savor, Inc. v. FMR Corp.* 案 [155]，上訴人即被告指稱原告根本不存在營業秘密，原告所謂的營業秘密只是一般人熟知的商業常識與市場策略。

　　8. 2005 年 *Advanced Modular Sputtering, Inc. v. Superior Court* 案 [156]：第二區上訴法院對加州要求原告提出預先申請營業秘密內涵的文件，此案是第一個依據加州此特殊法條做出上訴審解釋的案件，判決中確定幾項重點，首先，確定原告完整的請求內容。再者，避免原告藉由訴訟的提出，反而作為取得被告營業秘密的手段。使法院能得到明確的內容與請求範圍。最後，被告也可以藉此先做抗辯與防範。

　　9. 2006 年第六巡迴上訴法院在 *Mike's Train House, Inc. v. Lionel, LLC* 案 [157]：當涉及營業秘密的資料內容與營業秘密無關的資料內容，如設計圖稿或菜單等，二者混合時，要求原告提出營業秘密資訊內容清單，確實有其難度；2007 年 *DeRubeis v. Witten Technologies, Inc.* 案 [158]，認為關於原告必須提列的營業秘密內涵與範圍清單，若提列過於籠統，無法符合營業秘密要件的要求；若過於

---

[153] *Automed Techs., Inc. v. Eller,* 160 F. Supp. 2d 915, 920-921 (N.D. Ill. 2001).

[154] *IDX Sys. Corp. v. Epic Sys. Corp.*, 165 F. Supp. 2d 812, 817 (W.D. Wisc. 2001).

[155] *Savor, Inc. v. FMR Corp.,* 812 A.2d 894, 897 (Del. 2002).

[156] Advanced Modular Sputtering, Inc. v. Superior Court, 132 Cal. App. 4th 826 (rev. den. 2d Dist. 2005).

[157] *Mike's Train House, Inc. v. Lionel,* LLC, 472 F.3d 398 (6th Cir. 2006).

[158] *DeRubeis v. Witten Technologies, Inc.*, 244 F.R.D. 676, 681 (N.D. Ga. 2007).

特定，有可能無法涵蓋被告不當使用的所有內容。

10. *DuPont v. Kolon Industries* 案：2009 年原告企業中的一名受僱人涉嫌竊取原告營業秘密，圖利被告負責製造生產的某家南韓公司，本案造成原告 10 億美元的損失，其後陪審團判決予原告 9 億 1,900 萬美元的賠償，最終賠償金額為 2 億 7,500 萬美元，竊取營業秘密的該名員工被判處徒刑十八個月[159]。

11. 2008 年 *In re Bilski*[160] 案：聯邦法院適用機械或轉換測試（Machine-or-Transformation Test），決定對沖基金市場風險評估運作模式並非專利，這個見解促使以商業方法申請專利的成功件數愈見稀少。2010 年聯邦最高法院亦維持相同見解[161]，差別在於否決聯邦巡迴法院適用機械或轉換測試，作為評估的唯一方法，最高法院認為此標準缺乏彈性。但並未提供其他更明確的測試標準，純粹認為對沖基金市場的風險估算，無法作為申請專利的內容，因為風險評估都是粗略的概念[162]，所謂更加具備彈性的原則，是指，無法用一致性的標準，應該根據每個案例事實的不同，再決定是否可以申請專利，機械或轉換測試，應該適合使用作為調查的工具[163]，商業方法不見得就能申請專利，因為先前已經核准太多商業方法作為專利。

12. 2010 年加州 *Perlan Therapeutics, Inc. v. Superior Court* 案[164]：上訴法庭檢視原告提出的營業秘密保護內涵聲明書（Trade Secret Disclosure Statement）後，因為原告需要做的是證明請求被

---

[159] 162 CONG. REC. S1630 (daily ed. Apr. 4, 2016) (statement of Rep. Coons).

[160] *In re Bilski*, 545 F.3d 943, 943 (Fed. Cir. 2008).

[161] *Bilski v. Kappos,* 130 S. Ct. 3218, 3218 (2010).

[162] *Id.* at 3231.

[163] *Id.* at 3227. 3/25

[164] *Perlan Therapeutics, Inc. v. Superior Court,* 178 Cal. App. 4th 1333, 1337-1338 (rev. den. 1st Dist. 2010).

保護的資訊是營業秘密，而非一般大眾可輕易獲知的知識，原告必須舉證證明，而非說服法院，要求法院確認其營業秘密的內涵範圍。因此，本案沒有配合加州法規的特別要求，希望原告提出上述的營業秘密保護聲明書。

13. 2010 年 *United States v. Lee* 案：任職於 Valspar 油漆公司的員工，竊取價值 2,000 萬美元的化學配方給中國大陸的一家公司，希望藉此交換在該公司擔任高級主管職位。行為人被逮捕並被判處十五個月的徒刑，若該行為人順利移轉且洩漏簽署秘密資訊，Valspar 將蒙受巨大損失 [165]。

14. 2011 年 *Mattel, Inc. v. MGA Entertainment, Inc.* 案 [166]：原告控告被告不當使用其營業秘密，美國區域法院法官判決被告必須賠償。在該區的案件訴訟中律師花費共 3,620 小時，共達 2,172,000 美元，陪審團判決讓原告獲得 8,850 萬美元的補償性賠償金，法官改為 8,500 萬；陪審團另外判決讓原告獲得 8,500 萬美元的懲罰性賠償金 [167]，此案適用加州統一營業秘密法（California Uniform Trade Secrets Act），當能證明被告的惡意犯行時，可以給予兩倍的賠償額，加上原告在訴訟期間所有律師費用的支出 [168]。

15. 2011 年 *United States v. Kexue Huang* 案：竊取營業秘密的員工先前任職於某農業技術公司，竊取 Cargill and Dow Chemical 公司的秘密資訊，再提供給中國大陸的企業。被竊取公司 700 萬美元的損失，行為人被逮捕並被判處刑期八十七個月，然而公司所遭受的 700 萬美元損失，卻未得到賠償 [169]。

---

[165] 162 CONG. REC. S1626 (daily ed. Apr. 4, 2016) (statement of Rep. Klobuchar).

[166] *Mattel, Inc. v. MGA Entm't, Inc.*, 801 F. Supp. 2d 950 (C.D. Cal. 2011).

[167] *Id.* at 955-956. *Mattel, Inc. v. MGA Entm't, Inc.*, 801 F. Supp. 2d 950 (C.D. Cal. 2011).

[168] *Id.* at 952, 956.

[169] 162 CONG. REC. S1626 (daily ed. Apr. 4, 2016) (statement of Rep. Klobuchar).

16. 聯邦最高法院 *Mayo Collaborative Services v. Promethius Labs, Inc.* 案[170]：所謂的運算程式若是該行業習以為常或廣為人知，或是自然界裡運作的原理，都無法申請專利。*Alice v. CLS Bank*[171] 案亦同，緩減交割壓力的計算公式，也是粗略的概念，無法被接受為可以申請專利的內涵。此案之後，聯邦巡迴法院對於商業方法、軟體、計算方法、遺傳學等，傾向於拒絕給予專利[172]。申請專利的 40 個案件，在一審法院與專利商標局（Patent and Trademark Offices, PTMO）有 38 個被拒絕[173]。

17. 2013 年 *Calisi v. Unified Fin. Servs., LLC* 案[174]：原告若要主張營業秘密受侵害，首先要證明營業秘密的存在，當無法證明營業秘密的存在時，既然不存在受侵害的客體，何來侵害可言；*Electro-Craft Corp., 332 N.W.2d at 897.* 案[175]，被告行為雖然違法，但無法證明原告的營業秘密存在，自然無法舉證被告不當使用其營業秘密。同年 *United Services Automobile Ass'n v. Mitek Systems, Inc.* 案[176]，法院同意被告之請求，原告必須提供主張營業秘密受侵害的內容，節省訴訟程序中案件調查的時間，這也是聯邦民事訴訟程序

---

[170] *Mayo Collaborative Services v. Promethius Labs, Inc.*, 132 S. Ct. 1289, 1302 (2012).

[171] *Alice Corp. Pty. Ltd. v. CLS Bank Int'l,* 134 S. Ct. 2347, 2348 (2014).

[172] Gene Quinn, *A Software Patent Setback:* Alice v. CLS Bank, IP WATCHDOG (Jan. 9, 2015), http://www.ipwatchdog.com/2015/01/09/a-software-patent-set-back-alice-v-cls-bank/id=53460/ (last visited: 12/21/2016).

[173] Beaucha , *supra note* 3, at 1043.

[174] *Calisi v. Unified Fin. Servs.,* LLC, 232 Ariz. 103, 106, 302 P.3d 628, 631 (Ariz. App. 2013).

[175] *Electro-Craft Corp.*, 332 N.W.2d at 897.

[176] *United Services Automobile Ass'n v. Mitek Systems, Inc.*, 289 F.R.D. 244, 246, 249 (W.D. TX), aff'd, No. 12-282, 2013 WL 1867417 (W.D. Tex. Apr. 24, 2013).

法的規定（Federal Rule of Civil Procedure）[177]。

其他州的情形如何，觀察如 2015 年奧瑞岡 *Vesta Corp. v. Amdocs Management Ltd.*案 [178]，被告對其被指控侵害原告營業秘密，不當使用其機密資訊，要求原告必須先解釋何者爲其指控的營業秘密內涵與範圍，被告於訴訟過程中，亦向法院提出請求給予保障其資訊內容的保護令；聯邦一審法院判決接受被告請求。本文認爲加州法令的特殊規定，當原告提出營業秘密被侵害的案件時，將形成聯邦法院判決的共識，由原告先確認其營業秘密的內容，節省法庭的訴訟程序與時間。*Porous Media Corp. v. Midland Brake, Inc.*案 [179]，要求原告在預先審判的過程時，先詳列對每一名被告請求的營業秘密內涵明細。

（二）以 Nebraska 州法為例

以 Nebraska 州法（Nebraska Trade Secrets Act）爲例，適用聯邦法是否更爲有利，以下探討。原告以聯邦法提出訴訟，可以有請求更多賠償的機會 [180]。1988 年 7 月 9 日，內布拉斯加州通過內布拉斯加州營業秘密法（Nebraska Trade Secret Act, NTSA），內容主要參考美國統一營業秘密法（UTSA），對於侵害營業秘密行爲的補償、禁制令、不當使用的授權金等 [181]，此外，NTSA 亦規範當發現不當的使用或洩漏營業秘密後，有四年的年限限制 [182]。該州法規的制定與更新，最大的特點是促進該州的商業活動和經濟發展，鼓勵研發且保障研發成果。

---

[177] Fed. R. Civ. Proc. 16(c)(2)(L).

[178] *Vesta Corp. v. Amdocs Management Ltd.*, 147 F. Supp. 3d 1147 (D. Ore. 2015).

[179] *Porous Media Corp. v. Midland Brake, Inc.*, No. 99-2141 (July 20, 2000).

[180] Block, *supra note* 63, at 592.

[181] *Neb. Rev. Stat. Ann.* §§87-503-87-504.

[182] *Neb. Rev. Stat. Ann.* §87-506.

1. 1961 年 *Securities Acceptance Corp. v. Brown* 案 [183]：有關消費者借貸與金融公司，即原告 Securities Acceptance Corporation（簡稱 Securities），指控被告 Brown（前受僱人）違反僱傭期間競業禁止的規定，被告接受其他同類公司的招聘，原告認為被告必定會利用其工作期間所得知的原告公司政策、工作程序與顧客名單，圖利被告之新任職公司。在內布拉斯加州最高法院有前例認為，僱傭契約有默示的意義顯示，受僱人本有義務保護因其工作期間所得知的機密資訊，當然不可能利用這些資訊圖利其他公司。然而此案，法院並未給予原告禁制令，因為被告有機會洩漏原先工作所得知的機密資訊，並不代表一定會違反秘密保持的義務，法院不能因為原告臆想的可能性，就先頒布禁制令。

2. 1976年 *Henkle & Joyce Hardware Co. v. Maco, Inc.* 案 [184]：有關霰彈槍裝載機的部分零件供應商，跟原告銷售商合作超過十年後雙方關係惡化，供應商自行製造和原告雷同的產品出售原告主張該產品設計藍圖構成營業秘密，因而影響原告產品銷售市場，造成原告相當的經濟損失。一審法院判決該產品設計並未構成營業秘密，而是雙方合力完成的成果。其後內布拉斯加最高法院採用侵權法整編中對營業秘密的定義 [185]。最後，法院確定二者之間並未有書面的保密契約，因此，被告無須受到限制，維持和前審判決相同見解。法院在此項判決中，確定幾項判斷營業秘密的標準，如下 [186]：

(1) 該項事業或營業以外是否知悉該類秘密資訊，或僅限從事該類事業內的人士才有機會得知。

---

[183] *Securities Acceptance Corp. v. Brown,* 106 N.W.2d 456 (Neb. 1960), decision clarified on denial of reh'g, 107 N.W.2d 540 (Neb. 1961).

[184] *Henkle & Joyce Hardware Co. v. Maco, Inc.,* 239 N.W.2d 772 (Neb. 1976).

[185] *Id.* at 775-776 (citing Restatement (First) of Torts § 757 (Am. Law. Inst. 1939)). Comment (b) of § 757 of the Restatement (First) of Torts.

[186] *Id.* (citing Restatement (First) of Torts § 757 (Am. Law. Inst. 1939)).

(2) 是否只有涉及受僱人才能仔細的資訊內容或是其他行業的人有可能得知。

(3) 當事人為維護資訊的秘密性所投注的心力。

(4)該類資訊的經濟價值與對競爭對手產生的利益衝突有多大。

(5) 研發該類資訊，秘密所有人所投注的金額與努力。

(6) 被其他人竊取、複製或刪除該類秘密資訊的困難度。

3. 1989 年 *Selection Research, Inc. v. Murman* 案 [187]：原告是一家為產業界招募人才的聘僱公司，認為安排工作面試與訪談的所有過程、面試問題的收集採樣，皆是該公司花費人力與時間心血結晶，屬於該公司的營業秘密。被告 Murman 在原告公司離職後，前往另外一家相同性質的公司工作，並且使用原告慣用的答問技巧與面試策略。內布拉斯加州最高法院做出和前審法院相同不同的見解，先前法院禁止被告使用公司的面試策略與技巧，最高法院則認為該類內容為一般從事該行業人的一般知識，不足以構成營業秘密 [188]。

4. 1991 年 *Rockwell Graphic Systems, Inc. v. DEV Indus., Inc.* 案 [189]：被告為原告合作的契約商，涉嫌偷竊原告的秘密資訊，上訴判決中，法官 Judge Posner 提出以下看法，營業秘密的保障，可以替代耗費時間與投注眾多經費研發申請的專利，講求創意發展的現代社會，對營業秘密權益的維護，自然存在日益增多的需求和實益。不若專利尚須等待核准期間，權利人若善用營業秘密保障的手段，更能維護值得受保護的資訊，往往，具備創意或新穎性的設計或產品，在權利核准期間的權益維護形成保護上的漏洞。營業秘密對追求效率的產業界，精密機械或文創產業皆存在舉足輕重的影

---

[187] *Selection Research, Inc. v. Murman*, 433 N.W.2d 526 (Neb. 1989).

[188] Block, *supra note* 63, at 570-571.

[189] *Rockwell Graphic Sys., Inc. v. Dev Indus., Inc.*, 925 F.2d 174, 175-177 (7th Cir. 1991).

響。

5. 1994 年 *Richdale Development Co. v. McNeil Co., Inc.* 案[190]：原告為一家建築開發商，指控被告涉嫌不當使用其建築開發計畫，被告是原告的競爭對手，被告行為乃為圖利自己，偷竊原告計畫後竟然只有將原告名稱刪除，其餘部分全部複製，被告再參與建設開發競爭標案。當被告獲知遭控訴後，馬上銷毀所有文件檔案。原告指稱該設計耗資 25 萬美元，初審法院給予原告禁制令，禁止被告使用原告的設計計畫。最終最高法院駁回原告請求，做出和前審法院不同的判決結果，認為原告的建築設計無法被認定是營業秘密，無論是陽台或是房間的尺寸設計，皆容易為從事該行業中的一般人所得知，因此，無法限制被告使用。

6. 2001 年 *Home Pride Foods, Inc. v. Johnson* 案[191]：本案原告為一家食品供應公司，指控被告竊取其客戶名單，侵害原告所有之營業秘密，被告以 800 美元代價唆使他人竊取包含原告客戶電話、地址、姓名、訂購明細，該客戶名單可檢視出客戶端的所有訂單內容。能接觸客戶名單的只有原告公司老闆、秘書和營運經理，其他所有的業務代理或員工，皆與公司簽署保密契約，內容限制不能違反競業禁止的規定與洩漏營業秘密。

7. *First Express Services Group, Inc. v. Easter* 案[192]：被告原任職於原告農作物保險公司，之後離職到其兒子開設的公司工作，而該家公司是原告公司的主要競爭對手。被告涉嫌攜帶原告公司的客戶名單，並移轉眾多客戶到她兒子的公司，原告提出訴訟，指控被告侵害其營業秘密，涉及不當得利，內布拉斯加州最高法院首次於此案做出該客戶名單屬於保護的營業秘密，判決原告勝訴，形成該州

---

[190] *Richdale Development Co. v. McNeil Co., Inc.*, 508 N.W.2d 853 (Neb. 1993), opinion modified on denial of reh'g, 510 N.W.2d 312 (Neb. 1994).

[191] *Home Pride Foods, Inc. v. Johnson,* 634 N.W.2d 774 (Neb. 2001).

[192] *First Express Servs. Grp., Inc. v. Easter,* 840 N.W.2d 465, 467 (Neb. 2013).

最高法院首次承認客戶名單為營業秘密的先例。法院做出禁止被告使用該類資訊的永久禁制令，且要求被告必須賠償原告因被告行為的所失利益。

（三）修法後案例

2016年 *Dazzle Software II, LLC v. Kinney* 案[193]，密西根地區法院拒絕首例主張營業秘密被不當使用，申請民事強制執行程序的案件。同樣地，加州地院最近亦拒絕相同的申請案件，原因在於法院認為秘密保持命令，足以保障法庭審理期間的所有系爭機密資訊和裝置[194]。由此可見，聯邦法庭在審理階段時，除非認為有絕對必要，否則不會輕易同意原告民事強制執行的申請，法院唯恐應允原告過度的請求，反而造成對被告不利。

2016年 *Adams Arms, LLC v. Unified Weapon Sys., Inc.* 案[195]，指出在 DTSA 施行之後的任何案例，皆可依據 DTSA 再加以請求；*VIA Techs., Inc. v. ASUS Comput. Int'l* 案[196]，准許原告除了依據加州統一營業秘密法提出請求外，尚可依據 DTSA 增加訴訟內容的請求。2017年 *OOO Brunswick Rail Management v. Sultanov* 案[197]，聯邦地方法院否定要求扣押被告的公司用電腦及手機，因為根據 DTSA 的規定，命令被告攜帶相關設備於指定的公聽會中，並且禁止被告接

---

[193] Order Declining to Grant Application for Ex Parte Seizure, *Dazzle Software II, LLC v. Kinney*, No. 16-12191 (E.D. Mich. June 15, 2016).

[194] *OOO Brunswick Rail Mgmt. v. Sultanov*, No. 5:17-cv-00017-*EJD*, 2017 WL 67119, at *2 (N.D. Cal. Jan. 6, 2017).

[195] *Adams Arms, LLC v. Unified Weapon Sys., In*c., 8:16-cv-1503-T-33AEP, 2016 WL 5391394, at 5-7 (M.D. Fla. Sept. 27, 2016).

[196] *VIA Techs., Inc. v. ASUS Comput. Int'l*, 14-cv-03586-BLF, 2017 WL 491172, at 4 (N.D. Cal. Feb. 7, 2017).

[197] *OOO Brunswick Rail Management v. Sultanov*, No. 17-00017. 2017 WL 67119 at *2 (N.D. Cal. Jan. 6, 2017).

觸使用相關設備，如此的規定已經足夠。

DTSA 對營業秘密的定義範圍較 NTSA 寬廣，一般而言，DTSA 法規的定義下，當秘密所有人必須盡合理努力保障營業秘密的秘密性，該類資訊有其獨立經濟價值，且不被一般人輕易得知或獲取。NTSA 則把舉證責任主要放在原告身上[198]，移除一般人輕易得知等用語，因此，*Richdale Development Co. v. McNeil Co., Inc.* 案中的建築藍圖在州法定義才未被視為是值得受保護的營業秘密。建築藍圖並非一般具備通常知識之人可以設計出來的作品，必須是具備專業知識的人士投注相當時間才能得到的成果。原告在內布拉斯加州得到的最終判決結果，不保障原告提出建築藍圖為其營業秘密的要求，但是，若在聯邦法院依據 DTSA 提出，結果可能不同。DTSA 對原告的保護較為有利。

First Express 案，對營業秘密的定義捨棄一般性的（generally）、輕易地（readily）等用語，擴大對營業秘密的保障範圍，如此，對原告更加有利。只要是一般人可以輕易獲知，或利用一般性的方法可以接觸或得到的資訊，皆無法主張是營業秘密。

Richdale Development Co. v. McNeil Co., Inc. 案，該案的建築藍圖無法符合營業秘密定義，因為任何人只要進入該建物內部，便能輕易窺知該建物設計概念；*First Express Servs. Grp., Inc. v. Easter* 案，只要藉由保險客戶的名單，即使網路搜尋，便可獲知所有客戶的地址、電話、姓名等資料，因此本案中的客戶名單無法被認定是營業秘密；*Home Pride Foods, Inc. v. Johnson* 案，客戶名單認定是營業秘密，因為只有該公司可以獲知資訊，包括客戶訂購的數量。

內布拉斯加州內當原告發現營業秘密有被竊取的可能，向法院提起訴訟之後，即使僅速向法院申請取得保護命令，被告一定會盡

---

[198] *See First Express,* 840 N.W.2d at 474. *See also Richdale,* 508 N.W.2d at 860.

其可能銷毀所有相關證據[199]，而NTSA並未提供給原告任何訴訟程序中的救濟[200]，相反地，該州最高法院不會做出任何針對受僱人離職後就業上的限制，影響受僱人維持生計的機會，因而，對於被害人營業秘密被洩漏的機會，未有任何防堵措施。

相反地，DTSA給予原告有向法院提起訴訟期間查扣相關財產的請求權，避免營業秘密被洩漏的危險，避免原告可能喪失的經濟利益，同樣的該州州法對於禁制令的期間有限制，DTSA則給予原告永久的保護，避免被競爭對手侵害的可能，提供給原告全方位的防護[201]，近來包括聯邦巡迴法院，地方法院與PTMO皆維持聯邦最高法院對 Alice 案的見解，拒絕以軟體申請專利的案件。因此，顯見未來藉由營業秘密法取代以往尋求專利權的保障，亦即無法用專利保障的創新研發，將藉由營業秘密法的保護，尤其是 DTSA 立法後增加被害人利用民事救濟的管道[202]。

被害人必須證明被告有遵守秘密資訊的義務，同時必須舉證，如書面的保密契約或其他規範，藉此證明被告明知其義務卻因過失或故意違反，或者是另外一種情況，被害人可以舉證，雖然沒有類似的契約存在，但由其他的情狀證據指出，雙方之間存在默示的保密義務。損害賠償的計算，包括因為營業秘密被竊取而產生的實際損失，還有由此產生的不當得利，甚至包括請求未來可能蒙受的損失與所失的利益。DTSA 包括除了實際損失以外，還可以請求訴訟過程中所有的律師費用，在被告惡意的情況之下，原告還可以請求懲罰性的賠償金。

2016 年 9 月 13 日首例依據 DTSA 允許扣押命令的案例，

---

[199] See Richdale Dev. Co. v. McNeil Co., Inc., 508 N.W.2d 853, 856 (Neb. 1993).

[200] Neb. Rev. Stat. Ann. §87-505.

[201] Block, supra note 63, at 580-581.

[202] Beaucha , supra note 3, at 1044.

Mission Capital Advisors LLC v. Romaka 案 [203]，美國紐約南區地方法院，紐約市從事不動產金融的原告公司，控告員工竊取其企業重要資訊，從事不當使用的行為[204]，原告明確向法院提出需要扣押的理由與被告藏匿秘密資訊的地點。法院原本擔憂影響被告的隱私權，並且會涉及與公司資訊無關的被告其他個人資訊。當調查開始時，被告立即藏匿，扣押蒐證的當天出動三名法警，複製被告電腦文件資料與刪除被告電腦內所有違法資料一整天，幸而原告指證歷歷，才能有效阻止原告營業秘密的外洩[205]。DTSA 條文並未明確規範扣押時如何處置儲存秘密資訊的電腦設備，而當錯誤的查扣或處置不當時，即使條文中有對被告的賠償規定，然對於被告資料被不當扣押所造成的損害仍然緩不濟急[206]。

DTSA 提供聯邦民事救濟程序，對於被害人而言，增強求償的便利性與簡化求償程序，快速得到救濟結果，這些都是被害人最看重的地方，特別是因為營業秘密的屬性特殊，稍有疏失，機密資訊的流失造成無法彌補的損害，未來，二則法規之間的調和，值得觀察[207]。

---

[203] *Mission Capital Advisors LLC v. Romaka*, No. 1:16-cv-05878, Filed: July 22, New York Southern District Court. Office: 2016, https://digitalcommons.law.scu.edu/cgi/viewcontent.cgi?article=2399&context=historical.

[204] *HNRK Obtains First Seizure Order Under the Defend Trade Secrets Act*, HOGUET, http://hnrklaw.com/wp-content/uploads/2017/04/00115238.pdf (last visited: 4/4/2018).

[205] *Id.*

[206] Beaucha, *supra note* 3, at 1060.

[207] Michelle Evans, *Plausibility Under The Defend Trade Secrets Act*, 16 J. Marshall Rev. Intell. Prop. L. 206 (2017).

肆、結論與建議

　　一向以來，有別於其他的智慧財產權，營業秘密的保障因為缺乏聯邦法規對賠償的明文規定，因此，被害人只能藉由各州州法尋求賠償和保障。維護營業秘密分為兩部分，一為效率性，二是精神性。效率性部分乃是關於營業秘密法鼓勵創新的研發，與有效率的保障秘密資訊的隱密性，精神性乃指營業秘密的維護會影響受僱人離職的效果，包括轉業的自由與動機[208]。*Kewanee Oil Co. v. Bicron Corp.*[209] 案中，說明所有的研發都不應受限於法規的限制，本案中的聯邦最高法院已經給出答案，或是營業秘密法有更多保障研發的內容，若對研發有幫助，當然應該予以肯定。

　　另外一個成為營業秘密法的準則，成為判斷營業秘密法的基準，即商業道德的考量。*E.I. duPont deNemours & Co. v. Christopher* 案[210]，被告被控訴擅自拍攝原告尚在營建中機械製造基地的天線照片，聯邦第五巡迴法院作出著名判決，認為被告行為構成營業秘密的不當使用行為，產業間的競爭行為不能違反商業道德的底線。營業秘密法影響最顯著的地方，在於對受僱人轉換工作的自由與餘裕度方面的影響，受僱人若不被侷限於必須固守某些特定的資訊範圍，如此，無論受僱人使用其一般技能或在特定行業中的專業技術，都不應該受到工作轉換的限制[211]，然而為了不影響受僱人轉換自由的餘裕度與效率，並不能降低對技術研發和更新的需求，亦即二者之間如何取得平衡，成為探討重點。

　　首先，聯邦 DTSA 法規對營業秘密的定義限制較少，NTSA 反

---

[208] Varadarajan, *supra note* 42, at 367.

[209] *Kewanee Oil Co. v. Bicron Corp.*, 416 U.S. 470, 484 (1974).

[210] *E.I. duPont deNemours & Co. v. Christopher*, 431 F.2d 1012, 1015 (5th Cir. 1970).

[211] Varadarajan, *supra note* 42, at 370.

而限制更高，DTSA 規範的補償對被害人更加有利，因而，被害人選擇在聯邦法院系統提出訴訟，更加有利於自身權益的保障。DTSA 使被害人可以直接由聯邦法規尋求保護，同時各州不再各自為政，DTSA 對營業秘密定義的擴大，強化對秘密所有人的保障，最大的特色在於，營業秘密的保護有一致性的標準和規制，有效合理的保護營業秘密所有人的權益。營業秘密的案件很少侷限於單州境內，往往因為案情複雜牽扯數州的管轄，聯邦立法統轄相關案件，提供給社會大眾遵循的標準，使案件審判有一致性的遵循依據，也使營業秘密所有人得到更大的保障。

除非受僱人在任職期間，與僱用人簽署書面的明文競業禁止條文，否則，當受僱人離職之後，如何應用其工作技能與相關知識，在該類工作中與其他業者競爭，當屬受僱人的選擇與自由。新科技的盛行引領法規的修正與更新，各州州法通常判斷營業秘密的保護要件時，會依據個案中原告維護其秘密資訊所做出的「合理努力」而決定，然而，各州規範又不同，且所謂的「合理努力」還必須根據不同的科技產品而有不同[212]，2015 年所認定的合理努力，在 2016 年不見得可以得到認可，因為數位環境與科技工具逐年更新，當今虛擬世界速度一日千里。近年發生的大型電腦軟體公司遭遇數以百萬的客戶資料被竊取一事，因此若能明確定義營業秘密，包括所謂的努力，會使案件更有適用的基準。同時，經由法院的判決結果，侵害的合理賠償會使企業界更願意投注經費在研發中，並且，針對駭客侵入的網路安全環境，準備與因應更多重的駭客防堵行為。

聯邦法規亦能解決當事人選擇法庭的時間，並且解決跨州案件訴訟的問題。營業秘密的規範與法制，如何定義當事人已付出合理努力以維護其營業秘密，因為此類訴訟除了首先確認營業秘密是否

---

[212] Dole, *supra note* 7, at 283.

存在，還需證明權利人已盡相當合理措施，明確定義「合理努力」將使判斷案件是否成立與維護當事人的權益上皆有實益。聯邦新法規的通過可達到以下效用：企業願意投入研發，除了原先專利法規的保障，尚可藉由聯邦營業秘密法規的一致性規劃，使各地法院與各州人民有共同遵循的標準。提出質疑者有以下看法，營業秘密法看似保障營業秘密和防堵經濟間諜的利器，然而，聯邦營業秘密法規卻有取代或替代專利法規保障的意涵。本文認為事實不然，即使專利登記申請成功，無法保障未申請專利技術部分的其他流程與資訊，營業秘密卻可以達到全面保障的目的[213]。

　　缺乏營業秘密的保障，營業秘密所有人會更不願意分享秘密資訊，對於資訊的流通與互動並無益處。沒有適當的營業秘密法規範，只有徒增企業主更多不必要的支出，為了防範秘密資訊的被竊取，造成更多的不經濟支出。本文建議適用 HIPAA 的規定，其中對於資訊安全的防護措施，有利聯邦營業秘密法規的保障更加周全，亦即涵蓋 EEA 與 CFAA，成為 DTSA 完善內容[214]。HIPAA 的高端標準可以提供給聯邦法規最適性的參考依據，讓大眾有預期可知的遵循規則，同時，清楚透明的規範才能達到法規的實質效用。反對聯邦營業秘密法的理由如下：目前針對於保障電子資訊儲存的聯邦法規已經有二，CFAA 與 EEA[215]。然而仍欠缺對私人機構機密資訊保障的各州州法。營業秘密的聯邦法制化是全美國國內的共同議題，DTSA 的制定通過有其意義，也為近年來的法規探討劃下休止符。

　　對侵害人而言，前述的規定無異在事前提醒，侵害人可能涉及的侵害結果，使侵害人能預先提防與免除自己可能涉及的侵害責任，依據財產權的內涵不同，權利的保護態樣也不同，營業秘密被

Dole, *supra note 7*, at 283. 此文作者的見解。

Dole, *supra note 7*, at 290. 此文作者的見解。

United States v. Aleynikov, 737 F. Supp. 173, 184, 185 (S.D.N.Y. 2010).

不當使用的案例當中，不但當事人在維護上花費成本龐大，亦增加預防可能產生的任何侵害行為的預算，諸如此類，對於秘密所有人而言，皆非正面影響，因為當事人仍須在繁瑣的防治工作上耗費巨大成本。

參考文獻

一、中文部分

專書

曾勝珍，論我國經濟間諜法立法之必要性——以美國法制為中心，元照，2007 年。

期刊

曾勝珍，美國經濟間諜法施行成效之探討，財產法暨經濟法，第 22 期，2010 年，頁 79-116。

二、外文部分

論文

1. Alissa Cardillo, *Another Bite At The Apple For Trade Secret Protection: Why Stronger Federal Laws Are Needed To Protect A Corporation's Most Valuable Property*, 10 Brook. J. Corp. Fin. & Com. L. 577-603 (2016).

2. Brennan R. Block, *Nebraska Trade Secret Protection: The Forum Selection Conundrum Facing Trade Secret Owners After The Defend Trade Secrets Act of 2016*, 50 Creighton L. Rev. 559-585 (2017).

3. David S. Almeling, Darin W. Snyder, Michael Sapoznikow, Whitney E. McCollum & Jill Weader, *A Statistical Analysis of Trade Secret Litigation in Federal Courts*, 45 Gonz. L. Rev. 292-328 (2010).

4. Daria Kim, *Article: Protecting Trade Secrets Under International Investment Law: What Secrets Investors Should Not Tell States*,15 J. Marshall Rev. Intell. Prop. L. 227-256 (2016).

5. Deepa Varadarajan, *Trade Secret Precautions, Possession, and Notice*, 68 Hastings L.J. 357-395 (2017).

6. Kaylee Beaucha, *Comment: The Failures of Federalizing Trade Secrets: Why The Defend Trade Secrets Act of 2016 Should Preempt State Law*, 86 Miss. L.J. 1031-1074 (2017).

7. Michelle Evans, *Plausibility Under The Defend Trade Secrets Act*, 16 J. Marshall Rev. Intell. Prop. L. 188-206 (2017).

8. Molly Hubbard Cash, *Keep It Secret, Keep It Safe: Protecting Trade Secrets By Revisiting The Reasonable Efforts Requirement In Federal Law*, 23 J. Intell. Prop. L. 263-291 (2016).

9. Richard F. Dole, *Identifying The Trade Secrets At Issue In Litigation Under The Uniform Trade Secrets Act And The Federal Defend Trade Secrets Act*, 33 Santa Clara High Tech. L.J. 470-505 (2017).

10. Sharon K. Sandeen, *The Cloud: Emerging Issues in Business and Intellectual Property Law: Meatspace, the Internet, and the Cloud: How Changes in Document Storage and Transfer Can Affect IP Rights,* 12 DePaul Bus. & Comm. L.J. 437-454 (2014).

網路資源

1. Brad Sugars, *How Many Jobs Can Your Startup Create This Year?*, ENTREPRENEUR (Jan. 14, 2012, 7:15 AM), https://perma.cc/ R6AW-GDVH (last visited: 4/10/2018).

2. Center For Responsible Enterprise And Trade & Pricewaterhousecoopers Llp, Economic Impact Of Trade Secret Theft: A Framework For Companies To Safeguard Trade Secrets And Mitigate Potential Threats 11 (Feb. 2014), https://create.org/

wp-content/uploads/2014/07/CREATe.org-PwC-Trade-Secret-Theft-FINAL-Feb-2014_01.pdf (last visited: 3/9/2018).

3. *Chronology of Data Breaches 2005-Present*, PRIVACY RIGHTS CLEARINGHOUSE, https://www.privacyrights.org/data-breaches (last visited: 1/26/2018).

4. Eric Goldman, *The New 'Defend Trade Secrets Act' Is the Biggest IP Development in Years*, FORBES.COM (Apr. 28, 2016, 1:04 PM), https://perma.cc/FG8U-52SF (last visited: 4/9/2018).

5. Gene Quinn, *A Software Patent Setback:* Alice v. CLS Bank, IP WATCHDOG (Jan. 9, 2015), http://www.ipwatchdog. com/2015/01/09/a-software-patent-setback-alice-v-cls-bank/ id=53460/ (last visited: 12/21/2016).

6. *HNRK Obtains First Seizure Order Under the Defend Trade Secrets Act*, HOGUET, http://hnrklaw.com/wp-content/ uploads/2017/04/00115238.pdf (last visited: 4/4/2018).

7. Letter from David Levine et al., Professors Intellectual Property Law, to Congress Opposing Trade Secret Legislation (Aug. 26, 2014), http://infojustice.org/wp-content/uploads/2014/08/Professor-Letter-Opposing-Trade-Secret-Legislation.pdf (last visited: 5/17/2017).

8. "Legislative Fact Sheet," Uniform Law Commission, http:http:// www.uniformlaws.org/LegislativeFactSheet.aspx?title=Trade%20 Secrets%20Act (last visited: 11/20/2017).

9. Mission Capital Advisors LLC v. Romaka, No. 1:16-cv-05878, Filed: July 22, New York Southern District Court Office: 2016, https:// digitalcommons.law.scu.edu/cgi/viewcontent.cgi?article=2399&cont ext=historical (last visited: 5/16/2018).

10. Professors' Letter in Opposition to the Defend Trade Secrets Act of 2015 (S. 1890, H.R. 3326) (November 17, 2015), https:// cyberlaw.stanford.edu/files/blogs/2015%20Professors%20Letter%20

in%20Opposition%20to%20DTSA%20FINAL.pdf (last visited: 3/26/2018).

11. Professors' Letter in Opposition to the "Defend Trade Secrets Act of 2014" (S. 2267) and the "Trade Secrets Protection Act of 2014," (H.R. 5233) (Aug. 26, 2014), https://papers.ssrn.com/sol3/papers. cfm?abstract_id=2699735 (last visited: 3/26/2018).

12. Sebastian Kaplan & Patrick Premo, *The Defend Trade Secrets Act of 2016 Creates Federal Jurisdiction for Trade Secret Litigation*, May 23, 2016, http://www.ipwatchdog.com/2016/05/23/defend-trade-secrets-act-2016-creates-federal-jurisdiction-trade-secret-litigation/id=69245/ (last visited: 9/20/2016).

13. Sorana Georgiana Ban and Katarzyna Brozynski, PROTECT YOUR TRADE SECRETS-TUTSA, *Gray Reed & McGraw, P.C.,* May 30, 2013, http://www.grayreed.com/NewsResources/Legal-Updates/40227/Protect-Your-Trade-Secrets-TUTSA (last visited: 10/29/2017).

14. TechForward, Inc. v. Best Buy Co., No. 2:ll-cv-1313-ODW (JEMx) (CD. Cal. Jan. 25, 2013), http://www.leagle.com/decision/In%20 FDCO%2020130128620/TECHFORWARD,%20INC.%20v.%20 BEST%20BUY%20CO.,%20INC? (last visited: 3/29/2018).

15. The EMA, *The European Medicines Agency Policy on Publication of Clinical Data for Medicinal Products for Human Use,* EMA/240810/2013 (2014), http://www.ema.europa.eu/docs/en_GB/document_library/Other/2014/10/WC500174796.pdf (last visited: 12/21/2016).

16. The Institute of Medicine of the National Academies, *Sharing Clinical Trial Data: Maximizing Benefits, Minimizing Risk* (2015), http://www.iom.edu/Reports/2015/Sharing-Clinical-Trial-Data.aspx (last visited: 12/21/2016).

17. The United Nations Conference On Trade And Development, World Investment Report 2014, 2014, http://unctad.org/en/PublicationsLibrary/wir2014_en.pdf (last visited: 12/21/2016).

18. The World Health Organization, *Call for public consultation: WHO Statement on Public Disclosure of Clinical Trial Results*, http://www.who.int/ictrp/results/en/ (last visited: 12/21/2016).

19. TRADE SECRETSINSTITUTE, *United States v. Kolon Indus. Inc. et al.*, Aug. 21, 2012, http://tsi.brooklaw.edu/cases/united-states-v-kolon-industries-inc-et-al (last visited: 5/16/2017).

|第二章|
營業秘密保護相關法制之探討

A Discussion on the Legal System Related to the Protection of Trade Secrets

曾勝珍* 謝金龍**

* 嶺東科技大學財經法律研究所教授，shengtseng1022@gmail.com。

** 嶺東科技大學財經法律研究所研究生，A6ME010@stumail.ltu.edu.tw。

壹、前言

我國就營業秘密之保護法制,在歷經了實體法「營業秘密法」規範層面的專法後,於2007年制定通過「智慧財產法院組織法」、「智慧財產案件審理法」,由「專業」之智慧財產法院,依循「特殊」之訴訟程序,使保護智慧財產權及其訴訟程序發展更為健全,開創嶄新的里程碑。

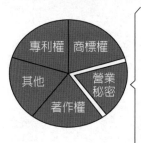

實體法:營業秘密法
1995 年 12 月 22 日制定全文 16 條、1996 年 1 月 17 日公布。
2013 年 1 月 11 日修正、2013 年 1 月 30 日公布增訂第 13-1～13-4 條條文。

程序法:智慧財產案件審理法
2007 年 3 月 28 日制定全文 39 條、2008 年 7 月 1 日施行。
2011 年 11 月 23 日增訂公布第 30-1 條條文。
2014 年 6 月 4 日修正公布第 4、19、23、31 條條文;並增訂第 10-1 條條文。

圖 2-1　保護營業秘密主要法制示意圖

資料來源:作者自行整理。

貳、我國營業秘密法之發展歷程

隨著資訊時代的來臨,各式各樣的資訊,包括技術與研發資訊、生產與製造資訊、品管與維修資訊、行銷與銷售資訊,乃至於企業內部的財務與經營資訊,都可能具有無限的經濟價值而對一個企業的成敗具有決定性的影響[1],而我國隨著產業發展及國際貿易自

---

[1] 參見曾勝珍,智慧財產權論叢第壹輯,五南圖書出版,2008 年 8 月,頁 83-84。

由化的發展趨勢，爲了維持競爭力，就必須透過不斷的研發與創新，而在研發與創新的過程中，雖可運用專利法、商標法、著作權法及積體電路電路布局保護法等相關保護外，然因部分技術、產業資訊的特殊性質，無法或不能公開，如不能加以保護者，會導致對於產業造成不利之影響，而不願或不能公開之技術、資訊此即爲營業秘密。對營業秘密的保護不但可補充其他智慧財產權之不足，並可在向未取得其他智慧財產權之前，有效保護創作人之權益，並可因其對經營資訊之保護，而在防止不公平競爭與規範競爭秩序方面，發揮其特殊之地位[2]。

　　早期我國對營業秘密之保護，以法律條文是否納入營業秘密作爲基準點者，可將保護制度區分三個階段，第一階段係散見於民法有關之侵權行爲、損害賠償等及刑法有關之洩漏業務上知悉工商秘密罪、背信罪、業務侵占罪等。進而於第二階段 1995 年 2 月 4 日公平交易法正式施行，事業不得有以脅迫、利誘或不正當方法，獲取他事業之產銷機密、交易相對人資料或其他有關技術秘密，以致有妨礙公平競爭之虞，惟亦未明文將營業秘密一詞納入條文中。

　　近年來，智慧財產權之議題乃是我國與國際間法律發展的重要核心領域，尤其是隨著科技日新月異的進步以及人才流動的快速，不斷衍生出新的問題，法律之制定與修改更是頻繁。我國早期對於智慧財產權之保障，特別是營業秘密，並未特別重視，因此形成許多保護漏洞[3]。因前揭法制未能提供周全之保護，及因國際上對智慧財產權保護的殷殷期盼[4]，最終第三階段我國於 1995 年 12 月 22 日制定營業秘密法全文 16 條，自 1996 年 1 月 17 日施行，內容

2　參見馮震宇，了解營業秘密法——營業秘密法的理論與實務，永然文化出版，1997 年 7 月，頁 29。

3　參見曾勝珍，案例式營業秘密法，新學林出版，2016 年 7 月，頁 1。

4　世界貿易組織協定附件 C 之與貿易相關之智慧財產權（TRIPs）協定第二篇第七節第 39 條明確要求會員國對營業秘密應予以法律保護。

包括：第 1 條立法目的；第 2 條營業秘密之定義及要件；第 3、4 條營業秘密之歸屬；第 5 條營業秘密之共有；第 6、7、8 條有關營業秘密之可讓與性、授權，不可設質及強制執行；第 9 條公務員等特別身分人之保密義務；第 10 條侵害之態樣；第 11、12、13 條之民事救濟及賠償計算；第 14 條營業秘密案件審理原則；第 15 條國際互惠原則。

圖 2-2　保護營業秘密軌跡示意圖

資料來源：作者自行整理。

一、保護營業秘密之重要性——從立法目的觀察

高科技產業大多具有知識密集、資本密集、產品生命週期短、高利潤回收、成長率高與高風險等特性。營業秘密一旦遭到侵害，除了造成營業秘密所有人經濟上的損失外，更有可能降低該企業的市場競爭力，故保護營業秘密的重要性毋庸置疑[5]。依據營業秘密法第 1 條之規定：「為保障營業秘密，維護產業倫理與競爭秩序，調和社會公共利益，特制定本法。」即開宗明義指出立法目

5　參見李思恩，高科技產業營業秘密法律保護手段之實益分析，東吳大學法學院法律學系碩士在職專班科技法律組碩士論文，2017 年 7 月，頁 10。

的[6]，析言之，對於產業內部花費鉅額之資本、人力所創造之營運利基，於外部賦予法律之保護，一方面可以鼓勵產業研發，另方面對於契約義務之違反或商業間諜竊取營運機密等不公平競爭，調和公益與私益。其重要性以下分述之：

（一）保障營業秘密，促進創新研發

核心技術或商業機密，除得依法申請專利權、商標權等排他性權利加以保護外，其他就不適合申請前揭權利保護之「無形資產」，如符合構成要件而得賦予營業秘密法之保護，將使企業更願意投入資本創新研發新技術或新產品，累積企業競爭實力，從而領先同業，可以確保其優勢地位不被超越，否則，當業界時常擔心辛苦的成果受侵害而無法救濟時，應是不願投資。

（二）提倡產業倫理，維護競爭秩序

對營業秘密的保障，是避免發生不正競爭行為，規範內、外部行為，其中於內部行為，乃係因能接觸此營運機密者，首推受僱人，縱公司與受僱人間並無簽訂競業禁止或保密協定，受僱人對於因工作上所知悉之營業秘密仍有保密責任或不得使用，此仍應認為基於產業倫理之當然要求。其次於外部行為，事業體彼此之間因產業倫理，能公平競爭規範交易秩序，減少商業間諜竊取業務機密而使交易市場紊亂。

6　參見營業秘密法第 1 條立法理由一：按營業秘密為智慧財產權之一環，本條第 1 項明定本法之立法目的有三：1. 保障營業秘密，以達提升投資與研發與意願之效果，並能提供環境，鼓勵在特定交易關係中的資訊得以有效流通；2. 維護產業倫理與競爭秩序，使員工與雇主間、事業體彼此間之倫理與競爭秩序有所規範依循；3. 調和社會公共利益，按各國法院多於個案中將此列為考量因素，故本法仍於立法目的中宣示，俾法院於個案中能斟酌社會公共利益而為較妥適之判斷。立法院法律系統，https://lis.ly.gov.tw/lglawc/lawsingle?0054276F41990000000000000000000014000000004000000^01967084122200^0002C001001（最後瀏覽日：2018 年 6 月 21 日）。

（三）調和公共利益，促進國家經濟發展

調和社會公共利益，乃所有智慧財產權法制所不可或缺之立法目標，蓋保護營業秘密私利之同時，亦不能不兼顧社會公共利益，例如在處理競業禁止條款之有效性時，應同時考量企業之經濟優勢可能造成員工在憲法上所享有工作權與生存權之負面影響[7]。基於憲法保障人民財產權意旨，營業秘密固然應受法律保護，惟仍有考量公共利益之必要，蓋營業秘密法雖然並未如其他智慧財產權法律，明文定有善意使用、特許實施、合理使用或強制授權，但於適用營業秘密法保障權利人利益時，仍須併予考量社會公共利益[8]。當企業、受僱人及事業體間權益均得合法保障之下，各安其所，國家整體經濟自當倍速成長，更具國際競爭力。

二、營業秘密定義

「營業秘密」一詞沿用自 TRIPs 第二章第七節所出現的「未曾揭露之資訊」（Undisclosed Information），內容所涉之多樣性，即各類資訊皆可成為營業秘密[9]。而我國，於營業秘密法施行前，學者對於營業秘密，定義為「於事業者之事業活動有用之生產或販賣，或其他方法之技術上或營業上未經公然周知之經以秘密方式加以管理之資訊」，行政院公平交易委員會於營業秘密法立法前，就營業秘密之意義所採取之行政解釋認為：「營業秘密是廠商為在營業活動上取得競爭優勢，投下勞力與資本所發展出來的各種有形無形的成果，且營業秘密的所有人對此未經公開的特定知識或情報有保密

---

[7] 參見曾勝珍，營業秘密法，五南圖書出版，2009 年 3 月，頁 2-3。

[8] 參見章忠信，營業秘密法之立法目的，http://www.copyrightnote.org/Article-Content.aspx?ID=8&aid=2465（最後瀏覽日：2018 年 6 月 21 日）。

[9] 參見林洲富、曾勝珍、李傑清、余天琦、施穎弘、李兆環，謝松穎，孫祥甯、劉齊，營業秘密與競業禁止，新學林出版，2017 年 8 月，頁 4。

的意思[10]。」依據營業秘密法第2條之規定：「本法所稱營業秘密，係指方法、技術、製程、配方、程式、設計或其他可用於生產、銷售或經營之資訊，而符合左列要件者：一、非一般涉及該類資訊之人所知者。二、因其秘密性而具有實際或潛在之經濟價值者。三、所有人已採取合理之保密措施者。」

　　申言之，營業秘密，按字面解釋「營業」即是經營業務，「秘密」即是隱密而不讓人知道的事，凡業者不願將其公開之資訊即是[11]。總括而言，凡未經公開或非普遍為大眾所共知的知識或技術，且事業所有人對該秘密有保密之意思，及事業由於擁有該項營業秘密，致較競爭者具更強的競爭能力，其範圍涵蓋方法、技術、製程、配方、程式、模型、編纂、產品設計或結構之資訊或其他可用於生產、銷售或經營之資訊，均屬營業秘密法所定營業秘密之範疇，而受法律之保護[12]，且一旦形成就受保護，其不必也不能登記或申請核准，此與專利、商標或積體電路電路布局須經登記始受保護不同[13]。

　　因我國法律對有關營運上之機密資訊用語稱呼不一，如刑法第317條有稱之「工商秘密」[14]，勞動基準法第12條第1項第5款「技術上、營業上之秘密」[15]等多樣性，以致現行實務上對機密資

---

[10] 參見江彥儀，侵害營業秘密刑事責任之研究，臺北大學法律研究所碩士論文，2005年7月，頁24。

[11] 參見曾勝珍，智慧財產權法專論——透視營業秘密與競業禁止，五南圖書出版，2017年3月，頁4。

[12] 參見臺灣臺北地方法院96年度勞訴字第35號判決意旨。

[13] 參見黃正雄，營業秘密於智慧財產權訴訟中之揭露及保護——以我國民事訴訟法及智慧財產案件審理法相關規定為中心，國立清華大學科技法律研究所碩士論文，2009年7月，頁32-33。

[14] 刑法第317條：「依法令或契約有守因業務知悉或持有工商秘密之義務而無故洩漏之者，處一年以下有期徒刑、拘役或三萬元以下罰金。」

[15] 勞動基準法第12條：「勞工有左列情形之一者，雇主得不經預告終止契

訊之定義及其範圍，尚有歧異，如臺灣高等法院 102 年度上易字第 2443 號刑事判決理由六略以「按刑法第 317 條所規定之工商秘密，應具備營業秘密法有關營業秘密之要件」；智慧財產法院 105 年度刑智上訴字第 11 號刑事判決略以「工商秘密或營業秘密所要求之『秘密性』，係指非涉及該領域之人所知悉者，須衡量該資訊是否經所有人以相當努力所獲得、該資訊是否未曾以一般人可輕易得知之方式公開、在適當之管理下該領域之人是否無法透過一般方式得知等，綜合判斷之」，以及臺灣臺北地方法院 106 年度智易字第 35 號刑事判決指出「刑法對於何謂『工商秘密』，並無明文之定義，實務上認為，『工商秘密』係指工業上或商業上之秘密事實、事項、物品或資料，而非可舉以告人者而言，重在經濟效益保護（臺灣高等法院 78 年度上易字第 2046 號判決參見）。而營業秘密法於第 2 條明確規定營業秘密之要件，嗣於 102 年 1 月 30 日修正時於第 13 條之 1 至第 13 條之 4 增訂侵害營業秘密之刑事責任，參酌上開條文立法過程，及營業秘密法之『營業秘密』與刑法第 317 條之『工商秘密』，係使用不同之用語等情，本院認為刑法之工商秘密，與營業秘密法之營業秘密，其內涵應有所區別，刑法之工商秘密不須採取如營業秘密法所規定高門檻之標準，以周全保護當事人之權益。惟刑法之工商秘密與營業秘密法之營業秘密，縱有保護範圍廣狹之不同，惟刑法之工商秘密仍須具有一定程度之秘密性，即該秘密資訊所有人應採取一定之保密措施，使他人無法輕易探知秘密資訊之內容，若無從認定秘密資訊所有人有採取防範他人接觸或洩漏之保密措施，自難認符合秘密性之要件」。因此造成實務上認為雖不構成營業秘密但亦可成立工商秘密，而有刑事處罰的可能性，反之亦同。

另本條法文「其他可用於生產、銷售或經營之資訊」之概括式

約：……。五、故意損耗機器、工具、原料、產品，或其他雇主所有物品，或故意洩漏雇主技術上、營業上之秘密，致雇主受有損害者。」

立法例，看似使營業秘密範圍沒有明確界限，事實上乃係立法政策考量智慧財產領域發展迅速，無法以列舉方式包羅萬象，因此，在立法技術上乃採取例示規定外，尚有概括條款以資適用，本文認為，此乃必要之立法例，蓋因世界各國目前亦無法說明營業秘密之明確定義，實際上係因營業秘密是隨時代進步而不斷更新定義、範圍。

三、我國營業秘密之保護要件

　　有關營業秘密保護要件，於學說上有六要件說、五要件說、四要件說、三要件說及二要件說等不同之見解，為避免營業秘密漫無標準，致生法律解釋及適用之爭議，乃參照 TRIPs 第 39 條第 2 項規定：自然人及法人對其合法持有之資訊，應有防止被洩漏或遭他人以有違商業誠信方法取得或使用之可能，但該未公開資訊須：1. 具有秘密性質，且不論由就其整體或細節之配置及成分之組合視之，該項資料目前仍不為一般處理同類資訊之人所得知悉或取得者；2. 因其秘密性具有商業價值；3. 合法控制該資訊之人已依情況採取合理步驟，以保持其秘密性[16]。

　　我國營業秘密法亦採之，於第 2 條規定：「本法所稱營業秘密，係指方法、技術、製程、配方、程式、設計或其他可用於生產、銷售或經營之資訊，而符合左列要件者：一、非一般涉及該類資訊之人所知者。二、因其秘密性而具有實際或潛在之經濟價值者。三、所有人已採取合理之保密措施者。」依此規定可知，顯見是否構成營業秘密，必備三要件始可稱之，惟值得注意者，營業秘密仍然有可能可以申請其他智慧財產權保護，例如技術性之營業秘密而符合專利保護要件者，可以提出專利之申請。此外，不論是技

---

16 參照經濟部智慧財產局網站，營業秘密相關公約，與貿易有關之智慧財產權協定中文版、英文版，https://www.tipo.gov.tw/ct.asp?xItem=207151&ctNode=6784&mp=1（最後瀏覽日：2018 年 6 月 23 日）。

術性或非技術性之營業秘密，縱使其為維護秘密性而未公開，只要能符合著作權之保護要件，亦有可能成為著作權法保護之客體[17]。以下即就該要件析述之：

（一）秘密性

對於「非一般涉及該類資訊之人所知者」要件，此即別稱「新穎性」、「非周知性」或「非公知性」，其中所謂「人」的範圍為何？學說尚有爭議，其一說認為「非一般」將其解釋為專業，相同行業別且具備專業而不知者才具此要件，此說係最嚴格解釋；其二說認為非「一般」將其解釋為不是一般社會大眾所知者，就具備此要件，此認定範圍最為寬鬆[18]。我國營業秘密法應是採業界標準[19]，智慧財產法院 106 年度民專上字第 9 號民事判決：「所謂秘密性或新穎性，係指非一般涉及該類資訊之人士所知悉之資訊。屬於產業可輕易取得之資訊，非營業秘密之標的。秘密性之判斷，係採業界標準，除一般公眾所不知者外，相關專業領域中之人亦不知悉。倘為普遍共知或可輕易得知者，則不具秘密性要件。」

（二）價值性

對於「因其秘密性而具有實際或潛在之經濟價值者」要件，此亦稱「價值性」，指任何的營業秘密都必須具有價值性，足以使秘密的所有人，在產業競爭中，有機會超過不知道或未使用這些秘密的競爭對手，意味著秘密本身可以是積極或正面的資訊，消極或負

---

[17] 參見謝銘洋，智慧財產權法，元照出版，2008 年 10 月，頁 151。

[18] 參見張永慶，營業保護要件與相關案例之探討，嶺東科技大學財經法律研究所碩士論文，2017 年 6 月，頁 60。

[19] 參見章忠信，著作權筆記——「營業秘密」之範圍與條件，http://www.copyrightnote.org/ArticleContent.aspx?ID=8&aid=2466（最後瀏覽日：2018 年 6 月 23 日）。

面資訊，亦得爲營業秘密[20]。

　　實務看法，依智慧財產法院 106 年度民專上字第 9 號民事判決：「所謂經濟價值者，係指技術或資訊有秘密性，且具備實際或潛在之經濟價值者，始有保護之必要性。營業秘密之保護範圍，包括實際及潛在之經濟價值。故尚在研發而未能量產之技術或相關資訊，其具有潛在之經濟價值，亦受營業秘密法之保護，不論是否得以獲利。申言之，持有營業秘密之企業較未持有該營業秘密之競爭者，具有競爭優勢或利益者。就競爭者而言，取得其他競爭者之營業秘密，得節省學習時間或減少錯誤，提升生產效率，即具有財產價值，縱使試驗失敗之資訊，仍具有潛在之經濟價值。」事實上，無論是成功或失敗的經驗，均可能具有一定之價值，端看其是否能爲企業帶來創新、降低成本等實質利益[21]。

　　綜上，對於價值性之認定標準，應係較於寬鬆，蓋因對於營業秘密無法進行公開的市場調查，僅得於個案中，法官調查營業秘密所有人爲獲取資訊所投下之資金、心力等成本因素，憑已自由心證判斷是否具有價值性，如臺灣高等法院臺南分院 100 年度上字第 174 號民事判決：「客戶資訊之取得如係經由投注相當之人力、財力，並經過篩選整理而獲致之資訊，且非可自其他公開領域取得者，例如個別客戶之個人風格、消費偏好等，固足認係具有實際或潛在的經濟價值之營業秘密。惟若係於市場上公開之資訊，一般人均可由工商名冊任意取得，其性質僅爲預期客戶名單，即與所謂『營業秘密』並不相當。」

　　另最高法院曾於 99 年度台上字第 2425 號民事判決：「按依營業秘密法第 2 條規定，得作爲該法保護對象之營業秘密，固以具有秘密性（非一般涉及該類資訊之人所知）、經濟價值（因其秘密性

---

[20] 參見張靜，營業秘密法及相關智慧財產問題，經濟部智慧財產局，2009 年 1 月，頁 109-110。

[21] 參見江彥儀，同註 10，頁 12-13。

而具有實際或潛在之經濟價值）、保密措施（所有人已採取合理之保密措施），且可用於生產、銷售或經營之資訊，始足稱之。惟同法第1條既規定：為保障營業秘密，維護產業倫理與競爭秩序，調和社會公共利益，特制定本法。是於判斷爭執之資訊是否符合上開營業秘密要件時，自應以第1條規定之立法目的為重要依據。」亦指出法院於判斷營業秘密是否具有價值性時，仍應將營業秘密法第1條之立法目的納入，以調和社會公共利益。

（三）合理保密措施

營業秘密具備秘密性質，可謂是本質上之當然解釋，然此所謂之秘密性並非全然不得為他人所知悉，也不會因有他人得知而喪失新穎性，其新穎性之維持端賴營業秘密所有人採取何種措施讓知悉者一起保守秘密。如同美國法院於判決曾提及之「需知原則」（need-to-know）即「不該知道的人就不該知道，該知道的人就讓他在該知道的範圍內知道」[22]。故法律明文「所有人已採取合理之保密措施者」意即，秘密所有人為了讓事業能夠運轉，將其營業秘密告訴一定範圍人知悉運用，如已採行合理保密措施者，秘密性仍有效存續。

申言之，本要件得從所有人需要主觀上有保護意願及客觀上有保密的積極行為判斷，若所有人未採取合理之保密措施，任何人均得自由接觸相關資訊，所有人既不在乎資訊之保密，法律亦無須給予保護，如智慧財產法院106年度民專上字第9號民事判決：「合理保密措施，必須營業秘密之所有人主觀上有保護之意願，且客觀上有保密之積極作為，使人了解其有將該資訊當成秘密，加以保守之意思，並將該資訊以不易被任意接觸之方式，予以控管。因營業秘密涵蓋範圍甚廣，取得法律保護之方式，並非難事，倘營業秘密所有人不盡合理之保密措施，使第三人得輕易取得，法律自無保護

---

[22] 參見王偉霖，營業秘密法理論與實務，元照出版，2017年10月，頁77。

其權利之必要性。倘事業資訊為該產業從業人員所普遍知悉之知識，縱使事業將其視為秘密，並採取相當措施加以保護，其不得因而取得營業秘密。」

　　至所謂之合理措施法律並無明文規定其執行方式為何，學者以為「端視該營業秘密之種類、事業之實際經營情形，以及社會之通念而定」[23]，實務界看法有認簽署保密協定[24]或資訊限制讀取權限、管制人員[25]等均屬之。臺灣高等法院 106 年度上字第 237 號民事判決：「是否屬合理之保密措施，並無一定之要件，應視營業秘密之種類、事業實際經營情形，依社會一般通念判斷，程度尚無須達滴水不漏或銅牆鐵壁之保密程度，只須依實際情況盡合理努力，使他人客觀上足資認為係屬秘密即足當之。」

　　智慧財產法院 103 年度民營上字第 5 號民事判決更進一步舉例說明合理保密措施：「與可能接觸該營業秘密之員工簽署保密合約、對接觸該營業秘密者加以管制、於文件上標明『機密』或『限閱』等註記、對營業秘密之資料予以上鎖、設定密碼、作好保全措施（如限制訪客接近存放機密處所）等，又是否採取合理之保密措施，不以有簽署保密協議為必要，若營業秘密之所有人客觀上已為一定之行為，使人了解其有將該資訊作為營業秘密保護之意，並將該資訊以不易被任意接觸之方式予以控管，即足當之。」反之若任何人均得輕易接觸該等資訊，縱有保密協議之簽署，亦難謂營業秘密所有人已採取合理之保密措施。

　　本文認為所有人主觀上保護意願之想法固屬當然，惟應不得視

---

[23] 參見謝銘洋，同註 17，頁 151。

[24] 參見臺灣高等法院 96 年度勞上字第 79 號民事判決、臺灣臺中地方法院 99 年度中勞簡字第 40 號民事判決。

[25] 參見臺灣高等法院 88 年度重勞上字第 79 號民事判決、臺灣高等法院臺中分院 94 年度上易字第 1170 號刑事判決、智慧財產法院 105 年度民營上更（一）字第 1 號民事判決、106 年度民秘聲上字第 5 號民事裁定、106 年度民營上字第 1 號民事判決。

為必要條件之一,如依個案觀察所有人之具體措施,即足以判斷「所有人已採取合理之保密措施」之要件時,便無須再擴張審查主觀保密意識,或秘密認知之有無[26],徒增舉證困難,亦無解訴訟經濟。

參、智慧財產訴訟程序之變革及保護

依司法院對於籌設智慧財產法院之說明[27],科技的推陳出新,使得智財權不僅在量的方面不斷增加,在質的方面更是日新月異,其所衍生的營業秘密、不正競爭等相關問題,更常突顯傳統法律無法因應的窘境,不僅造成本國業者間的訴訟,更重要的是形成國際間貿易的障礙。縱然透過加入國際性組織,簽訂國際性條約,使得各國關於智財權保護的法律,在實體上的規定已漸趨一致,但法律的實踐仍然必須由司法機關擔負最後防線的重任。否則,徒有完善的實體法規定,而沒有相應的訴訟制度,仍不能達到司法機關保障人民基本權利的憲法要求。

我國過去對智慧財產權保障原先僅著墨於實體法制層面,近因智慧財產權的保障,已攸關國家經濟發展、國際競爭力,且糾紛類型不斷推陳出新,智慧財產侵害訴訟案件爭訟的過程與結果均影響產業發展,因此,為了實務處理之需求,迅速且有效解決訴訟爭議,在司法院大力推動之下,我國於 2007 年 3 月 28 日立法院三讀制定公布智慧財產法院組織法(現更名為智慧財產及商業法院組織法)及智慧財產案件審理法,並自 2008 年 7 月 1 日起施行,同日

---

[26] 參見曾勝珍,智慧財產權法專論——智財法發展新趨勢,五南圖書出版,2015 年 7 月,頁 117。

[27] 參閱司法院,司法院對於籌設智慧財產法院之說明,http://jirs.judicial.gov.tw/GNNWS/NNWSS002.asp?id=3196&flag=1&regi=1&key=&MuchInfo=1&courtid=(最後瀏覽日:2018 年 12 月 10 日)。

亦成立智慧財產法院。

在此新訴訟制度設計之下，除智慧財產法院同時得審理民事、刑事及行政訴訟案件，以利爭議之迅速解決外，普通法院審理智慧財產事件時亦應適用智慧財產案件審理法，此外，也參照國外立法例，設置技術審查官，以協助法官釐清專業技術上的爭點。而為達妥速審理智慧財產案件之目的，智慧財產案件審理法也增加了許多前所未有之特別規定，包括：引進秘密保持命令制度、要求法院對於民事訴訟事件中權利有效性的主張或抗辯，應自為判斷、增加審理定暫時狀態處分之要件，並容許在智慧財產行政訴訟中提出新證據及審酌之範圍等 [28]。

一、智慧財產訴訟之組織法及作用法

2008 年 7 月 1 日依智慧財產法院組織法成立智慧財產法院及實施智慧財產案件審理法後，智慧財產民事訴訟即具有相較其他類型民事訴訟更為顯著之特徵，其以智慧財產案件審理法為中心，其他智慧財產權專法為輔，再併同原有民事訴訟法、強制執行法等程序體系，業形成嶄新之智慧財產民事訴訟制度 [29]。

（一）組織法——智慧財產及商業法院組織法概述

我國於 2002 年 1 月 1 日加入世界貿易組織（World Trade Organization, WTO），成為該組織第 144 個會員國，並受世界貿易組織協定附件之一——「與貿易有關之智慧財產權協定」（Agreement on Trade-Related Aspects of Intellectual Property Rights, TRIPS）之拘束。事實上早在正式加入 WTO 之前，我國已陸續著手修正智慧財產權之相關法律，使得我國相關智慧財產之法律規範

---

[28] 參見司法院，智慧財產訴訟制度相關論文彙編第 1 輯，2010 年 11 月，頁 i。

[29] 參見高愈杰，智慧財產民事訴訟制度之研究，輔仁大學法律學研究所碩士論文，2010 年 6 月，頁 35。

基本上已符合世界主要條約或協定之標準。為因應近年來國際上保護智慧財產權之浪潮，並提升我國司法機關處理智慧財產案件之專業性及效率，我國設立智慧財產專業法院之目的在於：避免民、刑事案件停止訴訟之延滯、加速解決訴訟紛爭、累積審理智慧財產案件之經驗、達成法官專業化需求、促進國家經濟發展[30]。

　　為能維持科技產業的國際競爭力，法治先進國家或力求經濟發展的國家莫不高度重視智慧財產權之保護，更為使當事人能選擇在當地解決智慧財產權爭訟，各國設置智慧財產專業法院之趨勢已逐漸增高，有鑑於此，我國亦隨之評估及成立專業之智慧財產法院俾能解決智慧財產爭議，依智慧財產及商業法院組織法第 1 條規定：「為保障智慧財產權，優化經商環境，妥適處理智慧財產及商業案件，促進國家科技與經濟發展，特制定本法。」即開宗明義指出，因智慧財產權已是二十一世紀國際間各國相關產業升級及經濟發展不可或缺之利器，掌握關鍵技術，即會帶來巨大的財富和商機。智慧財產權保護法制不完備國家，時常被先進國家視為貿易障礙，縱然我國加入保護智慧財產權組織或簽訂相關條約，如無專責機關實踐，保護成效有限，故為了因應世界潮流，進而提升我國審理智慧財產糾紛之專業性，乃有智慧財產法院之設立。茲以圖 2-3 說明實務上智慧財產法院組織架構及任務編置：

---

[30] 參見智慧財產法院全球資訊網，智慧財產法院簡介，http://ipc.judicial.gov. tw/ipr_internet/index.php?option=com_content&view=article&id=12&Item id=100054（最後瀏覽日：2018 年 7 月 7 日）。

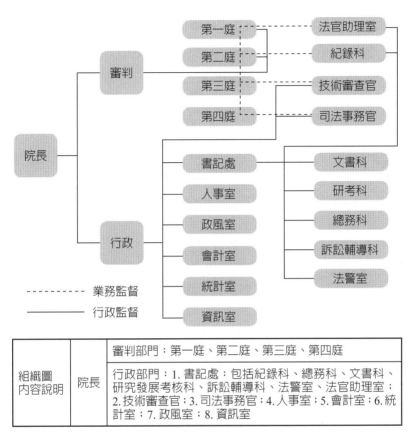

組織圖 內容說明	院長	審判部門：第一庭、第二庭、第三庭、第四庭
		行政部門：1. 書記處：包括紀錄科、總務科、文書科、研究發展考核科、訴訟輔導科、法警室、法官助理室；2. 技術審查官；3. 司法事務官；4. 人事室；5. 會計室；6. 統計室；7. 政風室；8. 資訊室

圖 2-3　智慧財產法院組織圖

資料來源：智慧財產法院網站 [31]。

---

[31] 智慧財產法院網站，http://ipc.judicial.gov.tw/ipr_internet/index.php?option=com_content&view=article&id=16&Itemid=72（最後瀏覽日：2018 年 6 月 27 日）。

074 | 智慧財產權法專論——營業秘密實務暨資通安全與著作權法定授權

（二）作用法——智慧財產案件審理法概述

依司法院制定智慧財產案件審理法草案總說明[32]：「二十一世紀為知識經濟之時代，而以知識產能為基礎而形成之專利、商標及著作權等智慧財產權，已成為促進國家產業升級及經濟發展之利器。惟因智慧財產權並無實體存在，故其權利之獲取及維護，端賴健全之智慧財產法制，而完善之智慧財產權爭訟程序，更居於其中關鍵之地位。且智慧財產案件之審理，與一般訴訟相較，有其特殊性，例如其審理必須仰賴科技專業之協助，並經常涉及營業秘密之保護；又因智慧財產有關產品之市場更替週期短暫，因此其迅速審理之要求，具有等同於裁判正確之重要性。而針對智慧財產案件之特性，先進國家多設置專責審理智慧財產案件之專業法院，並就智慧財產訴訟，設有特殊之程序規定，以資因應。反觀我國之專利法、商標法等智慧財產相關法律，就權利之取得及受侵害有關之訴訟，固亦設有若干特別規定，惟實際上仍有不足，未能充分符合智慧財產案件審理之需求，以致各界認為我國之智慧財產訴訟，仍然存有諸如證據蒐集手段欠缺，舉證困難，以及法官未具備法律以外之專業知識，並過度依賴鑑定結果，以致拖延訴訟，且裁判專業性不足等等缺點，未能符合社會之期待，甚至造成產業發展之障礙。」

為改善我國智慧財產訴訟程序，發揮權利有效救濟之機能，爰制定「智慧財產案件審理法」，該法第 1 條規定：「智慧財產案件之審理依本法之規定；本法未規定者，分別依民事、刑事或行政訴訟程序應適用之法律。」明訂智慧財產案件之審理，應優先適用程序之特別法即智慧財產案件審理法，除本法之規定外，始分別依民事、刑事或行政訴訟程序應適用之法律辦理。茲以圖 2-4 說明智慧

---

[32] 參見司法院，智慧財產法院組織法草案及智慧財產案件審理法草案——總說明及條文對照表，http://jirs.judicial.gov.tw/GNNWS/NNWSS002.asp?id=3543（最後瀏覽日：2018 年 12 月 10 日）。

財產法院受理各訴訟類型及案件之範圍：

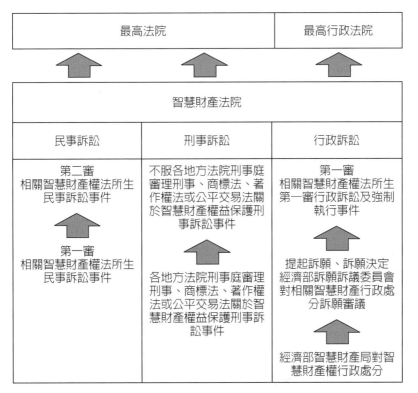

圖 2-4　智慧財產案件審理流程圖

資料來源：智慧財產法院網站 [33] 。

---

[33] 智慧財產法院網站，http://ipc.judicial.gov.tw/ipr_internet/index.
php?option=com_content&view=section&id=14&Itemid=100031（最後瀏覽
日：2018 年 6 月 27 日）。

二、訴訟程序中營業秘密保護與訴訟審理主義之衝突

在智慧財產權案件的審理程序中，營業秘密的保護長久以來即是一個重要而棘手的問題。產生困難的根源在於，營業秘密的保護需求，在諸多層面上均呈現與民事訴訟的基本要求與審理原則相衝突之現象[34]。

一般而言，爲了確立司法威信，在憲法第 80 條規定：「法官須超出黨派以外，依據法律獨立審判，不受任何干涉。」其次於法院組織法第 86 條規定：「訴訟之辯論及裁判之宣示，應公開法庭行之。」意即訴訟程序採行公開審理主義，使不特定人等得隨時隨地至法院旁聽，其功能目的在於使國民信賴司法審判，有助於滿足國民知的權利，並使一般大眾能積極參與法律形成過程，有助於司法之民主化[35]。惟營業秘密如得於公開法庭任由第三人聽聞知悉內容，將導致其本質之秘密性喪失，因此，公開審理原則之例外規定於民事訴訟法第 195 條之 1：「當事人提出之攻擊或防禦方法，涉及當事人或第三人隱私、業務秘密，經當事人聲請，法院認爲適當者，得不公開審判。」及營業秘密法第 14 條規定：「法院爲審理營業秘密訴訟案件，得設立專業法庭或指定專人辦理。當事人提出之攻擊或防禦方法涉及營業秘密，經當事人聲請，法院認爲適當者，得不公開審判或限制閱覽訴訟資料。」

其次，在「發現眞實」與「武器平等」之程序基本要求下，兩造當事人本應有公平的權利與機會，盡可能地接近、提出與系爭訴訟有關之事證，使法院得以正確地認定事實並公正地作出裁判。然而，若與系爭訴訟有關之重要事證，屬於一造當事人或第三人之營

---

[34] 參見黃國昌，營業秘密在智慧財產訴訟之開示與保護──以秘密保持命令之比較法考察爲中心，臺北大學法學論叢，第 68 期，2008 年 12 月，頁 155。

[35] 參見邱聯恭，司法之現代化與程序法，林雅英發行，1955 年 10 月，頁 171。

業秘密，要求其開示此等營業秘密，無異迫使其喪失維持該等資訊秘密性所可獲致之利益，特別在要求開示資訊的當事人與持有營業秘密者彼此間存在市場競爭關係時，對營業秘密持有者所造成之負面衝擊，尤其嚴重。是以如何在「營業秘密之保護」與「公正裁判之確保」二者間取得平衡，已成為當代民事審判機制之重要課題[36]。

　　綜上，在當事人間，為了保護一方營業秘密，又不能不保障另一方訴訟權，而審理法院立於第三邊，必須顧及雙方權益之保護及保障，同時又得發現真實以確保能公正裁判，需憑藉完善之訴訟程序制度，因此，透過接續以下討論之保護制度，檢視在智慧財產案件審理過程，應如何在前述互為衝突之利益間取得平衡點。

三、絕對保護制度

　　即持有或知悉秘密之當事人或第三人基於法定理由，得拒絕提出秘密於法院。

（一）證人之拒絕權

　　證人拒絕權可析分為「證言拒絕權」及「文書或物之拒絕提出權」。前者指當事人以外之第三人作為證人，如符合民事訴訟法第307條第1項各款規定得拒絕證言：

　　1.證人為當事人之配偶、前配偶、未婚配偶或四親等內之血親、三親等內之姻親或曾有此親屬關係者。

　　2.證人所為證言，於證人或與證人有前款關係之人，足生財產上之直接損害者。

　　3.證人所為證言，足致證人或與證人有第1款關係或有監護關係之人受刑事訴追或蒙恥辱者。

　　4.證人就其職務上或業務上有秘密義務之事項受訊問者。

36 參見黃國昌，同註34，頁155。

5. 證人非洩漏其技術上或職業上之秘密不能為證言者。

文書或物之拒絕提出權意指，作為證據之文書或物如為第三人所持有，其負文書提出義務之範圍，除當事人於訴訟中曾引用之文書外，與當事人相同 [37]（民事訴訟法第 348 條準用第 344 條第 1 項第 2 款至第 5 款）[38]。而第三人之文書拒絕權除可準用當事人文書提出「就與系爭訴訟有關之事項所作之文書」拒絕之相關規定外，依民事訴訟法第 348 條準用有關證人拒絕證言之規定，對於依法律規定負有交付或閱覽義務之文書、為當事人之利益而作者或商業帳簿，均得準用證人拒絕證言之規定，有拒絕提出之權。蓋因第三人提出義務，僅係協力義務，與證人之作證義務同，故得準用拒絕證言之情形，而免除提出文書之義務。

（二）當事人本人之拒絕權

當事人拒絕權可析分為「陳述拒絕權」及「文書或物之拒絕提出權」。前者指依照民事訴訟法第 367 條之 3 準用第 307 條第 1 項第 3 款至第 5 款：「三、證人所為證言，足致證人或與證人有第一款關係或有監護關係之人受刑事訴追或蒙恥辱者。四、證人就其職務上或業務上有秘密義務之事項受訊問者。五、證人非洩漏其技術上或職業上之秘密不能為證言者。」之規定，當事人得於符合上開情狀時，準用證人拒絕證言之規定而拒絕陳述。

訴訟本為當事人二造就爭議事項請求第三方即法院，立於公正、公平之地位，就其糾紛予以釐清事實公正裁判之程序，故當事人本就爭執事項，有提出事證之義務，此觀之民事訴訟法第 344 條規定即可明白。惟此項義務並非絕對，如就與本件訴訟有關之事項

---

[37] 參見陳增懿，智慧財產民事案件之證據保全與秘密保護──以秘密保持令為中心，國立政治大學法律學系碩士論文，2011 年 7 月，頁 105。

[38] 第 2 款他造依法律規定，得請求交付或閱覽者。第 3 款為他造之利益而作者。第 4 款商業帳簿。第 5 款就與本件訴訟有關之事項所作者。

所作文書內容者，涉及當事人第三人之隱私或業務秘密，如予以公開，有致該當事人或第三人受重大損害之虞時，得拒絕提出，民事訴訟法第 344 條第 2 項定有明文。雖當事人得引用上開法條拒絕提出，但法院為判斷其有無拒絕提出之正當理由，必要時，得命其提出，並以不公開之方式行之。

四、相對保護制度

證據調查程序中秘密之相對保護，係指為能發現真實，仍要求持有秘密之當事人或第三人須提出文書或物件而開示秘密，但透過保護措施，限制法庭公開或當事人公開[39]。可區分以下情形：

（一）審理不公開

亦稱為「一般公開之限制」，法院公開審理是原則規定，但如符合法律要件時，法院得依聲請或依職權以不公開方式行之，所謂依聲請係指依民事訴訟法第 195 條之 1 規定：「當事人提出之攻擊或防禦方法，涉及當事人或第三人隱私、業務秘密，經當事人聲請，法院認為適當者，得不公開審判；其經兩造合意不公開審判者，亦同。」後者係指當事人就與本件訴訟有關之事項所作文書內容依法本有提出之義務，但涉及當事人或第三人之隱私或業務秘密，如予公開，有致該當事人或第三人受重大損害之虞者，當事人得拒絕提出，此時，法院為審理之必要，依民事訴訟法第 344 條第 2 項之規定「為判斷其有無拒絕提出之正當理由，必要時，得命其提出，並以不公開之方式行之」。

其他不公開規定見於智慧財產案件審理法第 9 條第 1 項規定：「當事人提出之攻擊或防禦方法，涉及當事人或第三人營業秘密，經當事人聲請，法院認為適當者，得不公開審判；其經兩造合意不

---

[39] 參見沈冠玲，智慧財產民事訴訟之新變革，月旦民商法雜誌，第 21 期，2008 年 9 月。

公開審判者，亦同[40]。」第10條第4項規定略爲：法院爲判斷文書或勘驗物之持有人其有無拒絕提出之正當理由，必要時，得命其提出，並以不公開之方式行之。第18條第5項規定：「法院於證據保全有妨害相對人或第三人之營業秘密之虞時，得依聲請人、相對人或第三人之請求，限制或禁止實施保全時在場之人，並就保全所得之證據資料命另爲保管及不予准許或限制閱覽。」及智慧財產案件審理細則第19條規定：「法院對於證據提出命令之聲請，得命文書或勘驗物之持有人陳述意見，持有人如爲營業秘密抗辯時，法院得命持有人釋明其秘密之種類、性質及範圍，以及因開示所生不利益之具體內容及程度，並經他造陳述意見後定之（第1項）。法院認爲必要時，亦得命持有人以不公開方式提出證據，由法院審酌之。如法院認有聽取訴訟關係人意見之必要，除有不向本人開示即難達其目的之情形外，以向訴訟代理人開示爲原則，並得曉諭持有人對受開示者聲請發秘密保持命令（第2項）。法院爲判斷證據持有人有無拒絕提出之正當理由時，應斟酌營業秘密事項與待證事實之關聯性、有無代替證明之方法或事實推定之規定、聲請秘密保持命令之可能性等情況而爲認定（第3項）。」本條規定之目的，即於法院處理涉及營業秘密訴訟資料，是否對當事人公開，能有更明確的處理步驟[41]。

（二）閱覽權之限制

亦稱爲「當事人公開之限制」，我國法並無對任何人賦予卷宗閱覽權，原則上僅有當事人（民事訴訟法第242條第1項）、訴訟代理人、參加人以及受法院通知參與程序之第三人（民事訴訟法

---

[40] 參見本條項之立法理由：審判原則上應公開行之，惟當事人提出之攻擊或防禦方法，涉及當事人或第三人營業秘密時，如仍一律公開審判，可能導致當事人或第三人受重大損害，自有未宜。爰參照營業秘密法第14條第2項、民事訴訟法第195條之1，制定本條第1項。

[41] 參見司法院編印，智慧財產案件審理法新制問答彙編，頁28-29。

第 67 條之 1 第 2 項），然此閱覽權得因符合某些情狀，法院以裁定限制，見於民事訴訟法第 242 條第 3 項：「卷內文書涉及當事人或第三人隱私或業務秘密，如准許前二項之聲請，有致其受重大損害之虞者，法院得依聲請或依職權裁定不予准許或限制前二項之行為。」

另智慧財產案件審理法第 9 條第 2 項：「訴訟資料涉及營業秘密者，法院得依聲請或依職權裁定不予准許或限制訴訟資料之閱覽、抄錄或攝影。」相較前開民事訴訟法第 242 條第 3 項規定，智慧財產案件審理法第 9 條第 2 項並無「致其受重大損害之虞者」之規定要件，有學者認為並無排除民事訴訟法第 242 條第 3 項規定之意，解釋上應認為審理法第 9 條第 2 項僅是重複提示性之規定，仍以「致其受重大損害之虞者」為要件等語 [42]。

本文酌見認為並非係重複性提示性規定，而是有所差別立法，按智慧財產案件審理法第 1 條：「智慧財產案件之審理依本法之規定；本法未規定者，分別依民事、刑事或行政訴訟程序應適用之法律。」定有明文，亦即該法為民事訴訟法之特別法，僅有在該法未規定之情況下，始有適用民事訴訟法之餘地，此為其一。

其二從各該法條之立法理由觀之，亦可推論出差異，依智慧財產案件審理法第 9 條第 2 項其立法理由：「卷內之訴訟資料涉及當事人或第三人之營業秘密時，如准許閱覽，有足致當事人或第三人受重大損害之虞，爰規定法院得依當事人或第三人之聲請，或依職權裁定不予准許或限制訴訟資料之閱覽、抄錄或攝影。」惟見民事訴訟法第 242 條第 3 項立法理由：「卷內之文書有涉及當事人或第三人之隱私或業務秘密者，如准許閱覽、抄錄或攝影，有足致其受重大損害之虞時，為保護當事人或第三人，法院得依其聲請或依職權裁定不予准許或限制本條第 1 項、第 2 項之行為，爰增訂本條第

---

[42] 參見陳增懿，同註 37，頁 110。

3 項。惟此項裁定，應在不影響當事人行使辯論權之範圍內，始得為之。又所謂『業務秘密』，包括營業秘密法第 2 條所定之『營業秘密』，以及其他業務上之秘密。」二者立法理由皆有提示「受重大損害之虞」，智慧財產案件審理法卻未見於法文中，即可見立法者差異性立法。

其三為民事訴訟法規定之業務上秘密所含攝之範圍較為廣泛[43]，自應有受重大損害之虞限縮使用範圍，相反地，是否為智慧財產案件審理法上之營業秘密，依營業秘密法規定卻有嚴謹之構成要件，缺一不可，如再以「受重大損害之虞」為構成要件之一者，似有不宜。

（三）在場見證權之限制

所謂當事人公開原則係指，當事人享有就法院及對造之所有程序行為受到告知、就法院卷宗予以閱覽，以及於言詞辯論、證據調查時在場參與、見證之權利。此係源於憲法上訴訟權保障之要求，特別是與聽審請求權之保障有關。蓋於言詞辯論期日參與證據之調查，當事人即有機會認識到被調查之證據內容，並透過問題提出及意見陳述，對於裁判上重要事實之確定有所參與。不過，當事人之在場見證權非絕對不能限制，蓋在憲法上所保護之基本權利相互衝突時，即應透過利益衡量方式予以解決，而在場見證權亦非絕對不能放棄，因此，負舉證責任之當事人得衡量其程序利益與實體利益，放棄或限制其在場見證權，以使其主張之系爭實體權利得以

---

[43] 參見智慧財產法院 107 年度民專抗字第 6 號民事裁定有關限制閱覽權，略以所稱「業務秘密」，與營業秘密法之「營業秘密」之用語顯有不同，包括營業秘密法第 2 條所定之「營業秘密」，以及其他業務上之秘密（92 年 2 月 7 日修正立法理由參見），其意涵較「營業秘密」為廣。故「業務秘密」並無必須符合營業秘密法第 2 條要件之必要，只要是當事人業務上應予保密之事項，且已採取一定之保密措施，使他人無法輕易探知其內容即可。

實現[44]。

　　基於憲法上保障之訴訟權所內含之聽審請求權，當事人雖享有認識權（包含卷宗閱覽權）及陳述權（包含證明權及在場見證權），但民事訴訟上之真實發現，並非毫不計代價，除系爭標的外，亦必須考慮到系爭標的以外之人格權、財產權之保護，而使各項基本權之保護處於均衡狀態。如特定事實僅能由不負舉證責任之當事人提出文書，開示其業務秘密而予以證明時，即生基本權利之衝突，亦即，舉證人一造之訴訟權（證明權）與他造當事人（秘密持有人）因秘密不開示而受保護之財產權，處於相衝突之關係。於此情形，根據憲法解釋之具體整合原則，應對於基本權以及得對基本權限制之法益，合於比例性地排列先後順序，以使彼此均能發揮最大效用。換言之，基本權之限制須具有適當性、必要性及合比例性[45]。

（四）秘密保持命令

　　訴訟程序於我國法制係採「公開審理主義」、「當事人公開原則」，希冀透過公開審理程序，任何人於審判中均可隨時隨地旁聽審判之進行，且當事人享有就法院及對造之所有程序行為受到告知，就法院卷宗予以閱覽，以及於言詞辯論、證據調查時在場參與、見證之權利[46]，目的即希望在公開的程序中，公平、合理解決紛爭事項，惟就涉及智慧財產權紛爭的訴訟審理，營業秘密的保護需求往往與確保公正裁判的程序法理產生緊張衝突的關係。

　　雖就訴訟中涉及當事人或第三人之營業秘密時，有現行民事訴

---

[44] 參見沈冠玲，營業秘密侵害訴訟之事案解明及舉證責任——兼論智慧財產案件審理法第 10 條之 1 新增規定，智慧財產訴訟制度相關論文彙編第 4 輯，司法院，2015 年 12 月，頁 414-415。

[45] 參見沈冠玲，同前註，頁 418-419。

[46] 參見沈冠伶，民事證據法與武器平等原則，元照出版，2007 年 10 月，頁 229。

訟法第 195 條之 1、第 242 條第 3 項、第 344 條第 2 項、第 348 條、營業秘密法第 14 條第 2 項及智慧財產案件審理法第 9 條、第 10 條第 4 項、第 18 條第 5 項等法律規定可資保護，惟對持有營業秘密之當事人而言，若其欲提出含有營業秘密之事證資料，作為自己主張的支持，固得透過向法院聲請裁定禁止或限制閱覽訴訟卷宗，使系爭營業秘密獲得某程度之保護，惟同時將可能侵害他造當事人公平地接近事證資料之程序權（在禁止他造閱覽時），亦無法完全排除第三人「間接知悉」系爭秘密的可能性（僅禁止第三人閱覽而未禁止他造閱覽時）。

在持有營業秘密之當事人或第三人根本不欲提出含有營業秘密之事證資料時，現行民事訴訟法關於事證開示義務之除外事由的規定，固使秘密持有人得拒絕提出，以保護其營業秘密，但如此將妨礙需求系爭事證資料當事人之程序權，亦使法院無從於裁判時將該資料納入考慮，而可能影響最終裁判結果的公正性[47]。

因此，雖牽涉到基本權衝突的問題，但為了兼顧充分之辯論與當事人營業秘密之保護平衡，於 2007 年制定通過智慧財產案件審理法，乃參考日本特許法，制定「秘密保持命令」制度，規定在第 11 條至第 15 條，及第 35 條、第 36 條，該制度之核心係在涉及營業秘密之智慧財產案件審理程序中，藉由法院所核發之秘密保持命令，劃定得接觸系爭營業秘密之「主體範圍」（受秘密保持命令之人），與使用系爭資訊之「目的範圍」（實施訴訟所必要）。一方面以違反命令將遭受刑事處罰為擔保，保護系爭營業秘密；一方面在此保護之賦予下，使當事人得公平地接近、知悉系爭資訊，以確保裁判的公正性[48]。

以上說明，整理如表 2-1：

---

[47] 參見黃國昌，民事程序法學的理論與實踐，元照出版，2012 年 2 月，頁 218。

[48] 參見黃國昌，同前註，頁 218-219。

表 2-1　保護法制的類型（依民事訴訟法與智慧財產案件審理法）

類型\\法律	保護法制	
	絕對保護	相對保護
民事訴訟法	**證人** 1. 證言拒絕權：§307 2. 文書或物之拒絕提出權：§348 準用 §344I②～⑤、II **當事人** 1. 陳述拒絕權：§367-3 準用 §307I③～⑤ 2. 文書或物之拒絕提出權：§344II	**一般公開限制**：§195-1、§344II **當事人公開之限制** 1. 卷宗閱覽權限制：§242III 2. 在場見證權之排除
智慧財產案件審理法	§1 智慧財產案件之審理依本法之規定；本法未規定者，分別依民事、刑事或行政訴訟程序應適用之法律	**一般公開限制**：§9I、§10IV **當事人公開之限制** 1. 卷宗閱覽權限制：§9II、§18V 2. 在場見證權之排除：§18V **秘密保持命令**：§11～15、§35、36

資料來源：作者自行整理。

肆、結論

　　為了擺脫過去國際間就我國對智慧財產權保護不足的負面評價，欲洗刷「海盜王國」的困境，相繼制定公布智慧財產及商業法院組織法與智慧財產案件審理法，希冀由專業的法院設置及特殊的訴訟程序，交織一完善的保護網，除能對智慧財產權迅速有效地解決訴訟爭議外，更能提升國家競爭力。其中引進之「秘密保持命令」新制，調和營業秘密保護及當事人訴訟權益，促使雙方願意提出關鍵證據，進而使法院能公平裁決，快速且正確弭息紛爭，因此近年法院對於秘密保持命令聲請之核准率高達九成以上，足見實務

上亦認可該制度所能達到的實質功效。

參考文獻

1. 王偉霖，營業秘密法理論與實務，元照出版，2017 年 10 月。
2. 司法院，智慧財產訴訟制度相關論文彙編第 1 輯，司法院編印發行，2010 年 11 月。
3. 司法院，智慧財產訴訟制度相關論文彙編第 4 輯，司法院編印發行，2015 年 12 月。
4. 司法院，智慧財產訴訟新制問題與解答彙編，司法院編印發行，2008 年 6 月。
5. 沈冠伶，民事證據法與武器平等原則，元照出版，2007 年 10 月。
6. 沈冠玲，智慧財產民事訴訟之新變革，月旦民商法雜誌，第 21 期，2008 年 9 月，頁 20-52。
7. 邱聯恭，司法之現代化與程序法，林雅英發行，1955 年 10 月。
8. 張靜，營業秘密法及相關智慧財產問題，經濟部智慧財產局，2009 年 1 月。
9. 曾勝珍，案例式營業秘密法，新學林出版，2016 年 7 月。
10. 曾勝珍，智慧財產權法專論——透視營業秘密與競業禁止，五南圖書出版，2017 年 3 月。
11. 曾勝珍，智慧財產權法專論——智財法發展新趨勢，五南圖書出版，2015 年 7 月。
12. 曾勝珍，智慧財產權論叢第壹輯，五南圖書出版，2008 年 8 月。
13. 曾勝珍，營業秘密法，五南圖書出版，2009 年 3 月。
14. 馮震宇，了解營業秘密法——營業秘密法的理論與實務，永然文化出版，1997 年 7 月。
15. 黃國昌，民事程序法學的理論與實踐，元照出版，2012 年 2 月。
16. 黃國昌，秘密保持命令在智慧財產權訴訟之開示與保護——以

秘密保持命令之比較法考察爲中心，臺北大學法學論叢，第 68 期，2008 年 12 月，頁 151-206。

17. 謝銘洋，智慧財產權法，元照出版，2014 年 8 月。

18. 江彥儀，侵害營業秘密刑事責任之研究，國立臺北大學法律研究所碩士論文，2005 年 7 月。

19. 李思恩，高科技產業營業秘密法律保護手段之實益分析，東吳大學法學院法律學系碩士在職專班科技法律組碩士論文，2017 年 7 月。

20. 高愈杰，智慧財產民事訴訟制度之研究，輔仁大學法律學研究所碩士論文，2010 年 7 月。

21. 張永慶，營業秘密保護要件與相關案例之探討，嶺東科技大學財經法律研究所碩士論文，2017 年 6 月。

22. 陳增懿，智慧財產民事案件之證據保全與秘密保護——以秘密保持命令爲中心，國立政治大學法律學系碩士論文，2011 年 7 月。

23. 黃正雄，營業秘密於智慧財產權訴訟中之揭露及保護——以我國民事訴訟法及智慧財產案件審理法相關規定爲中心，國立清華大學科技法律研究所碩士論文，2009 年 7 月。

24. 司法院法學資料檢索系統，裁判書查詢，http://jirs.judicial.gov.tw/FJUD/。

25. 立法院法律系統，http://lis.ly.gov.tw/lgcgi/lglaw。

26. 智慧財產法院，http://ipc.judicial.gov.tw/ipr_internet%20/。

27. 經濟部智慧財產局，http://www.tipo.gov.tw/ct.asp?xItem=207075&ctNode=6740&mp=1。

28. 全國法規資料庫，法律條文查詢，http://law.moj.gov.tw/Law/LawSearchLaw.aspx。

29. 章忠信，營業秘密法之立法目的，http://www.copyrightnote.org/ArticleContent.aspx?ID=8&aid=2465（最後瀏覽日：2018 年 6 月 21 日）。

|第三章|
我國秘密保持命令制度之探討

A Discussion of the Confidentiality Preservation Order in Taiwan

曾勝珍* 謝金龍**

---

* 嶺東科技大學財經法律研究所教授，shengtseng1022@gmail.com。

** 嶺東科技大學財經法律研究所研究生，A6ME010@stumail.ltu.edu.tw。

壹、立法背景及制定之理由

訴訟程序於我國法制係採「公開審理主義」、「當事人公開原則」，希冀透過公開審理程序，任何人於審判中均可隨時隨地旁聽審判之進行，且當事人享有就法院及對造之所有程序行為受到告知，就法院卷宗予以閱覽，以及於言詞辯論、證據調查時在場參與、見證之權利[1]，目的即希望在公開的程序中，公平、合理解決紛爭事項，惟就涉及智慧財產權紛爭的訴訟審理，營業秘密的保護需求往往與確保公正裁判的程序法理產生緊張衝突的關係。具體而言，在第一個層次上，為防止營業秘密喪失其秘密特性所需求的「不公開審理模式」，即與取向於公眾監督司法權公正行使所要求的「公開主義」扞格；在第二個層次上，為滿足正確（發現真實）與公平（武器平等原則）此二民事訴訟的基本價值，應確保兩造當事人得公平地享有知悉與系爭訴訟有關之事證的權利與機會。然而，當系爭事證屬於一造當事人或第三人之營業秘密時，將造成秘密持有者面臨喪失由該秘密資訊所可獲致利益之風險[2]。

貳、聲請程序

一、聲請人

依智慧財產案件審理法第 11 條規定，得依法聲請核發秘密保持命令之人，為持有營業秘密之當事人或第三人，換言之，並無侷限是否僅為自然人，法人亦無不可，此亦可從營業秘密法得出相同推論，如營業秘密法第 3 條第 1 項本文：「受雇人於職務上研究或

---

[1] 參見沈冠伶，民事證據法與武器平等原則，元照出版，2007 年 10 月，頁 229。

[2] 參見黃國昌，民事程序法學的理論與實踐，元照出版，2012 年 2 月，頁 217。

開發之營業秘密，歸雇用人所有。」此之僱用人於多數情況即爲法人（企業公司等），既然法人依營業秘密法規定得爲秘密所有人，自得爲秘密保持命令之聲請人，乃屬當然。

　　惟如聲請人係非持有營業秘密之一方當事人時該當如何？茲以表 3-1 說明目前實務之處理方式：

表 3-1　聲請人非秘密持有人之處理

智慧財產法院	案號	107年度民營上字第1號	
	當事人	原告：大立光電股份有限公司（下稱大立光電）	被告：先進光電科技股份有限公司（下稱先進光電）
聲請秘密保持命令			
序號：1 107年民秘聲字上第1號	主體	聲請人：大立光電	相對人：陳世杰律師 黃國銘律師 許譽鐘律師（先進之委任代理人）
	主文	准許核發秘密保持命令	
序號：2 107年民秘聲字上第3號	主體	聲請人：先進光電	相對人：廖苡儂 林宛菱 林益民
	主文	准許核發秘密保持命令	
	理由	一、相對人為序號1相對人之法律事務所成員，為使陳世杰律師等三人完足行使其防禦權。 二、經函詢大立光電，亦同意對該三人核發。	
序號：3 107年民秘聲字上第6號	主體	聲請人：先進光電	相對人：劉自玲 張毓芬 邱慧瑜 何怡娟 陳淑玲 吳淑明 王瀚睿
	主文	駁回	

表 3-1　聲請人非秘密持有人之處理（續）

序號：3 107年民 秘聲字 上第6號	理由	一、縱相對人為序號 1 相對人之法律事務所成員，惟已有序號 2 之受秘密保持命令輔助，已足夠聲請人之訴訟代理人就本案訴訟之進行、實現其訴訟防禦權。 二、大立光電未表示同意。 三、聲請人並非持有營業秘密之當事人或第三人。

資料來源：作者自行整理。

　　綜上比較分析前揭三件裁定，事實前提為營業秘密持有人為大立光電，實務認為如非營業秘密之當事人或第三人聲請秘密保持命令，如經對造即營業秘密持有人同意，基於訴訟程序之便宜及當事人進行原則，法院仍得裁量核發秘密保持命令，反之則否，序號 3 更說明如非持有營業秘密之當事人或第三人聲請，與智慧財產案件審理法第 11 條第 1 項規定之要件不符，既未經營業秘密持有人同意，亦無法比照序號 2 所述情形，法院應予駁回聲請。

二、實質要件

　　依智慧財產案件審理法第 11 條第 1 項、第 2 項規定：「當事人或第三人就其持有之營業秘密，經釋明符合下列情形者，法院得依該當事人或第三人之聲請，對他造當事人、代理人、輔佐人或其他訴訟關係人發秘密保持命令：一、當事人書狀之內容，記載當事人或第三人之營業秘密，或已調查或應調查之證據，涉及當事人或第三人之營業秘密。二、為避免因前款之營業秘密經開示，或供該訴訟進行以外之目的使用，有妨害該當事人或第三人基於該營業秘密之事業活動之虞，致有限制其開示或使用之必要（第 1 項）。前項規定，於他造當事人、代理人、輔佐人或其他訴訟關係人，在聲請前已依前項第一款規定之書狀閱覽或證據調查以外方法，取得或持有該營業秘密時，不適用之（第 2 項）。」

　　依上述規定，法院於當事人或第三人已釋明之相關事證內容涉

及營業秘密者，爲避免妨害基於該營業秘密之事業經營，法院認爲有限制該相關事證資料開示之必要時，得核准該當事人或第三人聲請核發秘密保持命令，析述其要件如下：

（一）保護客體之營業秘密存在

依智慧財產案件審理法第 2 條規定：「本法所稱營業秘密，係指營業秘密法第二條所定之營業秘密。」又按營業秘密法第 2 條規定：「本法所稱營業秘密，係指方法、技術、製程、配方、程式、設計或其他可用於生產、銷售或經營之資訊，而符合左列要件者：一、非一般涉及該類資訊之人所知者。二、因其秘密性而具有實際或潛在之經濟價值者。三、所有人已採取合理之保密措施者。」至營業秘密之認定要件已如前述。

在美國得適用聲請保持命令，其保護客體除了營業秘密外，尚包括機密之研究、開發或商業資訊[3]，應用範圍較爲廣泛，反觀我國之秘密保持命令適用客體僅限於營業秘密法第 2 條定義之營業秘密。惟我國法律對有關營運上之機密資訊用語稱呼不一，如刑法第317 條有稱之「工商秘密」，勞動基準法第 12 條第 1 項第 5 款「技術上、營業上之秘密」等，此等是否仍有聲請秘密保持命令之必要性？因違反秘密保持命令係有刑事責任，應限定適用範圍，而排除非營業秘密法第 2 條之營業秘密[4]，然於現行實務上對營業秘密之定義及其範圍，雖有漸向營業秘密法所示定義靠攏之趨勢，如臺灣高等法院 102 年度上易字第 2443 號刑事判決理由六略以：「按刑法第 317 條所規定之工商秘密，應具備營業秘密法有關營業秘密之要件。」且依智慧財產案件審理法第 2 條立法理由謂：「本法所稱營

---

[3] Kimberly A. Moore & Paul R. Michel & Timothy R. Holbrook, Patent Litigation and Strategy (third edition, 2008) at 190。

[4] 參照司法院，智慧財產訴訟新制問題與解答彙編，司法院編印發行，2008 年 6 月。

業秘密之定義。刑法第 317 條、第 318 條所稱之工商秘密亦包括在內。」而可認為秘密保持命令所欲保護之營業秘密乃係「廣義之營業秘密」不侷限於營業秘密法[5]。惟基於「罪刑法定原則」的前提下，應採嚴謹認定標準，蓋前述說法並非明確指出工商秘密即係營業秘密，足見二者雖於要件認定上有某程度雷同之處，終究為相異之客體，故應認為秘密保持命令適用客體仍僅限於營業秘密法第 2 條之營業秘密，縱經認定為工商秘密亦不得聲請秘密保持命令。

（二）保護必要性

係指為避免妨害基於營業秘密之事業活動所必要，按營業秘密之保護，其核心目的在於確保秘密持有人就系爭資訊之「秘密利用」所可獲致之利益，從而有必要透過秘密保持命令予以保護之情形，當以該營業秘密之開示或供訴訟進行以外之目的使用，將有妨害秘密持有者有基於該營業秘密之事業活動之虞為限。在智慧財產權訴訟中，此保護必要性所涉及，通常係秘密持有者因該秘密之開示，將喪失或減少其原本在生產技術上、產品銷售上或市場競爭上所占有之優勢[6]。

（三）資訊非屬訴訟外已知之營業秘密

秘密保持命令保護之對象，乃為實施訴訟所開示之營業秘密，而其目的亦相對地在於使有助於促進訴訟之公正裁判之營業秘密，得呈現於訴訟程序中。若參與訴訟之相關主體（當事人、代理人、輔佐人等），並非藉由當事人所提出書狀之記載，或證據調查之結果，而係透過其他途徑知悉營業秘密之內容，自非屬於秘密保持命令所加以保護之對象。此時，知悉營業秘密之人，應在何程度範圍內得使用該營業秘密、開示或使用該營業秘密將產生何種法律

---

[5] 參照沈冠伶，智慧財產民事訴訟之新變革，月旦民商法雜誌，第 21 期，2008 年 9 月，頁 46-47。

[6] 黃國昌，同註 2，頁 223。

效果等問題，應透過其他法律加以規範，而與秘密保持命令之制度無涉。準此，智慧財產案件審理法特將此情形排除在得聲請秘密保持命令之範圍外，明定若當事人、代理人、輔佐人或其他訴訟關係人，在聲請前已依當事人提出之書狀閱覽或證據調查以外方法，取得或持有該營業秘密時，秘密持有者即不得對其聲請核發秘密保持命令[7]。

　　惟書狀既已提出或證據既已經調查，則對造之相關人員可能均已閱覽，因而對造究是否於本造聲請秘密保持命令前，已經書狀閱覽或證據調查以外之方法取得或持有營業秘密，而形成智慧財產案件審理法第 11 條第 2 項之不許發秘密保持命令之例外情況，其判斷將發生困難。因此，所謂已提出之書狀或已調查之證據，通常係指對於受秘密保持命令之人事後再為追加的情形，而其命令之聲請仍係於事前為之[8]。

　　針對對造是否於聲請秘密保持命令前，已經書狀閱覽或證據調查以外之方法取得或持有營業秘密之例外情況，而不許發秘密保持命令，純係舉證上之問題。此一舉證，我國可以參考日本學者[9]見解，為避免日後主張此除外規定時，無法證明於秘密保持命令核發之前即已由書狀或證據以外之方式知悉該營業秘密，受秘密保持命令人得於法院尚未核發秘密保持命令前，即將本身持有之相關 know how 等書面化並由公證人封存。

---

[7]　參照黃國昌，秘密保持命令在智慧財產權訴訟之開示與保護——以秘密保持命令之比較法考察為中心，臺北大學法學論叢，第 68 期，2008 年 12 月，頁 162-163。

[8]　參見王偉霖，論智慧財產案件審理法規定的秘密保持命令，2007 年智財案件審理制度變革學術研討會，2007 年 5 月，頁 4。

[9]　三村量一、山田知司，知的財產權訴訟における秘密保持命令の運用について，判例タイムズ，NO. 1170 號，頁 5。

三、形式要件

依智慧財產案件審理法第 12 條規定：「秘密保持命令之聲請，應以書狀記載下列事項：一、應受秘密保持命令之人。二、應受命令保護之營業秘密。三、符合前條第一項各款所列事由之事實。」析述之：

（一）應受秘密保持命令之人

依智慧財產案件審理法第 11 條規定「對他造當事人、代理人、輔佐人或其他訴訟關係人」均得聲請核發秘密保持命令。然在受秘密保持命令之人，是否同聲請人一般，不限自然人或法人，尚有疑義，有學者以為，法條雖未限定必須為自然人，惟如以法人為受秘密保持命令人，不僅將與智慧財產案件審理法第 35 條所定之罰則難以契合，且將產生主體範圍難以界定之困擾，從而解釋上應以自然人為限。依據智慧財產案件審理細則第 20 條第 1 項第 1 款：「聲請狀記載之應受秘密保持命令人應為自然人，並應記載其個人住所或居所。」亦為如此之明文規定[10]。

惟如依第 11 條「對他造當事人、代理人、輔佐人或其他訴訟關係人發秘密保持命令」觀之，當事人內涵當然包括自然人及法人，只不過於他造當事人為法人時，應受秘密保持命令人為其代理人，而所謂「聲請狀記載之應受秘密保持命令人應為自然人」係屬技術面層次，並非排除法人為受秘密保持命令人，雖依智慧財產案件審理法第 35 條規定認為法人無法科以自由刑為由，而認為應受秘密保持秘密之人限於自然人，固非無見，然若依同法第 36 條第 1 項規定：「法人之負責人、法人或自然人之代理人、受雇人或其他從業人員，因執行職務犯前條第一項之罪者，除處罰其行為人外，對該法人或自然人亦科前條第一項之罰金。」觀之，如法人不

---

[10] 黃國昌，同註 2，頁 221。王偉霖，秘密保持命令實務問題研究，智慧財產訴訟制度相關論文彙編第 1 輯，司法院，2010 年 11 月，頁 256。

得受秘密保持命令，何以能知悉命令內容進而要求所屬從業人員遵從秘密保持命令，因此實務上亦見有以法人為受秘密保持命令人記載[11]。

　　其次，於具體個案中，他造當事人方面之訴訟關係人中，只有受秘密保持命令之人始能知悉聲請人所提載有營業秘密之書狀或證據，其中究竟何人與本案及需保持秘密性的營業秘密相關，而有接觸對造提出之營業秘密並受秘密保持命令拘束之必要，事先宜經二造協商確認，以免範圍過廣或過狹而妨礙訴訟之進行，及容易衍生是否違反保持命令之案外案。因此，智慧財產案件審理細則第 21 條即規定：「關於應受秘密保持命令之人，以得因本案接觸營業秘密之人為限。如他造已委任訴訟代理人，其代理人宜併為受秘密保持命令之人。法院為前項裁定前，得通知兩造協商確定之。」[12] 另依智慧財產案件審理細則第 20 條第 3 項規定：「實行公訴之檢察官及參與訴訟之公務員，有公務上之保密義務，不為應受秘密保持命令之人。」

（二）應受命令保護之營業秘密

　　就保護客體營業秘密的記載而言，為保護系爭營業秘密，聲請人無須於聲請狀中「直接揭露」營業秘密的內容，依智慧財產案件審理細則第 20 條規定應受命令保護之營業秘密，得以「間接引用」方式揭露，以供法院判斷是否符合營業秘密要件為已足。同時該細則第 22 條特明文規定：「記載營業秘密之文書或物件，不宜作為聲請狀附件，應由當事人另行向法院提出，於審理終結或已無留存之必要時返還之，不得附卷。」因此，當事人或第三人於聲請秘密保持命令時，在聲請書狀得不直接記載營業秘密具體內容且無須隨

---

[11] 參照智慧財產法院 106 年度民秘聲上字第 4 號、107 年度民秘聲字第 11 號、107 年度民秘聲字第 14 號民事裁定。

[12] 王偉霖，同註 10，頁 257-258。

聲請狀檢附相關營業秘密資料，而改以引用方式間接向法院表示即可，避免不當洩漏營業秘密。

（三）符合第 11 條第 1 項各款所列事由之事實

次依智慧財產案件審理細則第 20 條第 2 項規定：「前項聲請狀中應明確記載下列要件事實：一、書狀記載或證據內容，涉及當事人或第三人之營業秘密。二、營業秘密如經開示，或供該訴訟進行以外之目的使用，有妨害當事人或第三人基於該營業秘密之事業活動之虞，而有限制其開示或使用之必要。三、至秘密保持命令聲請時止，應受秘密保持命令之人並未自閱覽書狀或調查證據以外方法，取得該營業秘密。」以上前二者係與智慧財產案件審理法相符，惟第 3 款卻進一步要求記載「至秘密保持命令聲請時止，應受秘密保持命令之人並未自閱覽書狀或調查證據以外方法，取得該營業秘密」，此部分，學者以為此項規定，不應解為擴大聲請人所應負釋明責任的範圍。易言之，聲請人所負之釋明責任，仍應以前開兩個積極要件為限，並不包括「系爭資訊非屬訴訟外已知之營業秘密」的消極要件[13]。

四、舉證責任

當事人或第三人如就其持有之營業秘密欲聲請秘密保持命令者，對於營業秘密範圍及有無必要性必須提出證據釋明原因，所謂釋明係指提出之證據雖未使法院達於確信之程度，亦須使法院得薄弱之心證，信其事實上之主張始可[14]，無須如證明一般足使法院完全確信其主張為真實之程度。

在實務運作上，對於前開營業秘密範圍及必要性的釋明，因

---

[13] 黃國昌，同註 2，頁 226。

[14] 所謂釋明可參見民事訴訟法第 284 條規定。最高法院 97 年度台抗字第 264 號、98 年度台抗字第 807 號民事裁定意旨參照。

智慧財產案件審理法第 12 條明文規定係書狀應記載事項，較無疑義，惟依智慧財產案件審理細則第 20 條第 2 項第 3 款規定要求記載：「至秘密保持命令聲請時止，應受秘密保持命令之人並未自閱覽書狀或調查證據以外方法，取得該營業秘密。」有學者認為法院不以宜擴張釋明範圍。茲以下例（表 3-2）說明實務判斷：

表 3-2　消極要件舉證責任

臺灣苗栗地方法院		智慧財產法院	
裁判字號	105 年度聲字第 1147 號	裁判字號	105 年度刑智抗字第 16 號
聲請人	中美矽晶製品股份有限公司	抗告人	中美矽晶製品股份有限公司
相對人	謝明鑫 馮彥錡律師	相對人	謝明鑫 馮彥錡律師
主文	聲請駁回	主文	原裁定撤銷，發回臺灣苗栗地方法院
主要理由	聲請人之刑事聲請核發秘密保持命令狀、刑事補充聲請核發秘密保持命令狀中，雖經釋明件所示卷證資料涉及聲請人之營業秘密及為避免因上開營業秘密開示，有妨害聲請人基於該營業秘密之事業活動之虞，然均未依上開智慧財產案件審理細則第 20 條第 2 項第 3 款規定，明確記載相對人並未自閱覽書狀或調查證據以外方法，取得如附件所示營業秘密之要件事實，顯未盡其釋明義務，與智慧財產案件審理法第 11 條規定有違。	主要理由	核之抗告人前揭聲請狀等，固未依智慧財產案件審理細則第 20 條第 2 項第 3 款「至秘密保持命令聲請時止，應受秘密保持命令之人並未自閱覽書狀或調查證據以外方法，取得該營業秘密」規定，明確記載相對人並未自閱覽書狀或調查證據以外方法，取得抗告人所指營業秘密之相關卷證資料，然應受秘密保持命令之人是否有自閱覽書狀或調查證據以外方法，取得營業秘密乙節，除由聲請人提出釋明資料外，尚可參在相對人陳述意見及所提供之釋明資料綜合判斷，以求周全。

資料來源：作者自行整理。

　　因營業秘密屬私權範圍，聲請核發秘密保持命令聲請人與一般私權之權利人相同，對其營業秘密之要件本負舉證責任，本文認為有關是否自閱覽書狀或調查證據以外方法，取得營業秘密一節，其釋明之強度惟不必與前述要件一般高，概因我國並無類似美國事證開示制度賦予當事人很強之調查權限，事實上聲請人確係很難提出有力的證據說明相對人是否自閱覽書狀或調查證據以外方法，取得營業秘密。但亦非如臺灣苗栗地方法院 105 年度聲字第 1147 號裁定見解，認為聲請人未盡釋明義務即片面逕為駁回，相較之下，受理抗告之智慧財產法院裁定理由可稱中肯。

　　因營業秘密與公告性之權利不同，不具有排他性，准許有平行之營業秘密存在，如聲請人就其權利已盡舉證責任，相對人如欲免責，可證明其已經自閱覽書狀或調查證據以外方法，取得營業秘密，應屬反證事實，此時依舉證責任分配原則，自應由相對人負舉證責任，如相對人就是否自閱覽書狀或調查證據以外方法，取得營業秘密一節，不為舉證抗辯，法院得審查之情形認為聲請符合相關規定，核發營業秘密保持命令，例如智慧財產法院受理 106 年度民秘聲字第 27 號事件中，聲請人於聲請意旨略以：「聲請人於本院 106 年度民補字第 125 號事件，主張上開營業秘密資訊，前已透過電子郵件寄送提供予相對人陳○欽，且相對人陳○欽、饒○軒取得後更擅自使用而侵害聲請人之營業秘密。然相對人陳○欽、饒○軒卻於該案民事答辯狀全盤否認已取得或持有聲請人之營業秘密，是相對人是否已持有聲請人上開營業秘密，猶有爭執，仍有限制其開示、使用之必要。是以聲請人聲請相對人等核發秘密保持命令，應無違智慧財產案件審理法第 11 條第 2 項規定。」該院審認聲請有理由准予核發秘密保持命令，由此觀之，縱係聲請人自承相對人已知悉營業秘密，惟相對人否認時，法院仍可能准許裁定，應係對此消極要件採取較為寬鬆標準。

參、法院審理與裁定內容

一、法院審理

　　在聲請人提出秘密保持命令之聲請後，智慧財產案審理法並未規定有審理程序及審理原則，因此司法院對於法院內部訂定有「法院辦理秘密保持命令作業要點[15]」俾供遵循，依該要點原則上僅限於承辦法官、書記官始能接觸該營業秘密，同時關於卷宗之彌封、運送、保管及歸檔均設有特別之規定。

　　次依智慧財產案件審理細則第 21 條第 2 項規定：「法院為前項裁定前，得通知兩造協商確定之。」及第 23 條：「法院就秘密保持命令之聲請，於裁定前得詢問當事人、應受秘密保持命令之人、關係人或為其他必要之證據調查。」同時因秘密保持命令聲請事件，係涉及當事人或第三人間之營業秘密資料於本案程序中得否開示或揭露等問題，屬於先決事項，故智慧財產案件審理細則第 24 條即規定：「關於秘密保持命令之聲請，法院於裁定前，得暫停本案訴訟關於該營業秘密部分之審理。」

二、裁定內容

　　法院認為秘密保持命令之聲請有理由者，應為准許之裁定，並記明受保護之營業秘密、保護之理由，及其禁止內容[16]。以上觀察裁定內容，法院是幾近無裁量權限，概因如認為確屬營業秘密且有保護之必要性、關聯性，法院僅得依聲請意旨裁定應受秘密保持命令人核發秘密保持命令，命其不得為訴訟以外之目的使用或對未受秘密保持命令之人開示，簡單且明瞭。

---

[15] 法院辦理秘密保持命令作業要點全文，http://jirs.judicial.gov.tw/FLAW/FLAWDAT01.asp?lsid=FL045823（最後瀏覽日：2018 年 10 月 18 日）。

[16] 參照智慧財產案件審理細則第 25 條第 1 項、智慧財產案件審理法第 13 條第 1 項。

（一）受保護之營業秘密

與聲請秘密保持命令同，准予核發之裁定，有關於營業秘密之記載，依照智慧財產案件審理細則第 25 條第 2 項規定：「前項裁定，就該營業秘密不得揭露。其裁定主文及理由中宜以間接引用方式，確定應受保護之營業秘密。」是以，法院受理聲請人聲請就其持有之營業秘密核發秘密保持命令，如法院調查後認為確有核發秘密保持命令之必要者，為避免秘密保持命令裁定，因添附該記載營業秘密文書，而有洩漏營業秘密之虞，因此，該裁定書之內容，似無必要將記載營業秘密之文書全然予以當成附件引用，應儘量予以簡化[17]。

（二）保護之理由

有關保護之理由記載，即是法院認為聲請人主張之特定資訊，如有經開示或供訴訟以外之目的使用，有妨害該當事人或第三人基於該營業秘密之事業活動之虞時即可，特別係聲請人與相對人有競爭關係時更為顯著，因聲請人之營業秘密一經開示，聲請人之商業競爭優勢即存在高度的風險。

（三）禁止內容

依智慧財產案件審理法第 12 條規定觀之，並無規定聲請狀應記載如何禁止相對人使用或開示營業秘密，再查同法第 13 條規定，法院僅得以「負面表列」之方式記載其禁止之內容，觀察目前實務上對於禁止內容，多數均依同法第 11 條第 3 項規定：「受秘密保持命令之人，就該營業秘密，不得為實施該訴訟以外之目的而使用之，或對未受秘密保持命令之人開示。」

---

[17] 參見黃正雄，營業秘密於智慧財產權訴訟中之揭露及保護——以我國民事訴訟法及智慧財產案件審理法相關規定為中心，國立清華大學科技法律研究所碩士論文，2009 年 7 月，頁 152。智慧財產案件審理細則第 26 條規定參照。

　　至法文所謂「該訴訟」所指之範圍爲何？換言之，即係秘密保持命令效力究係指該審級抑或各審級均有適用，不無疑問，觀察實務裁定主文內容大致可歸納出以下三種類型：

　　1.單純記載「不得爲訴訟以外之目的使用」：此類應最爲廣泛範圍，似乎泛指訴訟均有其應用，不單爲該承審之法院，縱然係上訴審亦有其適用，如智慧財產法院 106 年度民秘聲字第 6 號、107年度民秘聲上字第 1 號、第 3 號及第 8 號民事裁定等屬之。

　　2.記載法院、案件案號之限定效力：如智慧財產法院 106 年度民秘聲上字第 5 號、107 年度民秘聲字第 8 號民事裁定略以相對人不得爲實施「本院 106 年度民著上字第 10 號訴訟」、「本院 104年度民專訴字第 36 號訴訟」以外之目的而使用。其次，106 年度民秘聲字第 10 號民事裁定更於理由欄揭示：「智慧財產案件審理法第 11 條第 3 項之規定，秘密保持令所指之『該訴訟』，應僅限於受訴法院承審案件，而不及於其他，其他案件是否亦應有不得爲訴訟外目的使用之限制，應由其他案件之受訴法院裁定處理。」

　　3.記載跨審級效力：智慧財產法院 106 年度民秘聲字第 5 號民事裁定：「相對人賴協成律師、石佳立律師、Joseph A. Bruce 律師、王晉亭就本院 105 年度民聲字第 44 號保全證據事件所保全之電磁紀錄，不得爲實施本院 105 年度民聲字第 44 號保全證據事件訴訟（含各審級）以外之目的使用。」

　　惟如聲請人於聲請狀載明請求禁止內容，法院是否受其拘束？此時，可依第 12 條規定推論禁止內容既未明定爲聲請狀應列事項，則交由法院判斷，參照同法第 13 條規定裁定應載明之內容自明，故聲請人縱有記載禁止內容、範圍，法院當不受其拘束。

表 3-3　裁定內容略式整理

		聲請人	相對人
主體		索特精密有限公司 法定代理人：林柏州	陳浚欽 饒誌軒 王士豪律師 陳奕勳律師
裁定主文	受秘密記載方式保護之營業	如附表「營業秘密內容」所示之證物 附表：營業秘密範圍一覽表 <table><tr><td>編號</td><td>營業秘密內容</td></tr><tr><td>1</td><td>聲請人民國 106 年 9 月 20 日「民事爭點整理暨聲請核發秘密保持命令狀」原證 29、原證 33、原證 34、原證 36 至原證 52 之內容。</td></tr><tr><td>2</td><td>臺灣臺中地方法院檢察署 105 年度他字第 2263 號偵查卷宗內告證 21、告證 36、告證 38、告證 40 至告證 55 之內容。</td></tr><tr><td>3</td><td>臺灣臺中地方法院檢察署 105 年度他字第 2263 號偵查卷宗（卷一）第 203 至 223 頁之內容。</td></tr></table>
	禁止內容	不得為實施訴訟以外之目的使用之，或對未受秘密保持命令之人開示
裁定理由	保護之理由	聲請人本件聲請秘密保持命令之如附表所示證物，或為其書狀之內容所記載大致上認為係營業秘密之證物，或為主文所示案件已調查或應調查之證據，涉及大致上認為係聲請人之營業秘密。為避免因前述大致上認為係營業秘密者，倘經開示或供訴訟進行以外之目的使用，致有妨害聲請人基於該營業秘密之事業活動之虞，故有限制其開示或使用之必要。

資料來源：作者自行整理。

三、送達

依智慧財產案件審理法第 13 條第 2 項規定：「准許秘密保持命令之聲請時，其裁定應送達聲請人及受秘密保持命令之人。」惟因秘密保持命令之送達，應較之一般訴訟文書之送達更為謹慎，蓋若送達方式選擇不當，將使訴訟外之第三人因而知悉受保護之營業

秘密，又秘密保持命令對於違反者將課予刑責，故應使受秘密保持命令之人確知命令之內容，以促其遵守[18]。準此，智慧財產案件審理細則第 27 條規定：「秘密保持命令經送達於相對人時對其發生效力，且法院對於秘密保持命令不得為公示送達（第 1 項）。法院依第二十一條第二項通知協商時，得曉諭兩造協議由應受命令之人到院領取秘密保持命令（第 2 項）。受秘密保持命令之人，其住所或居所有遷移時，應向法院陳明（第 3 項）。」

明定不得公示送達[19]，目的均在盡可能的使相對人知悉秘密保持命令內容，但此亦僅限制法院不得為公示送達，其他送達方式不在此限。

肆、秘密保持命令之效力及違反效果

依智慧財產案件審理法第 13 條第 2 項、第 3 項規定：「准許秘密保持命令之聲請時，其裁定應送達聲請人及受秘密保持命令之人（第 2 項）。秘密保持命令自送達受秘密保持命令之人，發生效力（第 3 項）。」

一、准許秘密保持命令裁定之效力

因秘密保持命令係為衡平營業秘密之保護與訴訟權之保障，在相對人方面，依智慧財產案件審理法第 11 條第 3 項規定：「受秘密保持命令人，就該營業秘密，不得為實施該訴訟以外之目的而使

---

[18] 參見王偉霖，營業秘密法理論與實務，元照出版，2017 年 10 月，頁 345。

[19] 智慧財產案件審理細則第 27 條第 1 項立法理由：公示送達係對於不能以交郵等送達或囑託送達方式送達文書，乃以公示方法送達，由法律擬制應送達之文書已交付應受送達之人，實際受送達人是否確知文書內容，並不明確。秘密保持命令對於違背者課予刑責，故應送達於受秘密保持命令之人，使其確知命令之內容，以促其遵守，實不宜以公示送達為之，爰訂定第 1 項規定。

用之，或對未受秘密保持命令之人開示。」

其次，因在整個訴訟程序進行中，參與訴訟的人時常更迭，或為當事人之一方、訴訟代理人及輔佐人均有可能，但不一定為聲請人所知悉，因此准許核發秘密保持命令之情形，在聲請人方面，依智慧財產案件審理法第 15 條規定：「對於曾發秘密保持命令之訴訟，如有未經限制或不許閱覽且未受秘密保持命令之人，聲請閱覽、抄錄、攝影卷內文書時，法院書記官應即通知聲請命令之人。但秘密保持命令業經撤銷確定者，不在此限（第 1 項）。前項情形，法院書記官自聲請命令之當事人或第三人受通知之日起十四日內，不得將卷內文書交付閱覽、抄錄、攝影。聲請命令之當事人或第三人於受通知之日起十四日內，聲請對請求閱覽之人發秘密保持命令，或聲請限制或不准許其閱覽時，法院書記官於其聲請之裁定確定前，不得為交付（第 2 項）。」反之，如秘密持有人於受法院書記官通知後，表示同意該請求閱覽訴訟卷宗人之聲請，自己無限制之必要，即得依聲請閱覽卷宗之相關規定辦理[20]，然為求慎重起見，原聲請秘密保持命令人之同意之意思表示，應限定以「書面」陳報法院或當庭表示同意，並由書記官記明於筆錄始可，不得以其他方式為之。因秘密保持命令之核發與限制閱覽卷證之聲請係屬二事，許可核發秘密保持命令之裁定並不生限制閱覽卷證之效力，因此律師於聲請核發秘密保持命令時，宜併為限制閱覽卷之聲請，以完善營業秘密之保護[21]。

惟聲請人未於時效辦理者，依前揭規定之反面解釋，若聲請命令之人於受通知之日起十四日內，未對該請求閱覽之聲請核發秘密保持命令或限制或不准許其閱覽時，法院書記官即可將卷內文書交付閱覽、抄錄、攝影，如此將等同於公開該營業秘密。持有營業秘

---

[20] 參照智慧財產案件審理法第 15 條第 3 項規定。

[21] 王偉霖，同註 18，頁 346。

密之人固應隨時採取保護其營業秘密之積極作為，但該營業秘密若是因法院之強制而提出，法院對該營業秘密於訴訟之保護，自應慎重處理，是以，有關此種聲請閱卷事項之通知，應就通知之效果善為教示之記載，並於確認聲請命令之人已收到通知，始可起算該十四日，解釋上在此應持限縮之立場。否則對於有意刺探該營業秘密之人，只需不斷聲請閱卷並利用送達間偶發之狀況或是聲請命令人之疏忽，即可達成其刺探之目的，實有違法制建立之目的 [22]。

二、違反時之刑事責任

依智慧財產案件審理法第 11 條第 3 項規定：「受秘密保持命令之人，就該營業秘密，不得為實施該訴訟以外之目的而使用之，或對未受秘密保持命令之人開示。」如有違反，依同法第 35 條第 1 項規定：「違反本法秘密保持命令者，處三年以下有期徒刑、拘役或科或併科新臺幣十萬元以下罰金。」同時依同法第 36 條第 1 項規定：「法人之負責人、法人或自然人之代理人、受僱人或其他從業人員，因執行業務犯前條第一項之罪者，除處罰其行為人外，對該法人或自然人亦科以前條第一項之罰金。」是以，受秘密保持命令之人於接送達時起即受裁定效力拘束，對於該命令限制內容不得違反，如有違反即有科以刑罰之虞。

伍、聲請駁回之救濟及保持命令之撤銷

聲請人認為持有之營業秘密，如經開示或供訴訟進行以外之目的使用，有妨害其基於該營業秘密之事業活動之虞，致有限制他造當事人、代理人、輔佐人或其他利害關係人開示或使用之必要，得

向受訴法院提出聲請狀，記載應受秘密保持命令之人、應受命令保護之營業秘密以及相關要件之事實，經受訴法院審理後，作出適正之裁判。

其中有關准許核發秘密保持命令之裁定，依智慧財產案件審理法第13條第4項規定：「駁回秘密保持命令聲請之裁定，得為抗告。」就此條文反面解釋，對於准許核發秘密保持命令之裁定，並不許不服該裁定之人對之提出抗告。根據立法說明，係為了避免在抗告過程中，發生秘密外洩而無從規範的情況，所以不得提出抗告，且同法第13條第3項規定：「秘密保持命令自送達受秘密保持命令之人，發生效力。」故秘密保持命令自送達時起即生效力，無待至抗告期間經過始告確定之問題。但不服准許裁定秘密保持命令之人得依同法第14條之規定，另行聲請撤銷該秘密保持命令以資救濟[23]。

一、駁回之救濟

法院受理聲請人之秘密保持命令之聲請，經審認後如認為應予駁回，仍以裁定為之。惟智慧財產案件審理法對於駁回之裁定應如何載明，並未如同准許裁定規定應載明保護之營業秘密、保護之理由，及其禁止之內容，因此，有論者以為，駁回裁定與前述准許核發之裁定相同，應盡量予以簡化，即毋庸添附聲請人所提之書狀內容及文書證據，在裁定理由中，只需敘明聲請對某份書狀內容或文書證據有提出對相對人聲請核發秘密保持命令即可，此可簡略載以：「聲請人於民國○年○月○日所提書狀，第○頁○行起至第○頁○行止，所記載之事項，雖對相對人聲請核發秘密保持命令，然……理由，該記載難認符合營業秘密要件」，主文則直接載明：

---

[23] 王偉霖，同註10，頁263。

「聲請駁回」即可[24]。同時依智慧財產案件審理法第13條第4項規定：「駁回秘密保持命令聲請之裁定，得爲抗告。」故駁回裁定既有救濟管道，則抗告法院或有可能持相反見解，因此，上述論及駁回裁定之記載應如同准許裁定，對於聲請人之內容如涉及營業秘密認定之部分資訊，是可簡化記載或間接引用，避免不當洩漏。

二、命令之撤銷

由於秘密保持命令之核發，在於保護聲請人就系爭秘密限制相對人開示或使用，從而聲請人得自由地向法院聲請撤銷，因此智慧財產案件審理法第14條第2項規定：「秘密保持命令之聲請人得聲請撤銷該命令。」以智慧財產法院106年度民秘聲字第20號民事裁定爲例，事實略爲聲請人因101年度民著訴字第35號侵害著作權有關財產權爭議事件，前以與本案爭執法律關係之證據等訴訟資料包含營業秘密爲由，依智慧財產案件審理法第11條規定，聲請對於相關訴訟資料針對相對人核發秘密保持命令，業經以102年度民秘聲字第3號裁定准予核發秘密保持命令在案，茲因本件秘密保持命令之聲請原因業已消滅，爲此依法聲請撤銷秘密保持命令裁定等語，據該院審查理由略爲聲請人以本件秘密保持命令聲請原因業已消滅爲由，聲請撤銷之，相對人並無異議（本院卷第6頁），是聲請人聲請本件秘密保持命令之原因既已消滅，依上開規定，聲請人聲請撤銷本件秘密保持命令，即屬有據，應予准許。而於主文記載：「本院於民國102年10月15日所爲本院102年度民秘聲字第3號裁定，就本院101年度民著訴字第35號侵害著作權有關財產權爭議事件函調之附表A所示資料（本院101年度民著訴字第35號卷一第255至329頁已揭露之內容不在內）所核發之秘密保持命令撤銷之。」

---

[24] 參見張銘晃，智慧財產權訴訟之秘密保護程序，法官協會雜誌，第9卷第2期，2007年12月，頁186。

　　反之，較爲重要者，係由受秘密保持命令者所聲請之撤銷，其得據以聲請撤銷之事由，依同法第 14 條第 1 項規定，受秘密保持命令之人，得以其命令之聲請欠缺第 11 條第 1 項之要件，或有同條第 2 項之情形，或其原因嗣已消滅，向訴訟繫屬之法院聲請撤銷秘密保持命令。依前述規定而得區分以下二種情形：

（一）自始不當

　　係指秘密保持命令於聲請時，原即欠缺法條所要求之實質要件，包括系爭資訊並不構成營業秘密、系爭資訊欠缺保護必要性，以及系爭資訊原爲受秘密保持命令之人在訴訟外已得知者。依自始不當之原因而聲請撤銷，在本質上屬於受秘密保持命令之人對該秘密保持命令聲明不服之救濟程序。

（二）嗣後不當

　　係指秘密保持命令於核發時，雖具有秘密保持命令之實質要件，惟此要件因嗣後之情事變更而已不復存在之情形，例如系爭資訊嗣後因喪失其「非公知性」而不再該當於應受保護之營業秘密[25]。

　　由受秘密保持命令之人聲請撤銷部分，以智慧財產法院 104 年度民著訴字第 34 號及 105 年度民聲字第 7 號保全證據事件爲例，原告 Orbotech Ltd.（以色列商奧寶科技有限公司）與被告亞傑士科技股份有限公司、僑傑仕科技股份有限公司間有關侵害著作權之財產權爭議見表 3-4：

---

[25] 黃國昌，同註 2，頁 232。

表 3-4　受秘密保持命令之人聲請撤銷

智慧財產法院		聲請撤銷秘密保持命令	智慧財產法院	
裁判字號	105年度民秘聲字第9號		裁判字號	105年度民秘聲字第18號
聲請人	亞傑士科技股份有限公司兼法定代理人　陳信郡僑傑仕科技股份有限公司兼法定代理人　施文全		聲請人	簡秀如律師吳詩儀律師洪振盛
相對人	簡秀如律師吳詩儀律師洪振盛		相對人	亞傑士科技股份有限公司兼法定代理人　陳信郡僑傑仕科技股份有限公司兼法定代理人　施文全
主文	相對人簡秀如律師、吳詩儀律師及洪振盛就附表1、2所示之營業秘密，不得為實施本院104年度民著訴字第34號訴訟以外之目的使用，或對未受秘密保持命令之人為開示。		主文	本院105年度民秘聲字第9號裁定就附表所示資料所核發之秘密保持命令應予撤銷。
主要理由	聲請人主張附表1、2所示文件及電磁紀錄，均為聲請人所持有之營業秘密乙節，為相對人簡秀如律師所不爭執（見本案卷四第89頁）。此外，相對人或其他訴訟關係人迄未自閱覽書狀或調查證據以外方法，取得或持有上開營業秘密，而相對人簡秀如律師、吳詩儀律師及洪振盛均為奧寶公司（即本案訴訟原告）之訴訟代理人（見本案卷一第10頁、卷四第85頁），上開文件及電磁紀錄既為本件判斷聲請人有無侵害奧寶公司著作權及計算損害賠償所需資料，為兼顧奧寶公司於訴訟中之權利及聲請人之營業秘密，自有對相對人簡秀如律師、吳詩儀律師及洪振盛核發秘密保持命令之必要。		主要理由	聲請略以聲請人檢視被告應受秘密保持命令之電磁紀錄，發現該等電磁紀錄中所含諸多文字檔案及授權碼檔案資料夾，均與原告系統息息相關，亦為證明被告等侵權行為及計算損害賠償之重要資訊，不應容許被告等擅以營業秘密之保護傘限制原告閱覽，以妨礙原告行使正當權利。此外，於證據保全程序中所查扣之被告工作服務紀錄，雖涉及客戶名稱、機台序號，惟客戶名稱及機台資料等本即屬原告擁有之資訊，並不具有秘密性，更不應受秘密保持命令之保護，將該等資料揭露於原告實無侵害被告任何營業秘密之可能。上情經相對人當庭確認並表示同意。

資料來源：作者自行整理。

由聲請核發秘密保持命令人聲請撤銷者，並無任何要件之限制，反之，如係受秘密保持命令人聲請撤銷，依舉證責任分配原則，此時即應由受秘密保持命令人提出反證，釋明其命令之聲請欠缺第 11 條第 1 項之要件，或有同條第 2 項之情形，有論者以為於後者之情形，向原審法院聲請撤銷自始不當之秘密保持命令，是否可期待有救濟之實效性、是否將淪為無實益之程序浪費，而認為理論上宜向上級審法院尋求救濟而由其審查下級審法院命令之當否；同時，只要使秘密保持命令在送達時即發生拘束之效力，縱使允許對該命令之裁定提出抗告，亦不致發生所謂在抗告程序中機密外洩而無規範之問題[26]。以上固非無見，然本文以為，立法者之所以將准許命令裁定設定不得抗告，其一理由立法說明，係為了避免在抗告過程中，發生秘密外洩而無從規範的情況，所以不得提出抗告。其二理由係由原審法院處理，可有助於釐清事實，避免訴訟程序延宕。其三理由係縱聲請撤銷秘密保持命令被駁回，依法仍得提出抗告，以資救濟。

以上兩種聲請撤銷秘密保持命令之聲請，應向訴訟繫屬之法院聲請，但本案裁判確定後，應向發秘密保持命令之法院聲請[27]，由受理法院以裁定准駁之，且不論係准許撤銷裁定抑或駁回裁定，均應送達於聲請人及相對人，同時，對前開裁定，均得聲明抗告[28]。故撤銷裁定並不如准許核發秘密保持命令於送達相對人時即生效力，相反地，依智慧財產案件審理法第 14 條第 5 項規定：秘密保持命令經裁定撤銷確定時，失其效力。原因參照立法理由係以避免原審裁定准予撤銷秘密命令，於抗告後經抗告法院廢棄，但於抗告

---

[26] 黃國昌，同註 2，頁 234。

[27] 參見智慧財產案件審理法第 14 條第 1 項立法理由：因審酌是否撤銷秘密保持命令，須審閱原訴訟卷宗，故規定原則上應向訴訟繫屬之法院聲請，以免往返調卷之勞費。但如本案裁判已確定者，仍應向原發命令之法院聲請。

[28] 參照智慧財產案件審理法第 14 條第 1 項至第 4 項規定。

中發生營業秘密外洩，而無法規範之情形。

　　另外，因實務上受秘密保持命令人有時為數人以上，而聲請撤銷在主體範圍未必一致，同時因違反秘密保持命令係有刑事責任，依智慧財產案件審理法第 14 條第 6 項規定：「撤銷秘密保持命令之裁定確定時，除聲請人及相對人外，就該營業秘密如有其他受秘密保持命令之人，法院應通知撤銷之意旨。」敦促未撤銷受秘密保持命令人注意。

陸、實務案例──智慧財產法院106年度民秘聲上字第5號民事裁定

一、事實

　　聲請人：為升電裝工業股份有限公司。

　　相對人：陳世杰律師、黃國銘律師、許譽鐘律師。

　　聲請人與怡利電子工業股份有限公司等間因侵害著作權有關財產權爭議事件，正由智慧財產法院以 106 年度民著上字第 10 號審理中。聲請人為勘驗或鑑定之目的而提示法院及相對人閱覽之系爭著作相對應之原始碼資料（下稱系爭原始碼）為營業秘密，應受秘密保持命令保護。

二、爭點

　　聲請人主張：系爭原始碼乃聲請人公司耗時數年所自行開發完成，近年之研發費用高達新臺幣（下同）1 億 1,368 萬餘元，其中為撰擬原始碼所需之測試成本即逾千萬元，其涉及聲請人通用型胎壓感測器產品之重要關鍵技術，並使聲請人得以成為全球第一個推出通用型胎壓感測器產品之廠商，並進一步於市場上取得領先地位，足見該等資料確非一般涉及該類資訊之人所知者。聲請人因首先開發完成該等原始碼資料，得以領先市場競爭者而量產通用型胎

壓感測器產品，並可因應各廠牌新車款之推出而迅速提供下游維修廠最新的機器碼，以維持其市場領先地位，聲請人更因通用型胎壓感測器產品之推出使股價大漲至 433 元，則該產品核心價值所在之原始碼資料，自屬因其秘密性而具有實際或潛在之經濟價值者。聲請人向來與員工簽訂保密協議，以維聲請人所享有之智慧財產權及機密資訊，且為防止系爭原始碼資料外流，已採取最嚴格之資安保密措施，詳言之，聲請人公司中僅有三名高階主管及董事長共四人可接觸系爭原始碼相關資料，且相關資料平時經拆分後，分別存放於三台設有密碼之不同電子設備中，個別設備之密碼僅有一名高階主管知悉，需將三台設備所儲存之資料合併後始能運作，以避免任何人接觸完整資料，足可肯認聲請人業已採取合理之保密措施。

相對人主張：聲請人對於系爭原始碼是否符合營業秘密三要件中「非一般涉及該類資訊之人所知者」之要件，除表示耗費大量經費加以開發外，僅說明係「重要關鍵技術」及「第一個推出通用型胎壓感測器產品」而已，一語帶過而未說明其所謂關鍵技術之內容。然而，通用型胎壓感測器為市面上各廠牌原廠所設定通訊協定之集合，聲明人係因「對原廠逆向工程」，再撰寫為原始碼，故原始碼之功能乃仿習各家原廠通訊協定，並非自行研發。因此，系爭原始碼既然為各家原廠所擁有通訊協定之集合，自難謂「非一般涉及該類資訊之人所知者」。況系爭原始碼在「表達」上是否「非一般涉及該類資訊之人所知者」，聲請人並無任何說明，故相對人依韌體撰寫之常理，認定其為慣習之撰寫方式。又智慧財產案件審理法第 11 條第 1 項，除第 1 款要求聲請人應釋明營業秘密之存在外，第 2 款更要求聲請人應釋明對於該等資訊之開示或使用，有妨害聲請人事業活動之虞，然而，對此要件，聲請人完全未予說明，自難認已盡釋明義務。另本件訴訟所涉及之原始碼並非聲請人現在產品中所使用者，恐已無「妨害……基於該營業秘密之事業活動之虞」，自無必要准許其以秘密保持命令妨礙上訴人在本案中基於原始碼撰寫方式之防禦權。

三、判決結果

相對人陳世杰律師、黃國銘律師、許譽鐘律師就聲請人為升電裝工業股份有限公司提示之原始碼資料，不得為實施本院106年度民著上字第10號訴訟以外之目的而使用之，或對未受秘密保持命令之人開示。

四、評析

（一）檢視法院確認原始碼為營業秘密過程是否符合三要件

營業秘密係指非一般涉及該類資訊之人所知，且因其秘密性而具有實際或潛在之經濟價值，暨所有人已採取合理之保密措施，可用於生產、銷售或經營之資訊而言。檢視本件客體原始碼，法院認為聲請人既是耗時數年所自行開發完成，且撰擬原始碼所需之測試成本即逾千萬元，其涉及聲請人通用型胎壓感測器產品之重要關鍵技術，並使聲請人得以成為全球「第一個」推出通用型胎壓感測器產品之廠商，並進一步於市場上取得領先地位。法院以「第一個」推出產品而認為該原始碼確非一般涉及該類資訊之人所知者為認定符合第一要件「秘密性」，此一客觀認定標準可以普遍應用於各行各業。

在第二個價值性要件，認定系爭著作所對應之原始碼資料透過軟體轉譯後，即可生成得直接用於通用型胎壓感測器之機器碼，且系爭原始碼資料不僅可直接用於研發、生產新一代車款可使用之原始碼與機器碼，更可避免重蹈研發失敗之覆轍；聲請人因首先開發完成該等原始碼資料，得以領先市場競爭者而量產通用型胎壓感測器產品，並可因應各廠牌新車款之推出而迅速提供下游維修廠最新的機器碼，以維持其市場領先地位，聲請人更因通用型胎壓感測器產品之推出使股價大漲至433元，則該產品核心價值所在之原始碼資料，自具有實際或潛在之經濟價值者。

在第三個合理保密措施，目前實務判斷是否已達合理保密措施

之程度，應在具體個案中，視該營業秘密之種類、事業實際經營及社會通念而定之。而審查營業秘密所有人之保密措施時，不採嚴格之保密程度，解釋上已達任何人以正當方法無法輕易探知之程度，即可認定具備合理之保密措施。本案法院認定聲請人向來與員工簽訂保密協議，以維護聲請人所享有之智慧財產權及機密資訊，為防止系爭原始碼資料外流，已採取最嚴格之資安保密措施，僅有三名高階主管及董事長共四人可接觸原始碼相關資料，且相關資料平時經拆分後，分別存放於三台設有密碼之不同電子設備中，個別設備之密碼僅有一名高階主管知悉，需將三台設備所儲存之資料合併後始能運作，以避免任何人接觸完整資料，確實對於系爭原始碼資料之存取，已採取最嚴格之管制，將可能接觸原始碼資料之人員限縮至最低，並實施隔離保密之措施，以限制非經授權之人接觸或讀取，肯認已採取合理之保密措施。

（二）檢視必要性

依智慧財產案件審理法第 11 條第 1 項第 2 款規定，有無必要性，視該營業秘密之開示或供訴訟進行以外之目的使用，有妨害當事人或第三人基於該營業秘密之事業活動之虞，系爭原始碼資料，法院已確認屬於營業秘密，在必要性認定，認為一旦外流，將使聲請人之產品競爭力蒙受重大之損害，殊有限制其開示或使用之必要。

（三）檢視資訊非屬訴訟外已知之營業秘密法院之認定依據

在本件裁定中，法院僅載「怡利公司、相對人及其他訴訟關係人於本件聲請前並無依智慧財產案件審理法第 1 項之方法取得或持有系爭原始碼，亦無同條第 2 項之情形。」未論及依據為何，此部分認定，法院應視相對人對此並無主張已依書狀閱覽或證據調查以外之方法，取得或持有該營業秘密，所得推定之結果，反之，如相對人提出時，法院這時才會審究該資訊是否確屬訴訟外已知之營業秘密。

五、小結

　　我國自秘密保持命令制度施行以來，以智慧財產法院受理民事事件爲例，由圖3-1即可觀察聲請核發秘密保持命令件數年年增加，同時近年來法院核准比例亦達九成以上，駁回聲請件數並不高，顯示該制度應用於訴訟上確有其實益存在。

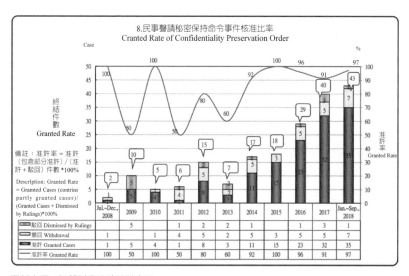

資料來源：智慧財產法院統計專區。

圖3-1　秘密保持命令相關統計

柒、結論

　　爲了擺脫過去國際間就我國對智慧財產權保護不足的負面評價，並洗刷「海盜王國」的困境，於2007年3月28日制定公布智慧財產法院組織法及智慧財產案件審理法，希冀由專業的法院設置及特殊的訴訟程序，交織一完善的保護網，除能迅速有效地解決

智慧財產權訴訟爭議外，更能提升國家競爭力，因此，智慧財產案件審理法於制定之始，參考日本法創設秘密保持命令制度，時值該制度引進國內已近十一年，可以發現運用範圍逐漸廣泛。同時觀之國內近幾年來，因為商業間諜或同（異）業競爭關係之故，企業間對於營業秘密保護需求持續加深、加大，因此對於秘密保持命令更是依賴，惟該制度於制定之初，或許因為當時無法想像該制度的實質效益，在體系上的設計，目前僅於「訴訟階段」始有秘密保持命令，「偵查中」付之闕如，雖然營業秘密法於 2013 年修訂時加入了刑事處罰規定，卻發生檢察機關於偵辦過程中，面臨營業秘密侵害案件高度技術性判斷難題，且又須防免營業秘密外洩，卻苦無相對應的制度可資運用，因此，2018 年 4 月立法委員提案營業秘密法部分條文修正草案，增訂偵查內容保密令[29]，以此併為保護營業秘密及當事人權益的兼顧。

針對目前訴訟程序中秘密保持命令，歷經十餘年應用的成效檢討，提出以下建議：

一、賦予法院裁量權限

藉由秘密保持命令制度，對於持有營業秘密之訴訟當事人，提供一有效保護秘密性之途，另一方面，在此保護制度下，又可使雙方當事人能公平地接近、知悉系爭資訊，保障雙方在訴訟上權益，而可使法院作出公正的裁判，確實有其存在意義，惟因我國係採處分權主義及辯論主義，而依智慧財產案件審理法第 13 條所定保持命令的裁定，致使法院對於秘密保持命令裁量範圍受到一定之

---

[29] 參見立法院議案關係文書院總第 618 號委員提案第 21795 號：偵辦營業秘密侵害案件所涉相關證據資料維護其秘密性，至為重要，而刑事訴訟程序亦有偵查不公開之原則，為使偵查程序得以順利進行及發現真實，並確保偵辦案件過程中獲取之營業秘密，不因公權力介入探求真相而喪失秘密性，爰明定偵查內容保密令，同時增訂違反命令時之刑責，以及停止或變更偵查內容保密令之救濟制度（增訂條文第 14 條之 1 至第 14 條之 4）。

限制，而不得超過聲請當事人請求的內容，因此效果受到侷限。例如智慧財產法院106年度民秘聲上字第5號關於秘密保持命令民事裁定：「本院依本次聲請就系爭原始碼為核發秘密保持命令，其對象為相對人，至於將來如其他調查證據方法確定後，受秘密保持命令拘束之對象有擴大之可能，係另行依聲請人聲請及怡利公司主張審酌之問題」。

（一）應受秘密保持命令人

惟應受秘密保持命令之人範圍係依聲請人聲請書狀所載，在當事人進行主義下，法院為裁定前，雖「得」通知兩造協商，但仍不得超過聲請範圍，且受秘密保持命令人如有違反效力係有刑責，因此法院審理後縱認為有應納入之對象卻漏未聲請者，亦不得逕為擴大主體範圍，惟此時可認為得授予法院向聲請人闡明後，由聲請人補充聲請為宜。

（二）禁止內容

觀察美國法院對於保護命令的裁量權，除依 Fed. R. Civ. P. 26(c)(1) 之規定有八種例示之方式外，尚有賦予法院在公益的考量下，可以斟酌個案實際情形，裁定其他內容的保護命令，由此觀之，美國之所以能成為世界領導位置，並非僥倖。因在實際之智慧財產權訴訟中，相關應受保護之營業秘密的型態、屬性、機密性，或可容許接觸方式均各有不同，複雜程度亦殊難想像。有論者認為，關於准許秘密保持命令裁定之內容，建議除應記載何者為受保護之營業秘密及保護之理由外，尚應記載法院依職權所酌定之秘密保持方式，而非僅記載其禁止之內容，始能兼顧兩造之利益及平衡現實面之實際考量[30]。尤其我國主要係以國際貿易為主，面對瞬

---

[30] 參見張宇樞，評析智慧財產案件審理法草案中與秘密保持命令相關的規定——兼論美國實務之運作模式，月旦法學雜誌，第139期，2006年12月，頁47。

息萬變的國際經濟情勢，應賦予法院彈性的裁量空間，而非過於僵化的規定，此點似可值得我國參考。

雖我國承襲日本秘密保持命令制度，較為具體，但優點亦為缺點，未來法院就具體的裁判內容，應取向於「事證資料使用平等原則」、「當事人辯論權之實質保障」以及「營業秘密保護」等重要基本價值之調和與兼顧，從而就其裁判內容之形成，在賦予相關程序主體必要程序保障之前提下，應使法院享有一定的裁量空間，而毋庸完全受當事人聲請內容拘束；不過，在另一方面，法院於裁量形成秘密保持命令之內容時，應在當事人實際產生爭執的範圍內為之，盡可能的尊重相關程序主體之意見[31]。本文建議應可於智慧財產案件審理法第 13 條增設但書規定「法院為秘密保持命令之裁定，於衡量雙方當事人權益及公益原則後，裁定內容得不受聲請當事人之聲明拘束。」以符實際需要。

二、當事人協議秘密保持命令內容之可行性

我國係承襲大陸法系的訴訟制度，並無雷同美國事證開示制度存在，當事人必須透過向法院聲請調查證據，再由法院決定是否為之，在此由法官獨攬證據調查權限之結構下，一般而言，當事人所得藉此收集事證之範圍，較美國事證開示程序為限縮。在美國，事證開示係在公判開始前，由雙方當事人所主導進行之程序，其基本哲學係在規則所明定之寬廣的事證開示義務範圍，由當事人自主地進行事證之開示與交換，僅在當事人發生紛爭時，始例外地由法院介入[32]。因此，在美國因營業秘密訴訟者，如欲聲請保持命令，依該國之聯邦民事訴訟規則規定，必須先踐行當事人協商，使雙方

---

[31] 黃國昌，同註 2，頁 230。

[32] 參見黃國昌，營業秘密在智慧財產權訴訟之開示與保護——以秘密保持命令之比較法考察為中心，臺北大學法學論叢，第 68 期，2008 年 12 月，頁 191-192。

當事人對秘密保持之對象及應受到何種程度之保障，可以自主決定，之後再陳報法院核備後發保持命令，此稱之為總括的或傘狀的保持命令（Blanket Protective Order, or Umbrella Protective Order）。

目前我國並無類似規定，似可參照上述美國規定，修法規定當事人、第三人首次如就營業秘密認有聲請秘密保持命令之必要，應先由當事人雙方、第三人在法院公證處先行協商，協議內容乃係確定爭執事項是否為營業秘密、受秘密保持命令之主體範圍或應受保持的程度等事項，如可達成協議時，即由公證處作成公證書，再由當事人之一方向法院提示請求核發秘密保持命令，反之，如無法達成協議時，亦應由公證處作成公證書，記明無法達成協議之原由及事項，再由當事人之一方向法院提示請求核發秘密保持命令，法院即僅就雙方當事人具體爭執之部分予以審查，以上修法建議之所以需由第三方公證處介入理由如下：

（一）係為避免當事人受到不當外力之干涉而影響協議內容。

（二）由公證處作成之協議內容，不論是成立抑或不成立，均具備公信力，法院將來審查是否核發秘密保持命令時即不需大費周章調查。

（三）爭執事項或內容如經訴訟當事人、第三人於公證處合意認同為營業秘密者，將來於法院訴訟過程中即不得為相反之主張，將可縮短訴訟時程。

（四）國情不同，如仿美國認為聲請人除出於善意或試著與受影響之第三人商議為前提要件者，本文認為目前於我國仍不適用之，因難度甚高。

雖然我國與美國分屬不同法系之二國，然美國因事證開示程序中之營業秘密之保持命令制度，已有相當的參考價值，故如將協商先行採為我國聲請秘密保持命令之先決程序者，此舉將可大為減少紛爭及法院業務量，不失為良策之一。

三、階段性秘密保持命令之設置

在日本，實務上就秘密保持命令保護對象之秘密保持命令，可依情形聲請閱覽卷證資料，並可分階段搭配聲請內容不同之秘密保持命令。首先，如營業秘密為機械器具產品之構造，可僅先開示其設計圖樣，並視訴訟進行之程度，如有更進一步開示記載尺寸等數字圖面之必要者，可再聲請核發秘密保持命令。

其次，如營業秘密係化學藥品，可先開示化合物含有的化學物質名稱，再開示其成分比例。此種依不同階段有不同開示內容之複數秘密保持命令的聲請，各階段的相對人及所開示的營業秘密內容均有不同，於訴訟代理人辭任或公司內部人員異動時，將比單一而內容相同的秘密保持命令，更能有效控制營業秘密開示的範圍[33]。

參考文獻

一、中文部分

專書

1. 王偉霖，營業秘密法理論與實務，元照出版，2017 年 10 月。
2. 司法院，智慧財產訴訟制度相關論文彙編第 1 輯，司法院編印發行，2010 年 11 月。
3. 司法院，智慧財產訴訟新制問題與解答彙編，司法院編印發行，2008 年 6 月。
4. 沈冠伶，民事證據法與武器平等原則，元照出版，2007 年 10 月。
5. 黃國昌，民事程序法學的理論與實踐，元照出版，2012 年 2 月。

---

[33] 三村量一、山田知司，同註 9，頁 7。

期刊

1. 張銘晃，智慧財產權訴訟之秘密保護程序，法官協會雜誌，第 9 卷第 2 期，2007 年 12 月，頁 172-193。
2. 張宇樞，評析智慧財產案件審理法草案中與秘密保持命令相關的規定兼論美國實務之運作模式，月旦法學雜誌，第 139 期，2006 年 12 月，頁 41-56。
3. 黃國昌，公正裁判確保與營業秘密保護的新平衡點——簡介智慧財產案件審理法中之秘密保持命令，月旦民商法雜誌，第 21 期，2008 年 9 月，頁 53-67。
4. 黃國昌，秘密保持命令在智慧財產權訴訟之開示與保護——以秘密保持命令之比較法考察為中心，臺北大學法學論叢，第 68 期，2008 年 12 月，頁 151-206。

學位論文

1. 高愈杰，智慧財產民事訴訟制度之研究，輔仁大學法律學研究所碩士論文，2010 年 7 月。
2. 黃正雄，營業秘密於智慧財產權訴訟中之揭露及保護——以我國民事訴訟法及智慧財產案件審理法相關規定為中心，國立清華大學科技法律研究所碩士論文，2009 年 7 月。
3. 楊景婷，智慧財產法院組織及審理相關議題之研究，東吳大學法學院法律學系法律學研究所碩士論文，2009 年 7 月。

官方資料

1. 司法院法學資料檢索系統，http://jirs.judicial.gov.tw/FJUD/。
2. 立法院法律系統，http://lis.ly.gov.tw/lgcgi/lglaw。
3. 智慧財產法院，http://ipc.judicial.gov.tw/ipr_internet%20/。
4. 經濟部智慧財產局，http://www.tipo.gov.tw/ct.asp?xItem=207075&ctNode=6740&mp=1。
5. 全國法規資料庫，http://law.moj.gov.tw/Law/LawSearchLaw.aspx。

專論

王偉霖，論智慧財產案件審理法規定的秘密保持命令，2007 年智財案件審理制度變革學術研討會，2007 年 5 月。

二、外文部分

專書

Kimberly A. Moore & Paul R. Michel & Timothy R. Holbrook, Patent litigation and strategy (third edition, 2008).

期刊

三村量一、山田知司，知的財產權訴訟における秘密保持命令の運用について，判例タイムズ，NO. 1170 號，2005 年 4 月 1 日，頁 4-14。

外國網路資料

1. 日本電子政府の総合窓口，http://www.e-gov.go.jp/。
2. 首相官邸，https://www.kantei.go.jp/jp/singi/sihou/hourei/index.html。
3. 知的財產高等裁判所，http://www.ip.courts.go.jp/。

|第四章|
我國營業秘密禁止設質及供強制執行之探討
A Discussion on Trade Secrets and Set Pledge

曾勝珍*　周宏明**

* 嶺東科技大學財經法律研究所教授，shengtseng1022@gmail.com。
** 嶺東科技大學財經法律研究所研究生，hungming6816@gmail.com.tw。

壹、營業秘密與質權設定

一、前言

　　我國營業秘密法第8條係明文禁止設定質權，雖企業擁有營業秘密之資產，該資產係可透過鑑估機構鑑定客觀價值，然即便有價值存在，卻無法使該資產如其他無形資產般，向金融機構進行融資擔保以擴大產業規範，實為遺憾。法律禁止營業秘密設定質權，雖立法者認在設定過程恐有使其喪失秘密性之疑慮，惟有透過國內質權設定過程，分析立法者之疑慮能否屏除，希冀未來有修法允許之空間，故本章節將探討質權概念，並輔以其他智慧財產權領域設質情形進行分析。

二、質權概念與種類

　　質權，又稱質押，係債權人為對債務人之債權擔保，占有由債務人或第三人移轉占有而供其債權擔保之動產或可讓與之財產權，當債權屆清償期而未受清償時，得就其物所賣得價金享有優先受償之權利[1]。換言之，質權係指為了擔保債權的履行，債務人或第三人將其動產或權利移交債權人占有，當債務人不履行債務時，債權人取得將其占有的動產或權利進行換價而優先受償的權利。

　　故質權係支配標的物之交換價值，目的即是用以確保債權之清償。又質權以留置效力與優先受償效力為其擔保作用，前者之留置效力，係由質權人留置標的物，剝奪債務人之占有，造成債務人心理上之痛苦或生活上之不便，以壓迫其儘速清償債務；後者係在當債權人將質押之物變價後，就其債權可優先受償之擔保效力。因此質權係屬於價值權，成為擔保物權之一種，故擔保物權所具有之通性，如從屬性、不可分性與物上代位性（代物擔保性），在質權部

---

[1]　請參照民法第884條、第900條。

分均有具備[2]。

　　質權依各國立法例不同，有不同分類，在我國按民法物權編規定則依標的物類型作區分。以動產為標的物之質權稱為「動產質權」，以可讓與之財產權為標的物之質權稱為「權利質權」。

　　所謂「動產質權」，依據民法第 884 條之規定：「稱動產質權者，謂債權人對於債務人或第三人移轉占有而供其債權擔保之動產，得就該動產賣得價金優先受償之權。」債務人或第三人為出質人，債權人為質權人，移交的動產為質物。例如債務人甲向債權人乙借款以籌措資金，甲以已有之珍貴珠寶交付乙占有，設定質權即屬之。此時，甲為出質人，乙為質權人，珠寶為質物。如果甲屆期未清償借款，乙就可以將占有之珠寶變價後受償該筆債權。

　　所謂「權利質權」，依據民法第 900 條之規定：「稱權利質權者，謂以可讓與之債權或其他權利為標的物之質權。」另依據同法第 904 條第 1 項之規定：「以債權為標的物之質權，其設定應以書面為之。」例如債權有證書者，應交付其證書於質權人。依據這兩條法律之規定，可讓與之債權及其他權利，都可以拿來設定質權，所謂「可讓與之債權」，指依債權的性質不得讓與、依當事人特約不得讓與及禁止扣押之債權以外的債權（民法第 294 條第 1 項）。所謂「其他權利」，指所有權及不動產用益物權以外之其他財產權，包括有價證券（如票據、股份、公司債債券、倉單、提單、載貨證券……）及著作權、專利權等。

　　權利質權在實務使用頗為廣泛，例如公司企業向銀行融資多以有價證券設定權利質權。從事證券交易者，亦多以股票設定質權，取得信用。一般人民以銀行定期存款（債權）設質而貸款者，亦常有之。足見權利質權在社會經濟及金融市場具有重要的作用[3]。

---

[2]　謝在全，民法物權論（下），新學林出版，2014 年 9 月，頁 189-191。

[3]　王澤鑑，民法物權，三民書局出版，2010 年 6 月，頁 510。

權利質權有優先受清償的效力，如同抵押權人就抵押物賣得的價金有優先受清償的權利一樣。權利質權的出質人不可以再處分該出質的權利，或使該權利消滅或變更（民法第 903 條）。權利質權，除民法第三編第七章第二節有關權利質權之規定外，亦準用關於動產質權的規定（民法第 901 條）。

三、質權設定

質權設定依動產質權與權利質權區分，民法第 885 條係有關動產質權設定，民法第 902 條、第 904 條、第 908 條係有關權利質權設定。

（一）動產質權設定

民法第 885 條規定：「質權之設定，因移轉占有而生效力。質權人不得使出質人代自己占有質物。」所以動產質權之設定，只須基於當事人之意思合致設定，讓與即可。並不以書面為限，亦不須登記。而以質權標的物移轉質權人受領占有為生效要件。所以規定質權人不得使出質人代自己占有質物，乃因債務人容易將該動產予以處分，或因使用而減損其價值，則將不能達到動產擔保的功能。

（二）權利質權設定

民法第 902 條規定：「權利質權之設定，除依本節規定外，並應依關於其權利讓與之規定為之。」本條可謂權利質權設定之通則。此外民法第 904 條、第 908 條可謂係特別規定。就其標的不同分述如下：

1. 以普通債權為標的物

民法第 904 條規定，以債權為標的物之質權，其設定應以書面為之。如債權有證書者，並應交付其證書於債權人。參諸民法第 904 條之規定可知，需具備要件為：(1) 須以書面為之。法律並未規定書面之形式，由出質人與質權人同意將設定權利質權的意

旨，載明於書面即足 [4]；(2) 如有債權證書者，並應交付其證書於債權人（即質權人）。所謂債權證書，即指證明債權之文件而言（民法第 296 條），例如借據、定期存款單據等，出質人有交付之義務；(3) 須依債權讓與規定為之（民法第 294 條以下），以債權設定質權者，非通知債務人不得對抗債務人（民法第 297 條），其以合夥權利設定質權者，須得合夥人全體的同意（民法第 683 條）。

2. 以有價證券為標的物

(1) 以票據證券為之者：應以票據法關於票據讓與之規定（票據法第 30 條），如為無記名股票，應依公司法關於股份讓與之規定。

(2) 以無記名證券為之者：以未記載權利人之有價證券為標的物者，因交付其證券於質權人，而生設定質權之效力（民法第 908 條第 1 項前段）。

(3) 以其他之有價證券為之者：交付證券外，並應依背書方法為之，而該背書，得記載設定質權之旨（民法第 908 條第 1 項後段、第 2 項）。

3. 以其他權利為標的物

無特別規定，自須依權利質權設定之通則，即依關於其權利讓與之規定為之（民法第 902 條）。例如以專利權設質，應由各當事人署名，附具證明文件，向專利專責機關申請登記（專利法第 62 條）。以著作權設質者，因當事人合意而成立（著作權法第 39 條），不必訂立書面或辦理登記。

---

[4] 原最高法院 64 年台上字第 684 號民事判例要旨：依民法第 904 條規定，以債權為標的物之質權，固應以書面設定之，然書面之形式，法未明定其一定之格式，由出質人與質權人同意將設定權利質權之意旨，載明於書面者，即為已足。

四、質權實行

債權人以質權設定占有由債務人或第三人移轉占有而供其債權擔保之動產或可讓與之財產權，當債權屆清償期未受清償時，債權人即可實行質權，我國民法又將動產質權與權利質權分類規定實行之方式，以作規範。

（一）動產質權實行

1. 質權人自行拍賣質物：由於質權人占有質物，民法第 893 條第 1 項規定：「質權人於債權已屆清償期，而未受清償者，得拍賣質物，就其賣得價金而受清償。」此項拍賣，因國內尚無拍賣法專法，故此處應適用民法債編有關拍賣部分[5]，在國內拍賣法尚未公布施行前，應經變賣地公證人、警察機關、商業團體或自治機關之證明，照市價變賣質物，就其賣得價金而受清償[6]。質權人應於拍賣前，通知出質人（民法第 894 條）。拍賣質物乃質權人之權利，拍賣與否，悉聽質權人之自由，並非屆期未受清償，即須拍賣質物[7]。

2. 聲請法院強制執行：質權人如不自行拍賣，而向法院聲請拍賣者，則應先聲請法院為許可強制執行之裁定，作為執行名義。

3. 準用有關抵押物所有權移屬於抵押權人之規定：民法第 893 條第 2 項，即約定動產質權於債權已屆清償期而未為清償時，質物之所有權移屬於質權人者，準用民法第 873 條之 1 之規定，即所謂流抵契約。

4. 準用有關抵押物以訂立契約，取得抵押物之所有權，或用拍

---

[5] 請參照民法第 391 條至第 397 條規定。

[6] 請參照民法債編施行法第 28 條、非訟事件法第 69 條、司法院 22 院字 980 號解釋。

[7] 請參照原最高法院 49 年台上字第 2211 號民事判例要旨：質權人於債權屆期未受清償時，有拍賣質物優先受償之權利，並非認其必須負有拍賣之義務。故質權人就質物行使權利或逕向債務人請求清償，仍有選擇之自由，要無因拋棄質權，而債權亦歸於消滅之理。

賣以外之方法，處分抵押物之規定：民法第 895 條規定動產質權準用民法第 878 條規定，故質權人於債權清償期屆滿後，以爲受清償爲目的，得訂立契約，取得質物之所有權；或用拍賣以外之方法，如由抵押人另照買主或委請第三人標售，處分質押物。但前揭方式皆不得有害於其他權利人之利益爲前提。

（二）權利質權實行

質權人實行質權時，得就爲質權標的之債權或證券權利受償或拍賣（民法第 893 條以下、第 901 條），優先受償。民法對債權質權及有價證券權利的實行設有不同規定。

1. 一般債權質權

(1) 民法第 905 條第 1 項：「爲質權標的物之債權，以金錢給付爲內容，而其清償期先於其所擔保債權之清償期者，質權人得請求債務人提存之，並對提存物行使其質權。」即銀行對某甲有 A 債權，某甲對第三人某乙有 B 債權，故某甲提供 B 債權讓銀行設定權利質權，擔保銀行 A 債權履行。於擔保期間，如 B 債權清償期先於 A 債權時，則銀行可請求第三人某乙將應清償之金錢提存暫勿給付某甲，當 A 債權屆期未獲清償時，銀行即可就提存物行使質權獲償。

(2) 民法第 905 條第 2 項：「爲質權標的物之債權，以金錢給付爲內容，而其清償期後於其所擔保債權之清償期者，質權人於其清償期屆至時，得就擔保之債權額，爲給付之請求。」如同前例，如 B 債權清償期後於 A 債權時，則銀行於 A 債權清償期屆至時，得就擔保之債權額，爲給付之請求。

(3) 民法第 906 條：「爲質權標的物之債權，以金錢以外之動產給付爲內容者，於清償期屆至時，質權人得請求債務人給付之，並對該給付物有質權。」

(4) 民法第 906 條之 1：「爲質權標的物之債權，以不動產物權之設定或移轉爲給付內容者，於其清償期屆至時，質權人得請求

債務人將該不動產物權設定或移轉於出質人，並對該不動產物權有抵押權（第1項）。前項抵押權應於不動產物權設定或移轉於出質人時，一併登記（第2項）。」

(5) 民法第906條之2，質權人於所擔保債權清償期屆至而未受清償時，除依民法第904條、第905條、第906條之1之規定外，亦得依民法第893條第1項拍賣質物或第895條準用有關抵押物以訂立契約，取得抵押物之所有權，或用拍賣以外之方法，處分抵押物之規定實行其質權。

2. 有價證券權利質權

民法第909條規定：「質權以未記載權利人之有價證券、票據、或其他依背書而讓與之有價證券為標的物者，其所擔保之債權，縱未屆清償期，質權人仍得收取證券上應受之給付。如有使證券清償期屆至之必要者，並有為通知或依其他方法使其屆至之權利。債務人亦僅得向質權人為給付（第1項）。前項收取之給付，適用第九百零五條第一項或第九百零六條之規定（第2項）。」亦即質權人得請求債務人提存或給付。若以證券為標的物之質權，實行時則準用第906條之2及第906條之3之規定（第3項）。

民法第909條之設立宗旨，係為保障權利質權，有價證券須憑票行使權利，且採取短期時效，若須俟其所擔保的債權屆清償期，質權人始得行使權利，其債權實有難獲實現之虞。

綜上須注意的是，關於權利質權的設定及質權的實行，因當事人一方多為金融機構，而訂有質權設定契約書，內容包括質權設定通知書、實行質權通知書、質權消滅通知書，及融資融券契約書等，可透過此類文件了解實務的運作。

貳、營業秘密法禁止設質之突破

營業秘密是否得為質權之標的，一直係不斷爭辯之議題，並於每次修法時皆有熱烈討論，而營業秘密是否得設質之前提乃如第壹

部分所述,即營業秘密性質究屬權利或利益?在本文採取營業秘密必須被定性為權利之下,我國採物權法定主義,質權種類分別為動產質權與權利質權。又權利質權之標的物,依民法第 900 條規定,可讓與之債權或其他權利,均得為質權之標的物。故營業秘密屬於其他權利範疇下,始有設定質權之可能。退萬步言,若僅將營業秘密定性為一種利益,則需另外特別予以明文規定,始能設質[8]。

　　2013 年所新修訂之營業秘密法並未修改相關第 8 條:「營業秘密不得為質權及強制執行之標的」之規定,當初立法理由主要係:「營業秘密若得為設質或強制執行之標的,可能會在清償拍賣投標時,因欲參與投標者勢必有了解營業秘密之內容,以決定其投標價格之必要,如此將使參與投標者均有知悉他人營業秘密之機會,對營業秘密所有人之保護顯有未周,又營業秘密並無登記公告等公示制度,無法如商標權、專利權、著作權之設質予以登記對抗效力,故不宜設質。」立法者似認為當營業秘密可以設質及強制執行時,必須有公開行為,一旦有公開行為,勢必造成秘密之解密,故營業秘密不得為質權及強制執行之標的。

　　在此,本文認為此條文係立法者對於營業秘密保護過度之表徵,公開行為非必定有喪失秘密性之虞,登記等公示制度亦並非全為智慧財產權設定質權標的之要件。明顯實證乃於 1998 年著作權法修法後刪除了登記制度,而在無公示制度下,著作權仍可設定質權,顯示了質權設定非得須經由公示制度,故營業秘密亦同此理,在目前無公示制度下,當然可成為設質之標的,似可屏除立法者之疑慮。

　　另外,有關營業秘密得否成為質權標的,首先必須探究質權之本質,我國民法規定質權乃係謂因擔保債權,占有由債務人或第三人移交之動產或可讓與之財產權,於債權屆清償期未受清償時,得

8　張靜,營業秘密法及相關智權問題,經濟部智慧財產局,2007 年 2 月,頁 336。

就其賣得價金優先受償之權。我國民法第 900 條規定：「稱權利質權者，謂以可讓與之債權或其他權利爲標的物之質權。」立法政策既認爲營業秘密係一種權利，依民法領域其乃是屬於「權利質權」中所稱之其他權利，當可爲質權之標的。再者，營業秘密於質權上之適用能否相容及有無疑義，可由下列面向切入分析並得到肯定。

　　其一，營業秘密法第 6 條第 1 項規定：「營業秘密得全部或部分讓與他人或與他人共有。」故營業秘密具可讓與性而得爲質權之標的，並無疑問。

　　其二，關於營業秘密之設質方式，依民法第 902 條規定，權利質權之設定，除另有規定外，應依關於其權利讓與之規定爲之。承前所述，營業秘密可以轉讓，而其讓與，依現行法也並不需踐行一定之方式，故營業秘密之設質，如無特別規定，則不同於專利權、商標權等須辦理設定質權登記。另現行著作權法雖已刪除設定質權需經登記，始得對抗第三人之規定，近來行政機關於討論「數位內容產業發展條例」草案時[9]，爲活絡著作財產權的融資，及保障交易安全，進而重新考量增訂著作財產權設質應經登記之相關規定及其配套措施，則營業秘密若得設質，是否可比照增訂公示登記相關制度之考量與需要，亦值得肯定。

　　其三，民法第 901 條準用第 891 條有關責任轉質之規定：「質權人於質權存續中，得以自己之責任，將質物轉質於第三人。其因轉質所受不可抗力之損失，亦應負責。」如果營業秘密允許設質，將需一併考慮其有轉質之可能性，是否允許質權人轉質、如何規範始得避免因轉質而洩漏營業秘密等問題，如允許轉質則須有保密機制的介入，反之，則應禁止轉質。

　　其四，民法第 903 條有關質權因質物滅失而消滅之規定：「爲質權標的物之權利，非經質權人之同意，出質人不得以法律

9　請參照立法院第七屆第 1 會期第 2 次會議議案關係文書院總第 1562 號。

行為，使其消滅或變更。」惟營業秘密尚可能因積極地洩漏或消極地不採取保密措施等事實行為，而喪失其秘密性，使其不受保護，故其權利存續期間不若商標、專利、著作權有明確之一定存續期間，其存續與消滅充滿不確定性，故應思慮於營業秘密存續期間，須課予保密義務。

其五，質權之實行，如果質權所擔保債權無法清償，質權人實行質權之方式，依民法第 901 條準用第 893 條第 1 項之規定：「質權人於債權已屆清償期，而未受清償者，得拍賣質物，就其賣得價金而受清償。」拍賣並非一定需經法院之強制執行程序，質權人可依民法第 391 條至第 397 條拍賣之相關規定，就其賣得價金而受清償。若今質權人不自行拍賣而向法院聲請拍賣質物，則法院應為許可強制執行之裁定，然後依循強制執行程序進行拍賣，即與現行營業秘密法第 8 條不得為強制執行之規定相衝突，惟本文後章欲討論者，即有關營業秘密在強制執行程序中如何突破本身性質而可成為強制執行標的，此部分問題即可解決。

綜上所述，當肯定營業秘密可成為設定權利質權之標的時，尚須以健全鑑價制度以及加強保密制度兩方向做最後保障。

一、健全鑑價制度

在營業秘密之鑑價方法中，單一技術之成本並不足以作為資產評量的唯一基準，尚須考量技術策略、市場與企業關係資本等多元因素，與其他互補性資產加以衡量，因為技術或無形資產本身屬於互補性資產（如技術、包裝、服務等）才能成為商品，創造技術與知識的完整價值[10]。因此，營業秘密於鑑價過程中，為反映真實存在的經濟價值，故必須充分揭露相關營業秘密資訊，使鑑價單位客觀鑑定價格，以供委託之金融機構評估貸款價額。

---

[10] 張孟元、劉江彬，無形資產評估鑑價之理論與實務，華泰文化事業，2005年，頁 40。

營業秘密本身須有經濟價值，企業經營者為向金融機構借貸資金，須將營業秘密揭露提供金融機構評估價值以設定質權，金融機構亦須將該營業秘密委託鑑價單位鑑價，此鑑價單位必須專業評估鑑定營業秘密之價值，在通盤考量下以不同面向之鑑價方法，秉持共通之資產評估原則進行。

所謂資產評估的原則，是指為保證評估結果客觀、公正、科學，規範評估行為的工作和業務準則，主要特色為[11]：

（一）獨立性原則：評估機構應是獨立的社會公正性機構，評估工作不受任何外界干擾，不與評估業務的利益相聯繫，始終堅持第三方立場。例如，評價專業機構方面有財團法人中華民國會計研究發展基金會成立的評價準則委員會；評價人之訓練與考試部分則由工業技術研究院、中華無形資產暨企業評價協會、中華企業評價學會等三個機構負責。

（二）客觀性原則：評估工作要依據客觀事實，以現實存在的資產為對象；評估指標的選取、測算和邏輯運用等必須建立在客觀市場和現實資料基礎上，此外，受評估之一方亦需提供真實資訊，以其評估人員之評估結果反映資產的真實狀況。

（三）科學性原則：不能過於主觀評斷，須依據資產評估理論，制定科學的評估方案，將評估目的、標準、方法有計畫性地聯繫在一起。

（四）專業性原則：評估機構必須是擁有財務會計、工程技術、經濟、市場、法律等多學科的專門人才，經過評估理論和其他專業培訓，持證開展業務的專業性機構，實行公平競爭和行業自律性管理。

營業秘密等相關智慧財產權之無形資產，如依照上述基本資產

---

[11] 魏豪逸專利工程師，智慧財產權之鑑價方法（上），http://www.wipo.com.tw/wio/?p=960（最後瀏覽日：2019 年 2 月 26 日）。

共通評估原則搭配目前我國資產鑑定制度，其鑑定方式約略為 [12]：

（一）成本法：成本法中之成本可分為復原成本和重置成本，復原成本係指重置資產的複製品所需支付的貨幣金額；重置成本係指創造與該資產同功效的資產，並依據現有市場條件所需支付的貨幣金額。其概念基礎係為潛在投資者或購買者所願意支付價格不會超過目前建構該項資產所需耗費的成本。成本法的實施須以該資產處於（或假設）可被持續使用的狀態，並具備可用的歷史成本資料。

（二）市場法：市場法係指透過市場上相同或類似的資產交易歷史價格，經過比較及分析來推算資產價格的方法，其係經由一種替代原則，採用類比的概念來評估資產。在交易市場上的購買者或投資者對於相同或類似功能的標的，基本上不會支付高於市場行情的價格。應用市場的交易結論作為依據，說服力也較高。其應用需要有一活絡的市場、有可比較的資產數據。

（三）收益法：收益法的資產價值係為其未來預期效益可轉換的貨幣金額，資產的價值與其可產出的獲利有密切的連帶關係。一般而言，收益法下的資產價格不會超過預期收益的折現值，其基礎在於購買者或投資者必須在預期的報酬會超過資產價值時，才會願意購買或投資該資產。實施此方法所需條件為其未來收益及收益年限是可被預測的，且可用貨幣衡量未來收益及風險。

除上述方式，針對鑑定營業秘密等無形資產部分，仍須按其特性加以分別適用或混合搭配不同方法以估算其價值，現今國內智慧財產權之鑑定，與一般有形資產鑑定最大的差別，在於前者除了依據事實或物證之分析外，還需帶有大量的文字分析；現今智慧財產鑑定之理論與原則，仍存在許多不完全被一致性認定之處，如專利可均等範圍、先前技術之影響、著作權創意性之認定、著作權思想與表達之區分、商標近似程度等，因此，智慧財產權之鑑價，除須

---

[12] 財團法人臺灣經濟科技發展研究院，鑑價方法，http://www.tedr.org.tw/page/about/index.aspx?kind=59（最後瀏覽日：2018 年 12 月 16 日）。

有執行單位之專業資格與公信外，專業分析的內容將日趨成為重要影響因素[13]。

二、加強保密契約制度

營業秘密於鑑價過程時，將無可避免地揭露訊息，因此現行營業秘密法第 8 條之規定，無非是因為營業秘密之構成保護要件中，不論採何種理論，絕對包括了「秘密性」。依營業秘密法第 2 條規定：「本法所稱營業秘密，係指方法、技術、製程、配方、程式、設計或其他可用於生產、銷售或經營之資訊，而符合左列要件者：一、非一般涉及該類資訊之人所知者。二、因其秘密性而具有實際或潛在之經濟價值者。三、所有人已採取合理之保密措施者。」所以「秘密性」乃是該資訊客體之所以能成為營業秘密的基本核心，故營業秘密一旦喪失「秘密性」，就會永遠的喪失該權利，亦是其與其他智慧財產權不同之處。雖然「秘密性」對於營業秘密來說屬必不可少之關鍵要素，但是在營業秘密設定質權的過程，是否真如立法者所顧慮將喪失營業秘密之「秘密性」，本文認為尚有討論空間，更進一步言，設定質權不必然導致「秘密性」之喪失，故兩者不應混為一談。

營業秘密係以方法、技術、製程、配方、程式、設計或其他可用於生產、銷售或經營之資訊呈現，營業秘密所有人可將營業秘密讓與他人，使他人取得營業秘密之所有。此時，營業秘密所有人與他人間須訂有保密協定，使原所有人負有保密義務不可外洩，一旦外洩即有營業秘密法規定之罰則，或依侵權行為之相關賠償請求權問題適用，使得營業秘密的「秘密性」可以維持。營業秘密讓與之法律行為，既可透過前揭方式維持「秘密性」，反觀營業秘密設質，亦應可按此要領解決立法者之疑慮。

---

[13] 財團法人臺灣經濟科技發展研究院，智權鑑定優勢，http://www.tedr.org.tw/page/about/index.aspx?kind=39（最後瀏覽日：2019 年 3 月 12 日）。

　　又營業秘密法第 10 條第 1 項第 4 款規定：「因法律行爲取得營業秘密，而以不正當方法使用或洩漏者，爲侵害營業秘密。」本款係規範基於類如僱傭、委任等雙方法律行爲或單方法律行爲，代理權之授與之營業秘密侵害情形。本款之特徵在於受僱人、受任人、代理人或交易相對人取得僱用人、委任人、本人或他方之營業秘密，往往係因該等關係而依正當之法律行爲「取得」，故當營業秘密所有人、質權人、鑑價機構在彼此間所訂立之私法契約中再簽定相關保密契約予以保護，將使當事人均負有保密義務，如違反該保密契約即構成侵害其營業秘密，營業秘密所有人即可依據營業秘密法第 11 條至第 13 條規定請求排除、防止或損害賠償以防免營業秘密於鑑價或設質程序中洩密之問題。

　　由於智慧財產權領域具有「無體性」、「不確定性」及「公共性」，加上並非傳統之財產權，而係近百年來伴隨人類文明成長而發展出的新興權利，尤其對我國而言，更係完全屬外來移植之權利，並無深厚之文化淵源及根基，人民對智慧財產權概念過於虛無，更不甚明瞭與排擠，所以傳統以來談到智慧財產權之議題，均著重在如何防止侵權之「防弊」部分，少有眞正將智慧財產權視爲「資產」之有關「興利」議題之討論，以致智慧財產權之資產概念建立步伐緩慢。我國專利、商標制度、著作權法制逐漸發展，亦在多年的國際貿易談判中產生，幸近十餘年來國內產業結構成功轉型，我國高科技業者在國際舞台上屢創佳績，是以智慧財產權逐漸爲政府當局及學術界、民間企業各領域人士所重視。有關專利、商標、著作權法等設質問題已有部分之探討，惟我國營業秘密法雖然在 1996 年即通過實施，然營業秘密法第 8 條明文禁止營業秘密設定質權，從而國內文獻甚少探討此設質議題之可行性，故此領域仍屬沙漠區域。

　　一旦營業秘密解決設質問題並有完整專業之鑑價機構佐以保密措施，將可爲金融機構增加融資之擔保標的種類，本文認爲此將使營業秘密逐漸由「防止侵權」等「防弊」議題，轉向如何成爲「智

慧資產」，甚至「智慧資本」等「興利」議題。如此將可讓營業秘密更具融通價值，與變動更迅速、競爭更激烈、發展更國際化之「金融體系」接軌。

參、營業秘密於強制執行之適用

一、前言

智慧財產權，在現今企業產業鏈當中扮演重要角色，不僅具有經濟價值，更甚而成為維持企業生存之命脈，係極重要之資產，為智慧財產權範疇之營業秘密亦是不乏此特性。雖目前我國營業秘密法第8條明文禁止營業秘密成為執行標的，禁止原因乃因立法者認為強制程序過程會將營業秘密之「秘密性」特質揭露而喪失秘密效果。然營業秘密法進入強制執行程序是否真如此步上立法者之疑慮，本章將從執行程序過程中探討，能否將營業秘密導入強制執行程序，且應如何妥適處理其秘密性，讓營業秘密之無形資產可成為強制執行標的之可能，讓債權人聲請對債務人財產強制執行時呈現更多樣性以兼顧雙方權益。

二、強制執行之意義

所謂強制執行，一般係指債權人依據執行名義向國家執行機關聲請，使用強制力執行債務人之財產，履行其應盡之義務，以實現或確保債權人債權之民事程序。法治國原則上禁止私力救濟，亦即民主法治國家不鼓勵個人私權受侵害時，採用自力救濟的方法。所以對人民的私權保障，僅能透過國家提供之私權保障程序，其可分為兩步驟，第一是確定私權的程序，即所謂民事訴訟程序，僅在於確定私權存否；另一即是實現私權的程序，即是強制執行。因為雖然取得勝訴，但義務人如不履行義務時，債權人私權侵害的狀態仍然存在，必須藉由強制執行程序去強制義務人履行，私權訴訟才

有意義 [14]，換言之，使獲有勝訴確定給付判決之當事人或其他依法取得執行名義之人，依終局執行實現其私權或依保全執行確保其私權，為強制執行之真諦。

強制執行之體現，乃國家機關即地方法院之民事執行處（或稱執行法院），基於執行名義，運用國家之強制力，使債務人履行其義務以實現債權人之私權內容之行為。此種國家強制力之適用，即強制執行行為，實施此種強制行為之機關，即執行法院。而規範此種強制執行之制度及作用關係者，包括執行名義、程序、方法，及各種財產、行為不行為、保全等執行事項，即是強制執行法。故我國強制執行法第 1 條開宗明義規定：「民事強制執行事務，於地方法院及其分院設民事執行處辦理之（第 1 項）。強制執行應依公平合理之原則，兼顧債權人、債務人及其他利害關係人權益，以適當之方法為之，不得逾達成執行目的之必要限度（第 2 項）。」

另有所謂行政執行，於行政法領域，行政機關經常賦予人民必須履行一定公法上之義務，如稅款、罰單、費用等，這些義務必須透過行政處分加以體現。當人民必須遵守卻違反或不遵守行政處分不履行義務時，行政機關為展現貫徹其意志，依循自身法律程序，不需透過法院，以強制力使人民履行公法上之義務。故行政執行法第 2 條規定：「本法所稱行政執行，指公法上金錢給付義務、行為或不行為義務之強制執行及即時強制。」故行政執行法包含「公法上金錢給付義務」、「行為或不行為義務之強制執行」及「即時強制」。又因當中程序與強制執行程序並無違背可引以適用，另分別於行政執行法第 26 條規定：「關於本章之執行，除本法另有規定外，準用強制執行法之規定。」行政執行法第 35 條規定：「強制執行法第三章、第四章之規定於本章準用之。」準用強制執行法之相關規定，因此行政執行法在執行過程中，除本法規定

---

[14] 楊與齡，強制執行法論，三民書局出版，2005 年 9 月，頁 3。

外,因涉準用規定,常使行政執行法有強制執行法之身影存在。

在各國強制執行法之立法原則不同之下,我國採用主要之立法主義如下:

(一)強制執行之發動,採當事人進行主義

關於強制執行之開始,有下列三種主義[15]:

1. 須由債權人之聲請始得為開始之當事人進行主義。

2. 無須債權人聲請,由執行機關依職權進行之職權進行主義。

3. 以債權人之聲請為原則,執行機關依職權開始為例外之折衷主義。

私權,依處分權主義,原則上得由權利人處分之。債權人取得執行名義後,願否實施執行,自應尊重其意思,即當事人進行主義。但程序開始後,如何進行以實現債權人之債權,涉及國家公權力之運用,仍應由執行機關依職權為之。如債權人於強制執行過程中,願撤回執行者,則應尊重其意思,並終結執行程序[16]。又此處所謂當事人係指有執行名義之債權人而言,因有執行名義之債權人始有發動強制執行之權利,無執行名義之債權人應當不屬之[17]。

(二)當事人地位,採當事人不平等主義[18]

以當事人之地位為準,有下列兩種主義:

1. 當事人平等主義

意謂在執行程序上,債權人與債務人之權利義務相同,不設差別,又稱當事人同視主義或同等主義。

---

[15] 陳計男,強制執行法釋論,元照出版,2002 年 8 月,頁 24。

[16] 楊與齡,同註 14,頁 24。

[17] 盧江陽,強制執行法實務,長海出版社,2004 年 9 月,頁 13。

[18] 楊與齡,同註 14,頁 23。

2.當事人不平等主義

當事人雙方權利義務，設有差別，亦稱當事人異視主義或不同等主義。

國內民事訴訟程序之架構，係為使兩造當事人各盡攻擊防禦之能事，以期裁判之公平，雙方當事人之權利義務應相同，故採當事人平等主義。惟於強制執行領域中，當事人之權利義務均已確定，且為迅速實現債權人之權利，自應偏重保護債權人利益角度，不宜讓債務人與債權人處於同等之地位，故強制執行程序採當事人不平等主義。

（三）強制執行之進行，採干涉主義 [19]

強制執行之進行主要採干涉主義。如強制執行法第 9 條規定，一旦債權人合法聲請強制執行，執行機關即依職權開始進行，毋庸傳訊當事人；強制執行法第 18 條第 1 項規定，有關執行程序開始後，除有法定原因，不停止執行；強制執行法第 19 條、第 20 條規定得依職權調查債務人之財產；強制執行法第 22 條規定，依職權命債務人供擔保或限制住居；以及查封、拍賣債務人財產之執行程序，分配執行金額於債權人等，均依職權為之。

（四）債權價金之分配，採團體優先主義 [20]

我國民法採取債權平等原則，即債務人係以總財產為債權人之共同擔保。當債務人之財產為執行法院查封時，如變價所得金額，不足清償全部債權人之債權額時，債權人間應如何分配，於立法上有三種主義：

1.優先清償主義（質權主義）

無法定優先權（例如抵押權、質權等）之債權人有數人，而債

---

[19] 陳計男，同註 15，頁 25。

[20] 陳計男，同註 15，頁 24-25。

務人財產不足清償債權時，對債務人之財產先聲請查封（包括保全
程序）者，享有優先受償之權利。德國採之。

2. 平等清償主義（分配主義）

對於債務人之財產執行所得金額，無法定優先權之他債權人於
程序終結前參與分配者，按各債權人債權額數比例平均受償。法
國、日本採之。

3. 團體優先主義（折衷主義）

當債務人財產不足清償債權時，無法定優先權之債權人聲請執
行者與在一定期限內參與分配之債權人，成為一團體，得依債權比
例平均受償，並對該期限以後參與分配之債權人有優先受償權。瑞
士、1975 年我國強制執行法修正時採之。

（五）同一標的物不再查封主義[21]

債務人所有之財產經查封後，他債權人仍否對同一查封物再聲
請查封，可分為：

1. 再查封主義

對於開始強制執行已查封之債務人財產，他債權人得再為查
封。

2. 不再查封主義

對於已開始實施強制執行之債務人財產，他債權人不得再聲請
強制執行，即採同一標的物不得重複查封之原則。

我國強制執行法第 33 條規定：「對於已開始實施強制執行之
債務人財產，他債權人再聲請強制執行者，已實施執行行為之效
力，於為聲請時及於該他債權人，應合併其執行程序，並依前二條
之規定辦理。」即採不再查封主義。

---

[21] 陳計男，同註 15，頁 26。

（六）承受主義、塗銷主義、賸餘主義 [22]

於執行標的物拍賣時，存於標的物上之負擔應如何處理，立法例有三種：

1.承受主義

指執行標的物上若有用益物權、擔保物權或優先受償權等負擔時，其權利不因拍賣而消滅，由拍定人承受其負擔。

2.塗銷主義

又稱負擔消滅主義，指執行標的物上若有用益物權、擔保物權或優先受償權等負擔時，其權利因拍賣而消滅，拍定人不承受其負擔。

3.賸餘主義

指執行標的物由後順位之優先債權人或無優先權之普通債權人聲請拍賣時，須賣得之價金於清償優先債權及強制執行費用後，尚有賸餘時，始得進行拍賣。

以上三種主義，我國強制執行法於 1996 年修正時為求迅速拍賣及賣得較高價金、兼顧當事人間之利益，維持拍定所形成之法安定性及司法威信，對執行標的物之負擔為擔保物權及優先受償權者，原則上採賸餘主義限制下之塗銷主義 [23]。至其負擔為用益物權者，則仍依物權優先原則，原則上維持承受主義 [24]。

三、強制執行之標的

強制執行之標的，指債務人所有之物或權利，得用以實現債權人之債權者而言。當債權人為實現自身債權聲請對債務人強制執行之際，債務人可供執行之對象，可能係其所有之物或權利，此種得

---

[22] 楊與齡，同註 14，頁 26-28。

[23] 請參照強制執行法第 50 條之 1、第 80 條之 1、第 98 條第 3 項。

[24] 請參照強制執行法第 98 條第 2 項。

為執行對象之物或權利，又稱責任財產。既稱為責任財產，責任財產屬債務人財產中，得為強制執行之總財產。廣義之責任財產，包括在物之交付之強制執行中，執行法院應取交或解除債務人占有，使回歸債權人占有之特定物。狹義之責任財產，則係專指金錢債權之強制執行程序中，經執行法院得為查封、變價以滿足債權人金錢債權之債務人財產，亦統稱為強制執行之客體。

強制執行依其標的可分為財產執行及人身執行，財產執行乃以債務人所有之物或有財產價值之權利為標的，如動產、不動產、其他財產權等；人身執行乃以人之身體或債務人之自由權為執行之標的[25]。人為權利之主體，在以尊重個人人格為基本原則之現代法律架構下，不能同時成為權利之客體，故債權人為實現其債權，原則上僅得對債務人為財產執行，不得以人身執行如身體、自由等作為強制執行之標的物。

財產執行之標的，即凡屬義務人具有金錢價值之物或權利等財產，債權人原則均得任意聲請強制執行，惟法律為保障基本人權，須維持債務人最低生活之限度，另規定禁止讓與或扣押之財產及依權利之性質不得讓與者，亦例外不屬於責任財產範圍而非強制執行標的，分別說明如下[26]：

（一）因法律規定禁止讓與或扣押之財產者

1. 實體法上規定者，如民法第 294 條禁止扣押之債權、著作權法第 20 條未公開發表之著作原件及其著作財產權，除作為買賣標的或經本人允諾者外，不得作為強制執行之標的等。

2. 程序法上規定者，如強制執行法第 52 條、第 53 條所定之物、第 122 條所定之債權等。

---

[25] 陳計男，同註 15，頁 59。

[26] 陳計男，同註 15，頁 60-64。

（二）依權利之性質不得讓與者

1. 不融通物，即法律上不得變價成為金錢者，不得為交易標的，而成為強制執行客體，如毒品、查禁之猥褻書刊等。

2. 非獨立以財產上利益為內容之權利，如撤銷權或解除權。

3. 一身專屬權，乃專屬於權利人本身之權利，不得移轉於他人。此種權利，縱使具有財產上價值，亦不能讓與或由第三人收取，自非屬執行之標的。可分為享有專屬權如民法第 729 條終身定期金；行使專屬權如民法第 195 條、第 977 條、第 979 條、第 999 條等非財產上損害賠償請求權等，然行使專屬權在權利人未決定行使以前，不得讓與或繼承，固不可成為執行標的，惟一經行使該權利後，即與普通財產相同，得移轉於他人，自得為執行之標的。

（三）須經第三人同意始得讓與其權利

此種權利，在未經第三人同意前，不得為執行之標的。如國民住宅條例第 12 條國民住宅之處分、民法第 421 條租賃權、民法第 467 條使用借貸權、民法第 683 條合夥股份、民法第 688 條合夥財產、民法第 828 條公同共有物、合作社法第 20 條合作社社員之社股、公司法第 111 條有限公司股東之出資等。

（四）經刑事程序或行政處分扣押之債務人財產

此種財產可否為執行標的，須視扣押之目的而定，如係因得沒收或沒入者，原則上不得以之為執行標的[27]。如係供證據之用而扣押，或因行政處分暫時扣押、扣留者，在發還或撤銷處分前雖不得

---

[27] 請參照司法院 24 年院字第 1238 號解釋：行政機關本其行政權之作用標封人民之財產，與法院依當事人之聲請對於債務人之財產實施假扣押，係屬兩事。若法院將行政機關已標封之財產實施假扣押，自係就行政機關標封目的以外之財產（即標封目的所餘剩之財產）實施假扣押，將來就此假扣押之財產而為分配，縱有多數債權人，亦僅得就其所扣押之範圍分配。

為執行標的,但在發還或行政處分撤銷後,則得為執行之標的[28]。

故上述對於債務人之財產執行乃為強制執行程序中之核心原則,僅係在法律另有考量下或權利性質本身使然,例外排除。人身執行部分,乃因基本人權為法律所保障,固原則不得以人身執行為標的。惟我國強制執行法中仍有例外允許之情形,如人之身體部分,強制執行法第128條第3項規定有關執行名義係命債務人交出子女或被誘人者,法院得用直接強制方法,將該子女或被誘人取交債權人;人之自由部分,強制執行法為達執行目的,促使債務人履行債務之間接強制,其方法係以拘提、管收、處怠金或限制住居等,則例外允許以人之自由權為執行標的[29]。

四、與營業秘密相關之強制執行程序

我國智慧財產權領域在強制執行部分,現階段並無專法適用,只能回歸我國強制執行法探尋適用之足跡。當執行法院執行債務人之財產,只要屬於債務人之責任財產,均得成為執行標的,得為查封、扣押、換價以滿足債權人金錢債權。

強制執行法可區分為關於金錢請求權之執行與非關於金錢請求權之執行。有關金錢請求權之執行部分規定在本法第二章,內部又分為對於動產、不動產、船舶及航空器、其他財產權及公法人財產等之執行;另外非關於金錢請求權之執行包含物之交付請求權規定在本法第三章、關於行為及不行為請求權之執行規定在本法第四章。

---

[28] 請參照司法院37年院解字第3948號解釋:漢奸嫌疑犯之財產,在查封發還前,其普通債權人不得以受有勝訴之確定判決聲請就其財產抵償。請參照司法院37年院解字第3980號解釋:已查封尚未判決沒收之漢奸財產,該漢奸在查封前之普通債務,雖經判決確定,暫難遽就已查封之財產予以執行。

[29] 請參照強制執行法第21條至第26條為拘提、管收、限制住居規定,第128條第1項、第129條第1項為處怠金規定。

　　本文探討之營業秘密，在民法概念係屬於無體財產權範疇，如同著作權、專利權、商標權等，而在強制執行法之概念下則傾向以其他財產權種類探究，而適用對於其他財產權執行之程序，亦是目前實務上針對智慧財產權於強制執行上所採取方式。

　　營業秘密雖因現行營業秘密法明文規定禁止成為強制執行之標的，惟從有關著作權、專利權、商標權等相似之智慧財產權於實務執行上觀之，營業秘密仍有成為強制執行標的之可能。故本節試以淺談強制執行法中有關其他財產權之執行程序，並佐以智慧財產權如著作權、專利權、商標權於實務上之執行探討，強化營業秘密實可成為強制執行之標的論點。

（一）關於其他財產權之強制執行程序

　　強制執行法所謂「對於其他財產權之執行」係指執行機關為實現債權人之金錢債權，而對於債務人之動產及不動產以外之財產權所為之強制執行而言。因現代工商業高度經濟活動之結果，產生多種類交易，衍生不同之債權債務關係，物權已非人類最重要及最普遍之財產權，另有金錢債權日益重要，例如存款、租金、薪資或俸給請求權[30]等。且因現代科學技術之發展，人類智慧所創造出之產品，不斷產生並於近幾年受法律之保障，而可成為交易之標的，例如營業秘密、著作權、專利權、商標權等無體財產權，其價值均不遜於動產、不動產或船舶及航空器。此類具有財產價值而可讓與之權利日漸繁多，價值所鉅甚為企業之根本，故該法將債務人所有動產、不動產、船舶及航空器以外之一切財產，統稱之為「其他財產

---

[30] 請參照原最高法院 55 年台上字第 281 號民事判例：強制執行法第 115 條所稱金錢債權，並不以民法上發生之債權為限，即公法關係所生之請求權，如公務員之俸給請求權等，亦包括布內。議會議員按月領取之研究費，在法律上既無設有如公務員退休法第 14 條，及公務員撫卹法第 16 條（舊）不得扣押或讓與之規定，自非不得以之為強制執行標的。

權」，與前三者互作區別[31]。

強制執行法對於其他財產權得為執行之標的者，可分為三大類：

1.債務人對於第三人之金錢債權：第 115 條、第 115 條之 1、第 115 條之 2。

2.債務人對於物之交付或移轉請求權：第 116 條、第 116 條之1。

3.債務人所有動產、不動產及上述兩種權利以外之其他財產權：第 117 條。

而在此第三類強制執行法第 117 條規定：「對於前三節及第一百十五條至前條所定以外之財產權執行時，準用第一百十五條至前條之規定，執行法院並得酌量情形，命令讓與或管理，而以讓與價金或管理之收益清償債權人。」即所謂對於債務人所有動產、不動產、金錢債權及基於債權或物權得請求第三人交付或移轉動產、不動產權利或設定不動產物權以外之獨立財產價值財產權之執行程序。

有關專利、商標、著作權等無體財產權、有限公司股東之出資額、當鋪業之營業權[32]等，均屬強制執行法第 117 條之範疇，未來一旦營業秘密解除禁令成為可供強制執行之標的時，亦可依循適用之方向。

是故，依強制執行法第 117 條執行此種財產權時，除按其性質準用一般對其他財產權之執行方式外，執行法院並得酌量情形，命令讓與或管理，而以讓與價金或管理之收益清償債權人。

---

[31] 楊與齡，同註 14，頁 558。

[32] 請參照最高法院 95 年度台上字第 950 號民事判決：債務人所有之動產、不動產、金錢債權或債務人基於債權或物權，得請求第三人交付或移轉動產、不動產、船舶、航空器之權利，凡具有獨立財產價值，可為讓與之對象者，即均得為強制執行之標的。當鋪營業權既有人願意出價購買，而具有財產價值，且其出資人名義復可因轉讓而變更，自得為強制執行之標的。

（二）扣押程序

　　有關其他財產權執行程序發動，係核發扣押命令禁止債務人收取或為其他處分，並禁止第三人向債務人清償（強制執行法第 115 條第 1 項、第 115 條之 1）。扣押命令，其效力等同於動產、不動產執行當中之查封程序，具有保全債務人責任財產之性質，亦是後續「收取命令」、「移轉命令」、「支付轉給命令」等換價程序之前置先行命令[33]，目的係在禁止債務人就其其他財產權為相當之處分。例如債權人向執行法院聲請執行債務人於銀行之存款或任職公司之薪資，即對第三人之金錢債權時，執行法院應向銀行或公司核發扣押命令禁止債務人收取或為其他處分，並禁止第三人向債務人清償，此時債務人無法向銀行與公司領取存款與薪資，反之，銀行與公司亦不得將存款與薪資給付債務人。

　　故扣押命令核發，係禁止債務人處分該財產權，如有第三人時，並應禁止債務人行使權利或禁止第三人向債務人清償，並將扣押命令送達於第三人、債務人或登記機關且應通知債權人。而此扣押命令，送達於第三人時發生效力，無第三人者，送達於債務人時發生效力。但送達前已為扣押登記者，於登記時發生效力（強制執行法第 118 條）[34]。例如，執行法院執行債務人於銀行之存款與任職公司之薪資，當扣押命令送達銀行或公司時，即發生扣押效力。若權利是無第三債務人之情形或屬應有專責登記機關者，則扣押命令應向債務人送達或通知專責登記機關辦理查封登記，例如商標權、著作權、專利權等無體財產權，執行法院應將扣押命令對債務人送達，因商標權及專利權屬應登記之無體財產權，故應另通知主管單位即經濟部智慧財產局辦理查封登記註記以完成扣押效力（強制執行法第 117 條準用第 115 條）。

---

[33] 盧江陽，同註 17，頁 330。

[34] 司法院民事廳，法院辦理民事執行實務參考手冊（編修版），2007 年 6 月 8 日印行，臺灣士林地方法院民事執行處，2015 年 8 月編修，頁 348。

營業秘密扣押亦是如此，對於債務人持有具經濟價值之營業秘密如方法、技術、製程、配方、程式、設計或其他可用於生產、銷售或經營之資訊，債權人可向執行法院聲請執行該項營業秘密，由執行法院依強制執行法第 117 條準用第 115 條對債務人核發扣押命令，禁止債務人處分轉讓該營業秘密。又現行營業秘密法中並無登記制度，故扣押時無須如商標權及專利權般另行通知主管單位辦理登記註記，惟現階段營業秘密上不得成為執行標的，一但未來允許，是否將帶入公示登記制度仍有討論餘地。

（三）換價程序

其他財產權之換價程序一般有核發收取命令、支付轉給命令、移轉命令與準用動產執行規定拍賣或變賣（強制執行法第 115條）以及命令讓與或管理（強制執行法第 117 條）之方式，執行法院原則以前三項換價命令為主，如果財產權性質無法以換價命令換價時，才準用動產執行之拍賣或變賣以及命令讓與或管理之方式。

1. 換價命令

強制執行法換價命令共分為：

(1) 收取命令（強制執行法第 115 條第 2 項前段）：是指執行法院以命令授予債權人直接向第三人收取已經扣押之金錢以為清償，但限於債務人只有一個債權人時使用，例如執行法院就債務人已於銀行或任職公司扣押之存款或薪資，於詢問債權人意見後經裁量符合核發收取命令之要件，而依法核發收取命令許債權人向銀行或任職公司收取扣押之存款或薪資。

(2) 支付轉給命令（強制執行法第 115 條第 2 項後段）：支付轉給命令係指執行法院以命令命第三人將本應對債務人之給付，向執行法院支付，再由執行法院轉給債權人之命令。實務上以有多數債權人時，則應發「支付轉給命令」，因為有多數債權人時，執行法院必須作成分配表分配，故執行法院須命第三人將扣押金錢支付給法院，再由法院製作分配表將價金分配給各債權人，又或債務人

對第三人之債權附有期限、條件時，執行法院須命第三人將扣押金錢支付給法院，俟期限、條件成就後，再轉給債權人。

(3) 移轉命令（強制執行法第 115 條之 1）：移轉命令係指執行法院以命令將扣押的對第三人之金錢債權，移轉給債權人，代替金錢支付。例如任職公司即第三人未給付予債務人的薪資或其他繼續性給付之債權，一旦第三人收受該項移轉命令，第三人未來必須將債務人的薪資直接支付給債權人。前述收取命令與移轉命令最大區別乃前者債權人僅取得以自己名義向第三人收取金錢債權之收取權，債務人僅喪失其收取權，而未喪失其債權；後者債務人對於第三人之金錢債權已移轉於債權人，債務人即喪失其債權。

上述換價命令應如何選擇與改發，依強制執行法第 115 條第 2 項規定：「前項情形，執行法院得詢問債權人意見，以命令許債權人收取，或將該債權移轉於債權人。如認為適當時，得命第三人向執行法院支付轉給債權人。」又辦理強制執行事應行注意事項第 62 點第 2 項規定：「本法第一百十五條第二項規定之收取、移轉或支付轉給命令，以發何種命令對債權人最為有利，宜詢問債權人之意見。」充分顯示強制執行在採當事人進行原則下，執行法院須斟酌債權人意見，故實務認為在性質許可範圍內，有時可先後頒發二種命令。例如：先發收取命令後，得改發移轉命令。但已發移轉命令後，卻不得再改發其他命令，乃債務人對於第三人之金錢債權已因移轉命令性質移轉於債權人，債務人即喪失其債權[35]。然而，第 115 條之 1 第 2 項核發移轉命令設有換價程序之特別規定，即債務人對於第三人之薪資或其他繼續性給付之債權所發之移轉命令，則仍待改發其他命令[36]。

---

[35] 請參照原最高法院 63 年台上字第 1966 號民事判例。

[36] 請參照最高法院 99 年度台抗字第 163 號民事裁定：執行法院依強制執行法第 115 條第 1 項核發扣押命令後，固得視其情形，分別依同條第 2 項核發收取命令、支付轉給命令或移轉命令，惟關於薪資或其他繼續性給付之債

　　以上三種換價命令，通常係存在於債務人對於第三人之金錢債權始有適用餘地，然而，我國營業秘密或其他無體財產權經扣押後能否以此三種換價命令進行換價？營業秘密或其他無體財產權究其本質本既不存在於物體之上，亦非屬第三債務人之權利，故三種換價命令在此類財產權方面應不宜適用。

2.準用動產執行之規定拍賣、變賣

　　強制執行法第 115 條第 3 項規定：「金錢債權因附條件、期限、對待給付或其他事由，致難依前項之規定辦理者，執行法院得依聲請，準用對於動產執行之規定拍賣或變賣之。」所謂「致難依前項之規定辦理」乃當債務人之其他財產權經執行法院核發扣押命令扣押後無法以「收取命令」、「支付轉給命令」、「移轉命令」等方式換價之情事，則準用動產執行之規定拍賣或變賣。所謂動產之執行，乃係於查封債務人所有之動產後，須進行換價程序，使查封之動產金錢化，將查封物換為金錢以滿足債權人金錢債權為目的。此種換價處分，為執行法院基於查封所取得之處分，乃查封後之執行程序。而動產之換價方式於強制執行法規定有拍賣與變賣兩種[37]，目前將動產之執行規定於第二章關於金錢請求權之執行對於動產執行乙節。

　　動產之拍賣，依強制執行法第 60 條前段規定：「查封物應公開拍賣之。」拍賣係指將查封之動產以公開拍賣之方式，於拍賣期日當天，使有意願之應買者以口頭公開競爭喊價，以出價最高之人為拍定人之換價方法，以賣得價金清償債權之執行行為而言。

權，第 115 條之 1 第 2 項設有核發移轉命令換價程序之特別規定，即債務人喪失其權利或第三人喪失支付能力時，債權人債權未受清償部分，移轉命令失其效力，得聲請繼續執行並免徵執行費，以確保債權人之權益。該條所謂繼續性給付之債權，指以特定之法律關係為基礎，將來確實繼續發生之債權。此種繼續性給付之債權，雖不必為一定之金額、日期，但必須具有某程度之週期性與規則性，始足當之。

[37] 請參照強制執行法第 45 條。

動產之變賣，則規定於同法第 60 條後段，具特別情形則不經公開拍賣，不經公開競價之方式，由執行人員以相當之價格，逕自出賣[38]。故動產換價程序原則以拍賣為主要執行程序，僅於法律有特別規定之情形，始以變賣實施換價。

拍賣動產，由執行法官命書記官督同執達員於執行法院或動產所在地行之[39]，強制執行法上之拍賣應解釋為買賣之一種，實務上採行拍賣私法說[40]。動產拍賣程序重要特徵首要乃當查封之動產為貴重物品而其價格不易確定者，執行法院應命鑑定人鑑定[41]。查封物是否續進行鑑價，執行法院依案件具體評估，如一般汽車、大型機械、上市股票等，而鑑價機構則以物品之組織公會較具公平及專業，如汽車則可委託當地汽車公會。鑑價時所需費用則由債權人預納，但可列為執行費用優先受償[42]。即所謂動產鑑價程序乃當執行法院於拍賣動產時，若以預定底價方式進行拍賣時，必須先了解查封物之價格或市場上行情，此時則須有相關價格資料可供參考酌定查封物底價，故有請鑑定人鑑定其價格之必要；若以無預定底價方式進行拍賣時，於拍賣中亦須了解應買人所出最高價是否顯不相當，以決定應買人是否得標。故拍賣前執行法院須先了解查封物之價格，一旦執行法院認為查封物有鑑定價格之必要時，均得選任鑑定人進行鑑價。因此有關貴重物品且其價格不易確定者，強制執行法更強制規定應命鑑定人鑑定之，本意在此。

其次，動產拍賣須先期公告即指定拍賣期日並公告周知，拍賣

---

[38] 沈建興，強制執行法逐條釋義（下），元照出版，2014 年 11 月，頁 19。

[39] 請參照強制執行法第 61 條第 1 項。

[40] 請參照原最高法院 49 年台抗字第 83 號民事判例：強制執行法上之拍賣，應解釋為買賣之一種，即指拍定人為買受人，而以拍賣機關代替債務人立於出賣人之地位……。

[41] 請參照強制執行法第 62 條。

[42] 盧江陽，同註 17，頁 114。

公告內容亦有相關規定[43]，執行法院拍賣動產，為達公開、公平、公正之目的，必須揭示拍賣公告，而拍賣公告之內容於法條所規定列舉之事項，為必須記載之事項，而記載必須明確詳實，乃係強制執行法第 69 條規定拍買物買受人就物之瑕疵無擔保請求權，對買受人已較不利，且買受人在買受前並無完整且適當之機會查證拍賣標的物之資訊，因此拍賣公告之內容須詳實填載，以保障拍定人之權益。而拍賣公告揭示之方法，依強制執行法第 65 條規定：「拍賣公告，應揭示於執行法院及動產所在地之鄉鎮市（區）公所或拍賣場所，如認為必要或因債權人或債務人之聲請，並得公告於法院網站；法院認為必要時，得命登載於公報或新聞紙。」公開拍賣即須揭示拍賣公告，係為讓多數人知悉後，可以參與競標，以保護債權人與債務人之利益，原舊法時期本無將公告於法院網站納入，惟實務運作均有上網公告之習慣，此法條於 2018 年 5 月修正增列以法院網站之電子公告取代刊登新聞紙以因應電子時代資訊充分流動及呼應以拍賣公告充分揭示功能增加標的物應買機會。

　　所謂變賣，係指經查封之動產，不透過公開出價或競價之拍賣程序，而以相當價額換價賣出之執行程序。動產之拍賣，因係由應買人於公開場所競為出價，理論上，可以較高之價額將動產拍出，但因拍賣程序需耗費一定時序，程序較為嚴謹，有時對於特殊之物品，例如不易保管或易腐壞或有減少價值之查封物而言，經拍賣程序未必有利於債權人或債務人，故強制執行法另設有變賣之規定，在符合一定要件下，動產可不經拍賣程序改以變價為之，而其要件按強制執行法第 60 條後段規定如有：

---

[43] 請參照強制執行法第 64 條：「拍賣動產，應由執行法院先期公告（第 1項）。前項公告，應載明左列事項：一、拍賣物之種類、數量、品質及其他應記明之事項。二、拍賣之原因、日時及場所。三、閱覽拍賣物及查封筆錄之處所及日時。四、定有拍賣價金之交付期限者，其期限。五、定有應買之資格或條件者，其資格或條件。六、定有保證金者，其金額（第 2項）。」

　　(1) 債權人及債務人聲請或對於查封物之價格為協議者：拍賣程序須使債權人及債務人支出相當費用與時間，如當事人對於查封物之價額已經有協議，表示雙方權益已達某種程序妥協，當事人向執行法院聲請動產變賣程序時，執行法院本於尊重當事人意願後，進行變賣程序。

　　(2) 查封物有易於腐壞之性質者：易於腐壞之查封物如肉類、果菜等不易保存之物，執行法院應依職權迅速變賣，以避免當事人因拍賣程序久宕而權益蒙受損害。

　　(3) 有減少價值之虞者：具有季節性或流行性之物品，如未及時賣出，未來價值將顯著減低之物，如有時節性之飾品、禮品。

　　(4) 為金銀物品或有市價之物品者：金銀物品係指以金、銀製造之貴重金屬物品而言，例如金、銀項鍊戒指等，該物品有公開之交易價額可供參考，其具有公平性，故得以變賣方式為之。有市價之物品如上市櫃之有價證券，亦有市場上之成交價格，可委託證券經銷商變賣[44]。

　　(5) 保管困難或需費過鉅者：查封物品保管困難，例如查封物品體積過大、需冷凍或冷藏、具有揮發性或危險性之物品，此類物品所需保管場所難尋，且保管之相關費用過鉅，為減少當事人之損害，執行法院應以變賣方式為之。

　　如符合以上法律要件，執行法院得不經拍賣程序，將查封物變賣之。變賣與拍賣不同，變賣不須先行拍賣公告，不須應買人公開競價，亦無拍賣場所之限制，是為動產變價之例外方法。

　　綜上所述，對於其他財產權之執行，總括有以換價命令辦理、有以準用動產執行之規定拍賣、變賣等多種換價方式，因其他財產權種類如前所述，囊括種類眾多，本應依循其性質尋求最適當之換價程序處理，不可不慎。

---

[44] 參照辦理強制執行事件應行注意事項第 34 點第 3 項。

肆、營業秘密法禁止供強制執行之突破

營業秘密，係唯一智慧財產權領域中經法律禁止成為執行標的，營業秘密能否成為執行標的，可透過目前國內有關以智慧財產權如專利權、商標權、著作權等無體財產權均有常態性運行之執行程序加以研析，多數智慧財產權執行程序係以強制執行法第 117 條對於他種財產權之執行規定：「對於前三節及第一百十五條至前條所定以外之財產權執行時，準用第一百十五條至前條之規定，執行法院並得酌量情形，命令讓與或管理，而以讓與價金或管理之收益清償債權人。」再準用同法第 115 條以對於動產執行之規定拍賣或變賣之，統整如下：

一、智慧財產權屬強制執行法第117條之他種財產權

專利權、商標權、著作權在民法的概念上為無體財產權，均屬財產權之一種，依專利法第 6 條第 1 項規定：「專利申請權及專利權，均得讓與或繼承」、商標法第 27 條規定：「因商標註冊之申請所生之權利，得移轉於他人。」及著作權法第 36 條第 1 項規定：「著作財產權得全部或部分讓與他人或與他人共有。」故商標權得移轉、專利權及專利申請權與著作財產權均得讓與，而具有經濟財產價值，故屬強制執行法第 117 條所稱之他種財產權，得成為執行標的。

二、執行法院之執行方法[45]

執行法院於執行債務人所有之專利權、商標權時，須依強制執行法第 117 條規定準用第 115 條核發扣押命令，然依專利法第 62 條第 1 項：「發明專利權人以其發明專利權讓與……非經向專利專責機關登記，不得對抗第三人。」商標法第 42 條：「商標權之移

---

[45] 沈建興，同註38，頁 494-496。

轉，非經商標專責機關登記者，不得對抗第三人。」等規定，該扣押命令依強制執行法第 11 條第 1 項規定應屬於通知該管登記機關登記其事由之範疇，而專利權與商標權之主管機關為經濟部責成智慧財產局辦理[46]。故執行法院核發扣押命令時，應通知債務人及通知經濟部智慧財產局為扣押命令辦理登記[47]。而依著作權法第 10 條前段規定：「著作人於著作完成時享有著作權。」即著作人於著作完成時即享有著作權，係採取創作主義，故執行法院執行債務人所有之著作權時，僅須依強制執行法第 117 條規定準用第 115 條核發扣押命令，毋庸如前揭專利權與商標權般再依強制執行法第 11 條第 1 項規定通知經濟部智慧財產局辦理扣押登記事由，只須該扣押命令於送達於債務人發生效力[48]。

執行法院經核發扣押命令後，須進行換價，而換價方法應準用第 115 條第 2 項核發收取命令，移轉命令、支付轉給命令、依聲請準用對於動產執行之規定拍賣或變賣之，或依第 117 條以命令讓與或管理。目前實務上係準用對於動產執行之規定拍賣之，因智慧財產權屬無形資產性質，須經過專業鑑定始能估算其具體價值，故拍賣前應命鑑定人鑑定其價格，以作為拍賣核定底價之參考。

另外，如拍賣標的為債務人專利權與商標權之應有部分，因專利法第 64 條規定發明專利權共有人未得共有人全體同意，不得以其應有部分讓與、商標法第 28 條規定共有商標申請權或共有人應有部分之移轉，應經全體共有人之同意。故拍賣債務人專利權與商標權應有部分時，拍賣前應先詢問其他全體共有人是否同意，亦

---

[46] 請參照專利法第 3 條、商標法第 3 條。

[47] 請參照最高法院 98 年度台抗字第 401 號民事裁定：商標權性質上屬於強制執行法第 117 條所定之其他財產權，依商標法第 42 條規定，商標權移轉之登記，屬強制執行法第 11 條第 1 項所規定之依法應登記之財產權，且依同法第 118 條第 2 項但書規定，就商標權如先函請主管機關為扣押登記，應於登記時發生扣押之效力。

[48] 請參照強制執行法第 118 條第 2 項。

即應得其他全體共有人同意，始得拍賣，如不同意，不得拍賣，即應撤銷扣押命令。又除非全體共有人同意管理，執行法院始得以命令管理，以管理收益清償債權人之債權，故未得全體共有人同意仍不得以命令管理之方法執行之。須注意者為，如拍賣債務人著作權應有部分時，因著作權法第 40 條之 1 第 1 項規定：「共有之著作財產權，非經著作財產權人全體同意，不得行使之；各著作財產權人非經其他共有著作財產權人之同意，不得以其應有部分讓與他人或為他人設定質權。各著作財產權人，無正當理由者，不得拒絕同意。」故於拍賣前亦應先詢問其他全體共有人是否同意，如其他全體共有人不同意，仍不得拍賣。但各著作財產權人，無正當理由者，不得拒絕同意。

　　而國內部分實務裁判可窺知上述執行脈絡，如最高法院 91 年度台抗字第 690 號民事裁定有關法院將債務人晶工工業股份有限公司之商標專用權查封、鑑價、拍賣，由森泉企業股份有限公司買受、臺灣高等法院 102 年度抗字第 1412 號民事裁定有關荷蘭商皇家飛利浦股份有限公司對債務人巨擘科技股份有限公司所有之專利、商標權等財產實施扣押並定期拍賣、2004 年知名餐廳「阿秋活蟹」[49]，因為滯欠鉅額之綜合所得稅，由法務部行政執行署臺中分署（當時為臺中行政執行處）將「阿秋活蟹」商標權和聯合服務標章「阿秋」執行拍賣拍出等案例，顯現有關智慧財產權一經認定具有財產價值，即可成為執行對象。

　　然而回到營業秘密本身性質，與前述專利、商標、著作權等同屬其他財產權範疇，如欲將其應用到強制執行程序時即可以上述執行途徑予以突破：

49　鄧玉瑩，阿秋活蟹商標 31.8 萬拍出，蘋果日報，2004 年 5 月 25 日，https://tw.appledaily.com/headline/daily/20040525/957339/（最後瀏覽日：2019 年 3 月 10 日）。

（一）營業秘密屬強制執行法第 117 條之其他財產權

營業秘密在民法的概念上爲無體財產權，屬財產權之一種，依營業秘密法第 6 條第 1 項規定：「營業秘密得全部或部分讓與他人或與他人共有。」故營業秘密法係可得讓與，而具有財產價值，屬本條之其他財產權範疇，性質上可成爲本條之執行對象。

（二）執行法院執行方法

執行法院執行債務人所有之營業秘密時，須依第 117 條規定準用第 115 條核發扣押命令，因營業秘密與著作財產權同樣無須依強制執行法第 11 條第 1 項規定通知該管登記機關辦理扣押登記，惟本文建議依循營業秘密之特殊性質，仍應通知該管登記機關經濟部智慧財產局採取行政管理上之註記，於該扣押命令送達於債務人發生效力。經執行法院核發扣押命令後，需進行換價，而換價方法應準用第 115 條第 2 項依聲請準用對於動產執行之規定拍賣或變賣之，而拍賣前應命專業鑑定人鑑定其價格，以作爲拍賣之底價。

（三）專業鑑價機制

營業秘密鑑價極富專業性，需有獨立專業機構建立權威鑑價機制，並培養專業的鑑價人員，以客觀、公平、精密方式鑑定，賦予營業秘密實際存在之價值，此健全機制，不但可讓法院拍賣營業秘密時，使欲投標者信任，更在前章所探討之質權設定上，增加金融機構融資擔保意願，當然，鑑價機構本身亦須秉持專業，嚴守保密義務，使營業秘密不致喪失秘密性。

（四）拍賣公告揭示部分資訊

秘密性屬營業秘密之特質，在執行拍賣公告揭示部分，爲讓投標者評估標的價額，故僅需告知欲投標者此係何種性質的營業秘密，毋庸將構成營業秘密之關鍵要素資訊全面告知，以維護營業秘密之機密，倘若全部內容均清楚告知，如此秘密性當然喪失，例如明星花露水、可口可樂、雲南白藥等之配方，又或者一種從電子產

業廢棄物中提高提煉金、銅之方法，在內容上不需詳明，並載明業經智慧財產鑑價公司進行專業估價，凡生興趣者自會參與投標。更何況，現今已有許多智慧財產鑑價公司可進行估價，應不至於產生上述立法理由所稱之問題。

（五）當事人保密義務確實履行

執行法院執行之過程，相關之當事人如執行人員、債權人、第三人如鑑定機關等，應適用營業秘密法第 9 條、第 10 條等保密義務及避免侵害營業秘密之行為產生。

有關營業秘密法第 9 條就依法令有守營業秘密之義務者，第 1 項係課予公務員之守密義務：「公務員因承辦公務而知悉或持有他人之營業秘密者，不得使用或無故洩漏之。」公務員因承辦公務而知悉或持有他人之營業秘密，所在多有，如執行法官及書記官等，均為公務員，為避免營業秘密遭公務員使用或無故洩漏因而受損，故課予守密義務。第 2 項則規定：「當事人、代理人、辯護人、鑑定人、證人及其他相關之人，因司法機關偵查或審理而知悉或持有他人營業秘密者，不得使用或無故洩漏之。」因營業秘密之構成要件之一即為秘密性，而在有關營業秘密之訴訟案件進行時，難免會有許多相關人員知悉或持有該營業秘密，如果知悉或持有者擅予洩漏或使用，將造成營業秘密之侵害，為避免營業秘密之二次受害，則課予當事人、代理人、辯護人、鑑定人、證人及其他相關之人守密之義務。

如當事人有義務之違反，在民事責任方面，依營業秘密法第 10 條第 1 項第 5 款為侵害營業秘密，將負營業秘密法第 11 條及第 12 條之不作為義務及損害賠償義務；而刑事責任方面，則以營業秘密法第13條之1至第13條之4、刑法第316條至第318條之刑罰。

營業秘密法第 10 條第 1 項第 5 款規定：「依法令有守營業秘密之義務，而使用或無故洩漏者，為侵害營業秘密。」本款係規定依法令有守密義務之人，其亦係以正當方法得知該營業秘密，然而

依法令有守密之義務，其使用或無故洩漏所知悉之營業秘密原本即構成侵權行爲，惟由於營業秘密法對於營業秘密之保護有較周延之規定，是以於此亦將其列爲侵害態樣之一，一方面使侵害營業秘密之態樣能更爲完整，另一方面亦便受害人能適用本法之規定，而得到更周延之保護。

綜上所述，營業秘密透過相關之配套措施之維護時，當可屏除時值立法者之疑慮而讓營業秘密成爲強制執行之標的。

伍、小結

國內有關對債務人財產權之強制執行，主要以強制執行法爲依歸，該部法律在處理智慧財產權領域，係將其歸類以他種財產權之執行程序。即便強制執行法對於營業秘密目前並無特別之執行程序，透過現階段執行程序適用上並不因此而喪失其秘密，故以營業秘密爲執行標的，在強制執行程序中仍可實際運作。

強制執行程序中以營業秘密成爲執行標的，關鍵要素乃在於營業秘密所有人於接收執行法院扣押命令後之保密義務及違反時應負之法律效果，並在鑑價機構、執行法院相關人事物等恪守保密措施及於拍賣公告資訊不全然揭露之必要，整個配套措施運行下，當可維持其秘密性，如此足可消弭立法者對於營業秘密進入強制執行將喪失秘密性之說法。

故本文肯認營業秘密確實有允許強制執行之必要，一旦營業秘密能成爲執行標的，金融機構於接受營業秘密所有人以營業秘密作爲擔保融資標的時，融資意願接受度將能有所提高，營業秘密所有人於籌集資金後再投入產業，仰賴營業秘密之價值使產業發展，亦可呼應前章肯認營業秘密設定質權議題。更甚者，當營業秘密所有人因負有債務，經由銀行或債權人向法院聲請強制執行企業資產時，同樣屬於企業資產部分之營業秘密，更可成爲強制執行標

的,當營業秘密所有人已無其他財產或財產已不足清償債務時,債權人即可藉由執行其營業秘密以獲補償,保障其權利。

陸、結論與建議

存在科技社會當下,知識經濟突飛猛進,財產的概念從傳統有體財產發展至無體財產,直至當下甚至未來,許多如營業秘密般等類似財產概念將不斷產生,為人類社會創造豐富的生活價值與經濟活動,而如何將這樣的前瞻性概念、抽象資產,透過傳統法律規範,轉化為實質上、具體上之金錢價值,實需將健全之法制與具體措施奉為圭臬。

一、結論

國內因營業秘密法禁止營業秘密設質與成為強制執行之標的,而讓國內學者或實務甚少碰觸進而探討此一議題,營業秘密所注重之議題多係在秘密本身如何加強維護、有效管理與預防洩漏其秘密性,或洩漏後導致秘密所有人於受侵害時可主張之權利措施。因為營業秘密禁止設質與成為強制執行標的,國內既有之無形資產鑑定制度尚無法在營業秘密領域深入客觀專業評估,致評估出之價值非具專業或可信度,甚而無法反映出真正市場價格,且因宥於法律禁止規定,當營業秘密所有人持該秘密向金融機構申請融資或擔保時,金融機構對此區塊仍興致缺缺、意願不高。

再者,當營業秘密所有人本身對外有債務未清償,經債權人向法院聲請強制執行時,如其名下已無其他財產可執行,即便僅餘營業秘密等資產,亦因法律禁止營業秘密成為執行標而無法執行,造成營業秘密所有人如將營業秘密自行讓與處分予他人,債權人無法置喙之窘境。故現行法律之限制,封印了營業秘密本身存在的經濟價值,使營業秘密在國內幾乎缺乏妥善之鑑價程序與金融融資擔保

之管道，並且阻礙了債權人向法院聲請強制執行獲償之機會。

　　為解決上述困境，本文以為須回歸正視營業秘密仍屬資產之性質，不因其具有秘密性之特殊性質，進而禁止其設質或成為強制執行標的，限制營業秘密所有人或其他債權人的權利，不如讓市場機制自由運作，發展出一套規則輔以法律規範，以促進營業秘密所有人之融資管道或於債權人方面可增加責任財產執行之多樣性。

　　另須正面思慮者，乃一旦營業秘密以前述方向切入，希冀能在保有秘密性下以不完整揭露具體內容的方式允許設質、拍賣或變價，解決喪失秘密性之問題。亦須於設質與強制執行拍賣前加強鑑價制度，使鑑定機構能提供辨別、分析或評估營業秘密之客觀價格，讓金融機構評估可融資放貸數額，或讓執行法院依循鑑定之價格以作為拍賣營業秘密時底價之參考。使其同於其他智慧財產權如專利權、商標權、著作財產權般能於金融融資設質或於法院強制執行，亟盡運用其經濟價值，以活絡市場上之融通性。

　　營業秘密有關配方、模型、編纂、程式、設計、方法、技術或過程的資訊背後所代表之意義，有時乃涉及事業經營者創造產值最重要之經營關鍵，甚至部分事業經營者即是依賴這項獨家技術或配方資訊，於市場上立於不敗之地。這樣的營業秘密在具有極高度的產經價值下，產業透過金融機構易取得高額融資資金，再投入營業秘密之研發以壯大產業規模。而一旦營業秘密有機會於法院進行扣押拍賣，與該產業本身之合作或交易對象、同產業領域間之競爭對手或對此商機有濃厚興趣者，必將殫心竭慮，竭盡所能地投入競標，透過正當程序取得他人營業秘密以縮短突破自身技術之途徑。

二、建議

　　營業秘密法於 1996 年制定公布時，營業秘密於當時仍屬國內新領域之智慧財產權，從立法理由窺知，於當時之時空背景下，立法者對營業秘密尚屬陌生，且智慧財產權領域在當時法院執行實務未臻成熟，因而採取保守之心態，明文禁止設質與成為執行標

的。該法公布實施將近十八年後，營業秘密在此期間於國內之發展迅速並已漸入常軌，2014 年為增強營業秘密之保護機制、提升我國產業國際競爭力，增訂以刑罰處罰營業秘密侵害行為之規定。然而，於該次修改中並未將營業秘密能否設質並可供強制執行之議題付諸討論，實乃遺珠之憾。

為求日後健全營業秘密權之經濟價值，發揮其最大市場流通效用，本文透過質權本質與強制執行程序之探討，並將實務界已日渠成熟之其他智慧財產權設質與成為執行標的執行之現況，正面肯認營業秘密實已無再繼續禁止設質或成為執行標的之執行之必要，並提出幾項建議。

（一）刪除現行營業秘密法第 8 條明文規定，回歸權利質權、強制執行法等相關規定

營業秘密本身由立法政策定義為權利，營業秘密既是權利亦屬無形資產，又無形資產諸如專利權、商標權等在實務運作上於設定質權或成為供強制執行之標的時，在質權設定部分均可依循國內民法質權相關規定辦理，在進入強制執行程序成為執行標的時，亦可依循本文前章所述以其他財產權之執行程序辦理。

按此模式，金融機構或營業秘密所有人之債權人確實可依照法律規定以營業秘密作為設定質權對象；另外，營業秘密經債權人聲請可由執行法院將其依照其他財產權之執行程序，核發扣押命令進行換價程序加以拍賣取得價金，使債權人債權獲償，故營業秘密法第 8 條實已無禁止必要，本文建議可修法加以刪除，使營業秘密回歸民法質權、強制執行法等相關規定辦理。

（二）適宜導入行政管理之公示制度

營業秘密因無登記公告等公示制度，無法如商標權、專利權、著作權之設質予以登記對抗效力，故不宜設質乃立法禁止設質之理由之一。營業秘密雖某種程度無法採取如專利權、商標權般全

面登記公示制度，因該登記公示制度本身即具有排他性質，可對抗第三人，惟公示制度亦非所有智慧財產權設定質權之生效要件，已如前述。

　　本文建議營業秘密仍需導入行政管理之公示制度，秘密所有人送交營業秘密文件向主管單位經濟部智慧財產局申請登記，由主管單位內部以專業保密方式加以控管備查，而外部之公示資訊以類似憑證文件等方式，彰顯說明某企業或所有人擁有某領域之營業秘密等技術或資訊即可，無需詳述秘密內容。

　　此公示登記亦不具排他效果，僅是表彰某營業秘密所有人擁有何項營業秘密之單純行政管理，足供外人區別。如此，營業秘密標的本身較有具體性、標籤化，可使金融機構或債權人設質過程較具保障，且當其成為執行標的，或經由法院通知主管單位辦理扣押登記時，較可明確知悉扣押標的之範疇。

（三）營業秘密於設質或強制執行時，應設有保障營業秘密之機制

　　營業秘密於設定質權或供強制執行時，除應在設質過程中參與之質權人、鑑價機構、金融機構與登記主管單位之外，於執行程序扣押換價過程，尚有法院承辦人、債權人、投標應買人等無法避免會有接觸營業秘密部分資訊之可能。為維持營業秘密之秘密價值，在任何程序之揭露行為均須掌握以「不揭露營業秘密之主要核心資訊」為保密機制，如此即可避免立法理由所謂：「清償拍賣投標時，因欲參與投標者勢必有了解營業秘密之內容，以決定其投標價格之必要，如此將使參與投標者均有知悉他人營業秘密之機會，對營業秘密所有人之保護顯有未周。」之情事發生。

　　除前述保密機制外，尚須依照營業秘密法相關規定課予當事人保密義務並積極嚴守保密規定，並於當事人違反保密義務規定時，可依循法令適用相關之侵權責任及刑事罰則，盡所能保護營業秘密以避免外洩情事產生。

（四）建請強制執行法訂立專章、專屬條文或注意事項

　　營業秘密本係無形資產，異於動產、不動產等有形財產。雖目前就智慧財產權強制執行部分仍可依循適用其他財產權執行，並準用動產執行程序進行拍賣換價。惟此舉畢竟仍係透過相關規定準用之權宜成果，營業秘密本質實與一般動產在權利的發生及內涵上存有相當之差異性，故其權利之獲取及維護，需有賴於健全之法制與完善之執行程序。

　　針對加強營業秘密案件之審理專業性，國內於 2007 年間公布實施「智慧財產案件審理法」、「智慧財產法院組織法」（現已更名為「智慧財產及商業法院組織法」）作為有關涉及營業秘密案件之審理程序。故本文建請立法者可參酌前揭二法之立法精神，循其軌跡於強制執行法規範內研擬或訂立專章或專屬條文，抑或小幅度於「辦理強制執行事件應行注意事項」增修有關營業秘密於強制執行時應依循之程序或有關應注意之事項，以突顯營業秘密在程序執行過程中，亦如實體案件審理般保障其獨特秘密性及高度執行性。

參考文獻

專書

1. 王澤鑑，民法物權，三民書局出版，2010 年 6 月。
2. 司法院民事廳，法院辦理民事執行實務參考手冊（編修版），2007 年 6 月 8 日印行，臺灣士林地方法院民事執行處，2015 年 8 月編修。
3. 沈建興，強制執行法逐條釋義（下），元照出版，2014 年 11 月。
4. 張孟元、劉江彬，無形資產評估鑑價之理論與實務，華泰文化事業，2005 年。
5. 張靜，營業秘密法及相關智權問題，經濟部智慧財產局，2007 年 2 月。

6. 陳計男，強制執行法釋論，元照出版，2002 年 8 月。

7. 楊與齡，強制執行法論，三民書局出版，2005 年 9 月。

8. 盧江陽，強制執行法實務，長海出版社，2004 年 9 月。

9. 謝在全，民法物權論（下），新學林出版，2014 年 9 月。

網路資料

1. 財團法人臺灣經濟科技發展研究院，智權鑑定優勢，http://www.tedr.org.tw/page/about/index.aspx?kind=39（最後瀏覽日：2019 年 3 月 12 日）。

2. 財團法人臺灣經濟科技發展研究院，鑑價方法，http://www.tedr.org.tw/page/about/index.aspx?kind=59（最後瀏覽日：2018 年 12 月 16 日）。

3. 鄧玉瑩，阿秋活蟹商標 31.8 萬拍出，蘋果日報，2004 年 5 月 25 日，https://tw.appledaily.com/headline/daily/20040525/957339/（最後瀏覽日：2019 年 3 月 10 日）。

4. 魏豪逸專利工程師，智慧財產權之鑑價方法（上），http://www.wipo.com.tw/wio/?p=960（最後瀏覽日：2019 年 2 月 26 日）。

|第五章|
資通安全相關外國法例之介紹
An Introduction of Foreign Information and Communication Security Laws

曾勝珍*　陳仕弘**

* 嶺東科技大學財經法律研究所教授，shengtseng1022@gmail.com。
** 雲林科技大學資訊管理研究所博士班研究生，d10823004@yuntech.edu.tw。

壹、前言

　　近年來日益猖獗的網路攻擊趨勢逐漸朝向國家關鍵基礎設施爲目標，如何部署各關鍵基礎設施防範各層面的攻擊與威脅，爲各國政府建構整個資訊安全防護策略的首要因應計畫。關鍵基礎設施涵蓋國家重要能源、水資源、通訊傳播、交通、銀行與金融、緊急救援與醫院、中央與地方政府機關、高科技園區等。美國於 2001 年發生震驚全球的九一一恐怖攻擊事件，恐怖攻擊組織藉由網路作爲操控通訊的媒介，利用民航機衝撞紐約世貿大樓與華府的五角大廈，癱瘓美國國土防衛系統與整個金融體系，在此事件後各國立即將重要關鍵基礎設施 [1] 列爲首要防護議題。但資訊網路技術瞬息萬變、變化莫測的大環境特性，使得多樣性的網路攻擊等事件不可預測，也顯示出關鍵基礎設施的脆弱性。

　　基於此議題，各國紛紛投入大量人力及資金，建構防護關鍵基礎設施的措施與對策，試圖強化本身國土防禦系統與強化資通安全防護能力。其重要性可謂爲國家基礎命脈，其中一個部分若是癱瘓或停擺，則牽一髮而動全身，造成的損害不是任何一個國家政策或措施可以挽救的，關鍵基礎設施防護不僅是該領域中所屬機關的防護，也關聯至跨領域的協同合作，如醫療與金融系統依靠電力與通訊以維持資訊機房、設備的運作，並藉由網路系統傳遞資訊。一旦這些基礎系統失守，將直接影響金融與醫療體系各環節的運作，由

---

[1] 關鍵基礎建設泛指一個國家爲了維持民生、經濟與政府等相關運作而提供之基本設施與服務，包括實體以及以資訊電子爲基礎之系統，爲重要社會基礎功能所需之基礎建設。諸如：公民營電信、電力、能源、金融、醫療、交通、緊急救助等。關鍵資訊基礎建設（Critical Information Infrastructure, CII）則爲支持關鍵基礎建設（CI）所需之資訊系統。而關鍵資訊基礎建設保護（Critical Information Infrastructure Protection, CIIP），乃是保護關鍵資訊基礎建設之政策與作爲。參見行政院科技顧問組，關鍵資訊基礎建設保護政策指引，https://land.tainan.gov.tw/FileDownLoad/FileUpload-List/744.pdf（最後瀏覽日：2018 年 11 月 15 日）。

此可觀之，關鍵基礎設施的任一環節對於國家安全、經濟、民生需求、生命財產等均會產生重大的影響。

貳、歐盟網路與資訊系統安全指令

　　歐洲聯盟（European Union, EU）[2]，係依據 1992 年簽署的馬斯垂克條約（也稱歐洲聯盟條約）[3] 所建立的國際組織，其簽訂的條約於歐盟成員國之間具有約束力的協議。條約說明歐盟的目標、歐盟機關的規則、決策方式以及歐盟與其成員國之間的關係，所採取的每項行動都以條約為基礎。與國際組織不同，作為自願加入歐洲聯盟的成員國，必須遵守共同制定的統一法律，成員國各自獨立，擁有本國法律、外交政策及所屬軍隊，與美國聯邦制度的組成不同。由於英國脫歐，自 2020 年 2 月 1 日起，共有 27 個成員國。

　　歐盟是全球資訊技術創造力先進地區之一，其網際網路體系運作發達，但頻繁的資安事件降低了民眾對於網路的信任與信心，特別是經過 2013 年的稜鏡門事件（Prism）[4] 後，民眾對於這方面更加憂心，於此，歐盟對於網路安全保護更加重視，將資安事件防禦

2　參見維基百科，歐洲聯盟成員國，https://zh.wikipedia.org/wiki/歐洲聯盟成員國（最後瀏覽日：2021 年 3 月 19 日）。

3　歐洲聯盟條約，為一系列於歐盟成員國間所締結的國際條約，這些條約為歐盟中具有如同憲法地位的根本規範。依據這些條約，創設了許多歐盟機關，另外也規範了這些機關的職權、程序和義務。歐盟所有的行為都不能超出這些條約所授予的權力範圍，且關於這些條約的修正必須要由每一個條約簽署國批准。參見維基百科，https://zh.wikipedia.org/wiki/%E6%AD%90%E6%B4%B2%E8%81%AF%E7%9B%9F%E5%9F%BA%E6%9C%AC%E6%A2%9D%E7%B4%84（最後瀏覽日：2018 年 11 月 13 日）。

4　Prism 計畫是美國最高機密等級的電子監聽計畫，由美國國家安全局（NSA）以反恐名義實施，所追蹤的內容包括了照片、音訊、視訊、電郵、語音交談、檔案傳輸、帳號登入等，對於人們隱私影響鉅大。參見維基百科，https://zh.wikipedia.org/wiki/%E7%A8%9C%E9%8F%A1%E8%A8%88%E7%95%AB（最後瀏覽日：2018 年 11 月 13 日）。

層次提升視爲首要任務。歐盟爲提升整體競爭力與復甦經濟，於 2013 年 2 月頒布歐盟網路安全戰略指標，目的爲提升網路使用效益、降低網路犯罪、提升防護能力、開發網路安全技術資源與共同空間政策來保障網路環境，提供優質、自由與安全的環境。

爲了促進歐洲整體的經濟繁榮和社會進步，歐盟首要關注的議題是網路犯罪和關鍵基礎設施安全，並要求在歐盟範圍促成與之配套的網路與信息安全指令。於 2016 年 5 月，歐盟通過網路與資訊系統安全指令（Network and Information Security Directive，下稱 NIS 指令）[5]，該指令於同年 7 月公布、8 月生效。歐盟 NIS 指令提出統一的安全保障要求，促進成員國之間安全戰略合作和資訊共享，推動網路風險管理策略的安全管理，提升歐盟整體網路安全防護能力，成員國必需在 NIS 指令生效後二十一個月內將其納入國家立法[6]，期成員國之間對於網路與資訊安全方面相互合作，藉由重大資安事件跨境互助之方式，提升歐盟境內資訊安全防禦整體技術[7]。

一、立法宗旨與定義

歐盟 NIS 指令（網路與資訊系統安全指令）制定目的在對於關鍵基礎資訊建設之保護（Critical Information Infrastructure Protection, CIIP），建立歐盟所屬成員國之共同及高層級的網路與

---

[5] Directive (EU) 2016/1148 of the European Parliament and of the Council of 6 July 2016 concerning measures for a high common level of security of network and information systems across the Union, 2016 O.J. (L 194/1), https://eur-lex. europa.eu/legal-content/EN/TXT/PDF/?uri=CELEX:32016L1148 (last visited: 2018/11/17).

[6] 參見陳蔚菁，英國將依歐盟指令調整關鍵基礎資訊設施規範，科技法律透析，第 29 卷第 3 期，2017 年 3 月，頁 5-6。

[7] 參見簡宏偉，由資安風險談我國資安管理，國家通訊傳播委員會，第 10 卷第 9 期，2017 年 1 月，頁 2。

資訊系統安全標準，以便改善及提升成員國網路安全能力至國家等級，且促進歐盟各成員國之間的戰略互助與交流合作。以期實現歐盟境內網路和資訊系統的安全性高水平，提升歐盟境內市場運作[8]。

歐盟 NIS 指令定義方面，網路和資訊系統的安全是指網路和資訊系統能夠在一定程度的信任下抵禦外來造成儲存或傳輸損害的可用性、真實性、完整性與機密性的防護。國家網路和資訊系統安全戰略是指提供國家層級戰略目標與優先事項的框架，確保網路與資訊系統之正常運作。關鍵基礎設施的提供者是指符合第 5 條第 2 款規定標準的附件二所述類型的政府部門或私營之民間企業。數位服務提供者是指符合附件三所列之提供數位服務之法人，並定義資訊安全事件與處理機制等[9]。

二、規範對象

關鍵基礎設施提供者之定義，是指符合 NIS 指令附件二所列出設施類型，包括：能源（石油、天然氣、電力）、運輸（航空、鐵路、海運、公路運輸）、銀行、金融市場基礎設施、衛生部門（醫療保健設施）、飲用水供應及分配、數位基礎設施（IXPs、DNS 提供者、TLD 名稱註冊管理機關）等產業類型[10]。另於 NIS 指令附件三[11]中定義第 4 條第 5 款的數位服務類型，包括：線上電子交易市場、線上搜尋引擎、雲端計算服務等類型。

關鍵基礎設施提供者之要件，依據 NIS 指令第 5 條第 2 款[12]，定義關鍵基礎設施提供者要件為：1. 此設施提供維持社會與經濟活動所必須的服務；2. 該服務的提供依賴於網路和資訊系統；3. 事件

---

[8]　同註 5，Article 1。

[9]　同註 5，Article 2。

[10]　同註 5，Annex 2。

[11]　同註 5，Annex 3。

[12]　同註 5，Article 5。

將對該服務的提供產生重大的破壞性影響。符合該項要件時，成員國需確認境內關鍵基礎設施提供者並建立一份名單，自 2018 年 5月起每兩年重新審核並更新名單，同時，數位服務提供者（同指令附件三定義為線上市場、線上搜尋引擎與雲端計算服務）也受到該指令規定的義務所約束。

三、主管機關

每個成員國應對於附件二所述的部門與附件三中所述的提供服務機構，指定一個或多個公部門之主管機關，作為成員國間聯絡窗口，並強化監督網路與資訊系統運作的檢查與落實，以確保成員國和其他成員國有關資訊技術分享、第 11 條所述的合作組[13]，以及第 12 條所述的 CSIRT 網路的跨界合作[14]。

四、資安事件處理

對於關鍵基礎設施之安全性與資安事件通知事項規範，於 NIS指令第 14 條第 1 款規範各成員國應確保關鍵基礎設施的營運者採取適當、適合的技術和組織措施，維護其在營運時使用的網路資訊系統安全所面臨的風險。評估現有技術水準，這些措施能確保足以防護網路資訊系統所面臨的風險能力[15]。資安事件防範，NIS 指令第 14 條第 2 款規範各成員國應確保其關鍵基本設施提供者採取適當的方式，防範與降低資安事件對於提供服務的網路資訊系統的影響，以確保這些設施之服務連續性。

資安事件判斷，第 4 項規範為了確保資安事件的影響，應特別考慮到因基本服務中斷而受影響的用戶數量、資安事件的持續時間、關於受該事件影響的地區之地理分布。資安事件通知規範於

---

[13] 同註 5，Article 11。

[14] 同註 5，Article 12。

[15] 同註 5，Article 14。

第 3 項，各成員國之關鍵基礎設施的提供者於重大資安事件發生時，能立即回報通知主管機關或電腦安全事件回應小組（Computer Security Incident Response Teams, CSIRT），通知內容應包括使主管機關或 CSIRT 能夠確定事件是否有任何跨境影響的資訊，且該通知不得使通知方承擔更多責任。

第 5 項規範依據基本服務提供者於所提供的資訊，如果該事件對該其他成員國關鍵基礎設施運作上有重大影響時，主管機關或 CSIRT 應通知其他受影響成員國。主管機關或 CSIRT 應根據符合歐盟法律的規範，確保關鍵基礎設施提供者的安全、商業利益與通知內容之資訊保密。在情況允許下，主管機關或 CSIRT 應向關鍵基礎設施提供者提供有關其通知後的相關資訊支援，如資安事件處理的資訊等。

五、罰則

歐盟 NIS 指令第 21 條 [16]，成員國依據 NIS 指令制定適用於違反 NIS 指令之處罰規定，並採取必要措施確保其實施，所規定的處罰是有效、適當且具有勸阻性。並於 2018 年 5 月 9 日前，通知委員會這些規則和措施，但歐盟於此條文中，並未明文規範罰則部分，交由各成員國自行制定，由此可判斷行政檢查及罰則並非制裁關鍵基礎設施提供者之有效性及急迫性手段，且指令中要求非公務機關部分之相關配套措施仍較為不足，至少應對關鍵基礎設施提供者提供資訊安全防護相關技術與協助輔導制度建立，並訂定一段過渡緩衝之日出條款，如二年後實施等。

該指令主要是要求成員國境內的關鍵基礎服務提供者（Operators of Essential Services）及數位服務提供者（Digital Service Providers），於資訊安全風險管理上必須建立安全要求及

---

[16] 同註 5，Article 21。

通知規範,該指令要求,關鍵基礎設施營運及數位服務提供於安全事故發生後應採取適當措施,並回報安全事故至各國的權責機關[17]。目的是希望提升歐盟成員國境內之網路安全防護能力及加強成員國彼此間之合作,促進成員國的網路安全防護能力,達到同一性網路安全水平,使歐盟內之關鍵基礎服務提供者及數位服務提供者進行資訊交換、資訊安全合作與公共安全上有建立及規劃之基本能力,以提升歐盟境內經濟、社會運作效能。另一方面,NIS 指令除了上述目的外,同時指令第 2 條[18]也規範指令的執行涉及個人資料之處理時,須遵照歐盟現行個人資料處理架構執行。隨著雲端興起與發展,許多歐盟境內企業與關鍵基礎設施提供者均大量採用,故 NIS 指令特別將數位服務提供者納入規範中。

參、美國聯邦資訊安全現代化法

美國資訊安全法規之起源可追溯至 1929 年聯邦紀錄法,之後 1942 年制定聯邦報告法奠定了資訊資源管理等規範基礎。主管機關為管理與預算局(Office of Management and Budget, OMB)[19]直屬於美國白宮,前身為預算局(Bureau of the Budget)。1985 年 OMB 正式啓動第 A-130 號通告(50 FR 52730;1985 年 12 月 24 日)

---

[17] 參見施弘文,淺論我國關鍵基礎設施之資安管理發展——以歐盟網路與資訊系統安全指令為參考,科技法律透析,第 29 卷第 3 期,2017 年 3 月,頁 30。

[18] 同註 5,Article 2。

[19] 美國行政管理與預算局,美國總統辦事機關之一,是美國總統維持對政府財政計畫控制的機關。參見維基百科,https://zh.wikipedia.org/zh-tw/%E7%BE%8E%E5%9C%8B%E8%A1%8C%E6%94%BF%E7%AE%A1%E7%90%86%E5%92%8C%E9%A0%90%E7%AE%97%E5%B1%80(最後瀏覽日:2018 年 11 月 26 日)。

附錄 III 的程序 [20]，並納入了 1987 年計算機安全法（PL 100-235）的要求和適用國家的安全指令 [21]。

1998 年美國總統柯林頓頒布第 63 號總統決策令（Presidential Decision Directive, PDD），將機密性電腦系統安全要求擴增爲機密性、完整性及可用性之資訊安全（Information Security），並由政府機關先盤整機關內之資訊現況，推動資通安全組織體系，讓美國的資通安全發展領先全球。2001 年美國受到九一一恐怖攻擊事件影響，美國聯邦政府成立直屬於白宮的國土安全部（Department of Homeland Security, DHS）[22]，主要針對能源、資訊通訊、交通運輸等資通安全政策，重視國土安全議題與確保電子化政府的資通安全 [23]。於 2002 年頒布美國聯邦資訊安全管理法（Federal Information Security Management Act of 2002, FISMA 2002）[24]，是美國電子政府法（E-Government Act），其中第三篇（Title III）資訊安全，內容共計五節九條款。

FISMA 2002 之第 301 節：資訊安全（Information security），本節係主要明定立法目的、定義、主管機關及各機關職責、年度

---

[20] Appendix III to OMB Circular No. A-130, https://georgewbush-whitehouse.archives.gov/omb/circulars/a130/a130appendix_iii.html (last visited: 2018/11/26).

[21] 參見樊國楨、黃健誠、林樹國，完備我國資訊安全管理法規初探，前瞻科技與管理，第 3 卷第 1 期，2013 年 5 月，頁 98。

[22] 美國國土安全部，主要任務是防止美國境內受到恐怖攻擊事件發生及監控非法毒品販賣及運輸，切斷與恐怖分子之聯繫，降低美國內發生恐怖攻擊所造成的損害並協助恢復，美國 2002 年國土安全法，https://www.dhs.gov/xlibrary/assets/hr_5005_enr.pdf（最後瀏覽日：2018 年 11 月 26 日）。

[23] 參見蘇柏毓，資訊安全法規國際最新發展舉隅，科技法律透析，第 27 卷第 6 期，頁 27。

[24] 美國 2002 年的聯邦資訊安全管理法（FISMA 2002），美國聯邦法律於 2002 年頒布的第三篇 2002 年電子政務法（Pub.L. 107-347），https://www.gpo.gov/fdsys/pkg/PLAW-107publ347/html/PLAW-107publ347.htm（最後瀏覽日：2018 年 11 月 26 日）。

評估、聯邦資訊安全事件中心、國家安全系統、預算授權與現行法律影響等規範[25]；第 302 節：資訊技術的管理（Management of information technology），本節為定義、聯邦資訊系統標準與責任、強制性要求、權力行使及適用等規範[26]；第 303 節：美國國家標準與技術研究所（National Institute of Standards and Technology），本節為制定資訊安全政策、提供相關資訊安全技術與風險標準和準則之最低要求等規範[27]；第 304 節：資訊安全和隱私諮詢委員會（Information Security and Privacy Advisory Board），本節為提供各機關對於聯邦資訊系統的資訊安全及隱私問題諮詢、內容修訂[28]；第 305 節：技術和遵循的修正（Technical and conforming amendments），本節為各聯邦機關主管應制定並保存該機關所維護或在其控制下的主要資訊系統（包括國家安全系統）的名單及內容修正[29]。

此為美國最受矚目的資通安全法案，依國家標準暨科技研究所（National Institute of Standards and Technology, NIST）所建立的各項最低強制資通安全需求在內的標準與參考指引，所有聯邦機關被要求週期性地實施安全風險評估，並在內部建立一個資通安全事件整備及通報的流程架構[30]。此法確信資訊安全對於國家安全與國家經濟具重要性，採以聯邦法律形式立法，規範資訊安全管理與控制標準，此法要求各聯邦機關制定並實施適用於該機關之資訊安全計畫，建構聯邦資訊系統安全架構，確保聯邦資訊與資訊系統安全。FISMA 2002 之規範資訊安全內容為五大重點為：定義出資訊

---

[25] 同前註，Sec. 301。

[26] 同註 24，Sec. 302。

[27] 同註 24，Sec. 303。

[28] 同註 24，Sec. 304。

[29] 同註 24，Sec. 305。

[30] 同註 24，Sec. 303。

安全與國家安全系統、聯邦及其所屬各個機關之責任、年度資訊安全評估、國家標準暨科技研究所之職責、國家標準暨科技研究所規範之修正。明確定義其保護資訊與資訊系統之安全及聯邦內所屬機關之主要職責,並提出制定標準、監督檢查、緊急處理等保護措施。

　　對於保護資訊安全的責任,以明文立法方式確認資訊安全保障要求,同時提出具體要求,包括:資訊系統事前的風險評估、政策制定、運作執行、檢測評估、改善、緊急處理等,具有明確的指導意義。FISMA 建立標準與技術指南,作為保障資訊與資訊系統安全依據,並強化監督檢查與落實。此法案最大特點為明確監督檢查要求各聯邦機關向主管機關報告法案落實情況,並接受其監督檢查。此外另要求各聯邦機關須聘請外部獨立評估機關,每年對其資訊系統實施評估,且該評估必須由聯邦政府派駐各機關的監察官負責。由此可知,此評估對於資訊安全具有相當之客觀與有效性[31]。

　　FISMA 2002 之主管機關為美國管理與預算局,規範資通安全預算之申請審核機制,主要責任為評估與協調各聯邦機關依照此機制申請資通安全預算、執行安全計畫、派任資訊長(Chief Information Officer, CIO)負責監督計畫執行,並指定督察長(Inspector General, IG)或獨立稽核人員執行每年的資通安全稽核,使聯邦政府各部門得以在成本控制下有效地執行安全計畫。於 2003 年 2 月,美國制定保護個人與機關資訊資產安全的國家網路安全策略(National Strategy to Secure Cyberspace, NSSC),主要目標為保護國家關鍵基礎設施避免網路攻擊、降低資通訊網路的弱點、減低因遭受到網路攻擊損失及縮短災難回復的時間。

　　因此,美國政府積極推動與民間機關建立夥伴關係,提升國家整體資通安全防護能力,並推動國家等級安全認知與訓練計畫,

---

31 參見樊國楨、林惠芳、黃健誠,資訊安全法制化初探之一:根基於美國聯邦資訊安全管理法,資訊安全通訊,第 18 卷第 2 期,2012 年 4 月,頁 26。

培育資通安全專業人員。2014 年美國針對 2002 年制定的美國聯邦資訊安全管理法（FISMA 2002）進行大幅度修正，並更名為美國聯邦資訊安全現代化法（Federal Information Security Modernization Act of 2014, FISMA 2014）[32]。此次修正重點有四個方向，將國土安全部納入 FISMA 2014 管理機關中、國土安全部長協助預算局局長共同監督各聯邦各機關資訊安全政策與施行之責、規範資訊安全相關事件回報機制、修正各機關所提出年度報告內容。

一、立法宗旨與定義

美國聯邦資訊安全現代化法係源於 2002 年聯邦資訊安全管理法之修正法例，立法宗旨[33]為提供一個全面性的框架，確保資訊安全控制之有效性、整合聯邦機構與私部門資源，提供有效管理與監督控管資訊安全、制定與維護聯邦資訊與資訊系統所需之最低限度控制、透過自動化和持續監控安全工具、提升機構資訊系統及定期資安風險評估，改善聯邦機構資訊安全計畫監督機制、採用資訊安全新技術於保護國防與資訊基礎設施、商業開發的資訊安全產品對於國家安全有其重要性。

由於網路安全威脅是世界各國所面臨最嚴重的國家安全問題，這些威脅的範圍從個人犯罪到組織化犯罪集團，而這些類型的威脅似乎已普遍存在多年。因此，美國聯邦政府必須迅速提高其抵禦能力來應對。美國聯邦資訊安全現代化法第 3552 條，明定資訊安全之定義，資訊安全是指保護資訊和資訊系統免受未經授權的存取、使用、揭露、破壞、修改或刪除，使資訊與資訊系統具完整

---

[32] 參見美國 2014 年聯邦資訊安全現代化法，為美國 2002 年聯邦資訊安全管理法之修正改版法案（Federal Information Security Modernization Act of 2014），https://www.congress.gov/113/plaws/publ283/PLAW-113publ283.pdf（最後瀏覽日：2018 年 12 月 5 日）。

[33] 同前註，§3551。

性、機密性與可用性；國家安全系統是指凡涉及到情報活動，有關國家安全機密、軍隊的指揮與控制、武器或武器系統不可分割的一部分設備或執行所需要都屬於國家安全系統。由於上述資訊與資訊系統皆涉及到國家安全、軍事情報等事宜[34]，特別明定於法例中。

二、規範對象

美國 FISMA 主要規範對象為：美國各聯邦內所屬機關之資訊與資訊系統，規範標準、監督檢查、緊急處理等保護措施。同時也將國土安全部所保護對象，如能源、資訊通訊、交通運輸、國家安全系統（情報工作、國家安全、軍事指揮與控制、武器與武器系統、國防及外交作業資訊）等皆納入規範保護對象，維護聯邦資訊與資訊系統之安全，避免受到已知或潛在之資安威脅、弱點或風險之危害，降低所帶來的影響。

三、主管機關

FISMA 2002 主管機關為管理與預算局（OMB），FISMA 2014 重新定義 OMB 於聯邦資訊安全政策方面的監督權限，並將國土安全部（DHS）加入成為管理機關之一，重新定義 OMB 於聯邦資訊安全政策方面的監督權限，OMB 與 DHS 共同監督確保資訊安全政策之執行，要求各機關實施管理與預算局所頒布的政策與準則，保護聯邦資訊和資訊系統免受已知或潛在的資訊安全威脅、弱點或風險的影響，並由國土安全部確保聯邦資訊安全事件中心（Federal Information Security Incident Center, FISIC）的運作[35]，協助聯邦各機關持續檢測和降低網路威脅和弱點，同時授權主管機關修改或廢除機關資訊安全政策的措施，確保其政策之有效性[36]。

---

[34] 同註 32，§3552。

[35] 同註 32，§3553。

[36] 參見蘇柏毓，同註 23，頁 28。

管理與預算局權責為：確保國土安全部資訊安全政策行使職權；訂定和監督資訊安全政策、指導方針、原則、標準之施行；監督各機構建置資訊安全保護機制與資訊安全計畫擬定與執行；審查各機構之資訊安全計畫執行情況；協調資訊安全政策執行及相關的資訊資源管理政策執行；監督聯邦資訊安全事件中心之運行；向國會提出各機關施行概況。國土安全部權責為：協助管理與預算局資安政策執行；監督各機關資安政策執行；與各機關高階主管會議，有效執行資安政策施行；協助聯邦機關及跨部門之資安政策推行與技術支援[37]。

四、資安事件處理

美國聯邦各機關部門應遵守管理與預算局局長所頒布的準則、標準及政策，確保聯邦資訊與資訊系統安全，避免遭受到已知或潛在的資訊安全威脅、弱點攻擊，降低資安風險的影響，減低因遭受到網路攻擊損失及縮短災難回復的時間。並依據法律和總統指示發布的國家安全系統信息安全標準和準則，定期測試和評估資訊安全控制和技術，確保整體資訊安全與政策得以落實。

資安事件防範，聯邦各機關應制定、記錄與實施機構內資訊安全計畫，定期評估系統入侵偵測，未經授權存取、使用、修改或刪除之資訊與資訊系統所帶來的風險與損害，人員都應遵守機關的資訊安全計畫，並使用自動化工具、安全程式測試與檢測、報告和通報資訊安全事件[38]。資安事件發生時，管理與預算局局長應立即向國會報告及提供相關技術資料，定期回報，並要求受侵害之聯邦機關在發現資料遭受無權取得或存取後之三十日內，應向國會委員會報告侵害發生之原因、預估影響當事人數量，並評估當事人可能受

---

[37] 參見樊國楨、黃健誠、林樹國，同註31，頁99。

[38] 同註32，§3554。

到之損害、是否立即向當事人告知原因等[39]。

FISMA 2014 規範重大資安事件之通報，管理與預算局訂定重大資安事件指導原則，定期向國會報告訂定情形。發生重大資安事件之機關應於確定資安事件發生後七日內，向國會權責之委員會進行第一次通報，並於一段期間內，再次向國會報告詳細狀況。美國於 2015 年修訂網路安全資訊分享法（Cybersecurity Information Sharing Act, CISA）並更名為網路安全法（Cybersecurity Act of 2015），修正重點在於資訊安全事件情資分享，民間企業機構於資安事件發生時，能夠主動回報主管機關，提供分享相關資安情資，使其他企業機構能夠及時預防資安事件發生。另一方面授權 ISP 業者於資訊安全防護之目的，賦予監控企業網路安全之系統，獲取資安威脅等訊息。要求國土安全部設置資安威脅資訊平台，集中資安資訊、分享資安威脅並發布預警訊息，減少關鍵基礎設施之資訊安全威脅與風險[40]。

2016 年美國白宮提出一份國家網路安全行動計畫（Cybersecurity National Action Plan, CNAP），該計畫主旨為採取短期與長期戰略，強化全民網路安全意識及隱私保護、維護公共安全及經濟和國家安全，並使全民更能掌控自己的數位安全。

行動計畫內容重點為：建立聯邦政府資安協調機制、投入資訊安全研究、培育資安人才、聘僱一位資訊安全長、全面檢修老舊電腦系統、簡化聯邦網路連接提升整體效率、網路設備須通過國家級資安認證標章、設立強化國家資安委員會。其中委員會之成員為政府高層與資安專業人士，要求委員會提出未來十年政府部門能夠

---

[39] 同註 32，§3558。

[40] Cybersecurity Act of 2015 (Public Law 114-113 of December 18, 2015; 129 STAT. 2242), https://www.dni.gov/index.php/ic-legal-reference-book/cybersecurity-act-of-2015 (last visited: 2018/12/6).

遵循的建議[41]。同年亦制定國家資安事件回應計畫（National Cyber Incident Response Plan, NCIRP），該回應計畫主要目的為說明關鍵基礎設施遭遇重大資安事件應變與災後復原時，政府機關之責任與採取措施[42]。

2017 年美國總統川普簽署一份行政命令：強化聯邦網路與關鍵基礎設施網路安全（Strengthening the Cybersecurity of Federal Networks and Critical Infrastructure），要求政府各機構必須於九十日內使用國家標準與技術研究院（NIST）之網路安全框架來管理機構內的網路風險，並確定所屬機構網路安全基礎框架是否存在尚未修復的系統漏洞。同時要求國土安全部與國家關鍵基礎設施提供者，於一百八十日內向總統報告檢測結果與如何提供更安全的防禦有效控管網路風險，建立一個開放可靠與安全的網路環境，保護全民的網路安全[43]。

肆、德國資訊科技安全法

自西元 2000 年千禧年之後，資訊技術一直在快速改變人類的生活，同時也迅速改變世界各國資訊的轉變，網際網路和數據通信已成為新型態的資訊聯繫方式，不僅私人企業成功地運用新的資訊

---

[41] Cybersecurity National Action Plan, The White House Office of the Press Secretary, https://obamawhitehouse.archives.gov/the-press-office/2016/02/09/fact-sheet-cybersecurity-national-action-plan (last visited: 2018/12/7).

[42] The National Cyber Incident Response Plan (NCIRP). United States. Department of Homeland Security, https://www.us-cert.gov/sites/default/files/ncirp/NCIRP_FAQ.pdf (last visited: 2018/12/8).

[43] Strengthening the Cybersecurity of Federal Networks and Critical Infrastructure, The White House Office of the Press Secretary, https://www.whitehouse.gov/articles/strengthening-the-cybersecurity-of-federal-networks-and-critical-infrastructure/ (last visited: 2018/12/9).

技術，政府機關亦運用現代化的科技簡化各項行政流程，為人民提供更優質的服務，未來可能不需要定點的行政機關辦公地點提供民眾服務。作為歐盟的成員國之一的德國，在邁向資訊時代的過程中，政府機關與私人企業相當仰賴網際網路作為管理與電子商務進行資訊的交換，由於資訊日新月異，關鍵基礎設施面臨來自外部的資安威脅與攻擊，揭露出甚多弱點，在同一時間出現了愈來愈多的資訊攻擊威脅與風險。

來自國內外網路跳板式的攻擊，濫用受害者有漏洞的系統作為攻擊的工具，阻斷惡意軟體防禦和追蹤的可能性。在網路的空間中，通常仍可推斷出攻擊者的犯罪背景與身分，利用網路空間作為其採取行動的領域，特別是在電子商務與工業領域的資訊系統，只要連接網路，惡意程式與勒索軟體就會帶來許多嚴重威脅。鑑於這些資安威脅與弱點，關鍵基礎設施的保護將是一項挑戰與考驗，有待政府與人民共同努力，確保網路空間之完整性、資訊數據的機密性與可用性已成為二十一世紀生存的關鍵。

千禧年後，德國政府陸續制定頒布多項與資訊安全相關法例[44]，其中以 2009 年所頒布的聯邦資訊安全局法（Gesetz über das Bundesamt für Sicherheit in der Informationstechnik, BSI-Gesetz-BSIG，簡稱 BSI 法）[45]最具代表性。立法宗旨在保障資訊及資訊系統安全，強化德國資訊科技安全技術。在該法例中，指定聯邦資訊安全局（Bundesamt für Sicherheit in der Informationstechnik, BSI）為聯邦層級網路安全之主管機關，隸屬於德國聯邦內政部（Bundesministerium des Innern）。主要規範對象為聯邦政府各部門、關鍵基礎設施提供者，如能源、資訊技術和電信、交通、衛

---

[44] 參見蘇柏毓，同註 23，頁 29。

[45] Gesetz über das Bundesamt für Sicherheit in der Informationstechnik (BSI-Ge-setz-BSIG), Ausfertigungsdatum: 14.08.2009, https://www.gesetze-im-internet.de/bsig_2009/BSIG.pdf (last visited: 2018/12/10).

生、水、食品、金融和保險業等規範及義務，並定義資訊技術與資訊安全標準與措施、聯邦資訊科技安全局任務及職責 [46]。

於 2011 年頒布德國網路安全戰略（Sicherheitsstrategie für Deutschland）[47]，主要目的在防護聯邦資訊基礎設施於網路空間不受影響，維持正常運作，保護資訊與通信技術中數據資料之可用性、完整性與機密性，提升與保護德國經濟和社會繁榮。網路安全戰略目標為：

1. 關鍵資訊基礎設施保護：網路安全是關鍵資訊基礎設施的核心，安全的關鍵資訊基礎設施是關鍵基礎設施的核心，其重要性也在不斷增加。

2. 安全的資訊系統：基礎設施的安全需要公民與企業的資訊技術投入才可以獲得更大的保護，藉由推廣與激勵政策措施，建立國家認證的基礎安全功能產品，如電子身分認證資訊技術等，打造一個安全可靠的資訊環境。

3. 強化聯邦政府機構行政系統資訊安全：由政府機關帶頭打造可靠的網路基礎設施，進一步落實資訊安全環境建置。

4. 國家網路防護中心建置：嚴格要求所有參與機構恪守職責，資訊安全威脅與系統弱點快速分享交流，並提供協調與建議。

5. 組成國家資訊安全理事會：由聯邦政府與民間企業共同組成，主要任務為政府和企業間網路安全相互合作，打造安全網路空間。

6. 有效降低網路空間犯罪率：提升聯邦資訊安全打擊資訊犯罪方面技術與防止間諜及資訊破壞能力，迎接不斷而來的挑戰。

---

[46] 同前註，§2。

[47] Cyber-Sicherheitsstrategie für Deutschland,Datum 24.02.2011, https://www.it-planungsrat.de/SharedDocs/Downloads/DE/Pressemitteilung/Cyber%20Sicherheitsstrategie%202011.pdf?_blob=publicationFile&v=2 (last visited: 2018/12/11).

7. 進行歐洲與全球資訊技術合作：在歐盟地區推動各國之間資訊技術跨境合作，規範統一資訊安全標準，共同防禦資訊威脅與風險。

8. 採用安全與穩定的資訊技術：為了保障關鍵基礎設施之安全，使用穩定安全的資訊技術，確保關鍵基礎設施持續運作。

9. 聯邦機關的人力資源開發：由於網路安全的戰略及時與重要性，需要藉由評估目前需要加強網路安全工作人員的技術能力，並加強聯邦目前培訓資訊人員之間交流，做最完善的資源整合。

10. 抵禦網路攻擊的機制：政府機關建立一套完整防禦資安事件處理機制，定期檢查資安威脅並採取適當性的防護措施。如有必要另須制定相關法例，由政府與民間企業共同參與制定。

資安事件威脅是瞬息萬變，藉由提升資訊技術與定期檢驗資安事件處理機制，及上述十項戰略目標策略的落實，同時公、私部門協同合作共同打造穩健的網路環境，德國聯邦政府才可以穩定防禦資安威脅與捍衛國土安全。2014 年德國鋼鐵廠發生嚴重資安攻擊事件，德國聯邦資訊安全局（BSI）發布了一份長達 44 頁的 2014 年資訊安全報告[48]，報告中指出，資訊安全等關鍵基礎設施遭受到持續性威脅（APT）攻擊，攻擊者採用網路釣魚與社交工程進行 APT 攻擊，獲取鋼鐵廠網路存取權限，進而取得控制系統與生產系統控制權，將鼓風爐與熔爐等設備破壞，使設備無法正常運作，造成鋼鐵廠嚴重破壞。

由於此起資安事件是針對工業領域之關鍵基礎設施為目標之攻擊，除了相關生產技術與機密資料外洩外，系統停擺後所造成的損失將難以估算，一旦國家社會民生之關鍵基礎設施關鍵性領域設施

---

[48] 德國聯邦資訊安全局於鋼鐵廠發生嚴重資安事件後，隨即發布 2014 年資訊安全報告（Die Lage der IT-Sicherheit in Deutschland 2014），https://www.bsi.bund.de/SharedDocs/Downloads/DE/BSI/Publikationen/Lageberichte/Lagebericht2014.pdf?_blob=publicationFile（最後瀏覽日：2018 年 12 月 12 日）。

遭受到攻擊，將帶來重大影響甚至威脅到國家安全，因此德國聯邦政府相當重視基礎設施之安全性。於 2015 年 7 月德國聯邦政府隨即制定資訊科技安全法（IT-Sicherheitsgesetz）修正法案[49]，於 2017 年 6 月 30 日生效。此法內容是由多部不同法律之修正條文所結合成為一部新法，並賦予 BSI 更多的權責。主要包括德國聯邦資訊安全局法、能源法、原子能法、德國廣播媒體法、電信法、德國公務員薪資法與德國聯邦刑警局法等，修正重點包括關鍵基礎設施業者之資通安全、電信業者應採行已受公認之技術安全標準、聯邦主管機關應採行之資訊科技網路安全最低要求與評鑑等。

該法主要規範對象以關鍵基礎設施業者為主，目的即希望使德國成為國際資訊科技系統及數位基礎設施安全之先驅，且可透過法的實施，強化德國資訊安全企業之競爭力，進而提升該產業的外銷實績。要求關鍵基礎設施提供者，二年之內應採取妥適之組織與技術管理機制，保護其設施營運所必要系統、元件或運作程式，保持資料與系統之完整性、可用性、識別性與機密性。另一方面，每二年需經過檢驗或稽核等方式驗證，符合資訊安全措施所需之規範。

一、立法宗旨與定義

資訊科技安全法之立法主要是由現有不同法律條文修正結合而成，其立法宗旨為：1. 提高企業，特別是關鍵基礎設施的 IT 安全性；2. 提供安全網路環境保護個人資訊隱私；3. 保護聯邦政府與各單位資訊系統；4. 加強聯邦資訊安全局職責；5. 擴大聯邦刑事警察局在網路犯罪領域的調查權[50]。為提升聯邦政府與企業資訊科技系

---

[49] 德國資訊科技安全法，Gesetz zur Erhöhung der Sicherheit informationstechnischer Systeme，https://www.bmi.bund.de/SharedDocs/downloads/DE/gesetztestexte/it-sicherheitsgesetz.pdf?_blob=publicationFile&v=1（最後瀏覽日：2018 年 12 月 13 日）。

[50] 參見蘇柏毓，同註 23，頁 29。

統安全性、可用性與保護公民使用網際網路安全性。德國聯邦政府體認完善及良好資訊科技安全環境，對於國家、社會、經濟及行政系統的運作是一個高度發展的工業化國家所不能沒有的。生活日益仰賴的網路環境所帶來的資安威脅，唯有強化資訊安全防禦能力，才不會造成關鍵基礎設施癱瘓及導致國家安全面臨威脅。

二、規範對象

德國資訊科技安全法之規範對象除聯邦政府各部門外，加入新規範對象為關鍵基礎設施提供者[51]，此法案首先以功能定義關鍵基礎設施，因基礎設施若是停止運作或是遭受到損害，勢必造成嚴重的影響與公共安全的威脅，採用明文條列方式明定關鍵基礎設施的類別，如能源、資訊技術和電信、交通、衛生、水、食品、金融和保險業等規範及義務，並定義資訊技術與資訊安全標準與措施、聯邦資訊科技安全局任務及職責。此外，該法案明確排除領域中的小型企業[52]，不在關鍵基礎設施規範對象中[53]。

關鍵基礎設施提供者定義為：1.能源：電力、燃氣、燃料、取暖油和區域供熱等行業供應設施；2.資訊技術和電信：語音和數據傳輸、數據存儲和處理領域的設施；3.水：飲用水和廢水部門設施；4.食品：生產、加工和貿易部門設施；5.運輸和交通：航空、鐵路運輸、海運和內陸航運、公路運輸、公共當地運輸、後勤、天氣預報和衛星導航等領域的運營商和設施；6.健康：住院護理（醫院）部門的運營商和設施、重要醫療產品、處方藥及血液和血漿濃縮物的供應；7.金融和保險：現金供應、信用卡支付交易、傳統支付系統、證券清算和結算，以及衍生品交易和保險服務等領域的設施提供者。

---

[51] 同註48，§2。

[52] 同註48，§8c。

[53] 參見蘇柏毓，同註23，頁29。

針對特定領域如電信、能源等，對於關鍵基礎設施提供者的規範於各自的法律法規中落實，如電信法、能源經濟法、核能法。關鍵基礎設施提供者於法案頒布後最遲二年內須採取適當的組織和技術防範措施，以避免可用性、完整性、真實性的破壞，且需符合當時的技術水準[54]。

三、主管機關

資訊科技安全法之主管機關爲聯邦資訊安全局，係聯邦層級之網路安全主管機關，隸屬於德國聯邦內政部（Bundesministerium des Innern）。聯邦資訊安全局作爲國家資訊科技與網路安全的主管機關，主要職責是透過保護與服務措施，提升德國資訊安全與預防，有權收集和鑑定相關資訊、防護有害程式與威脅、向人民發布警訊、推薦安全措施與產品、審查資訊技術產品安全、制定安全技術標準與進行安全認證，有效抵禦所面臨的資安威脅，並防禦以網路爲媒介多變化之網路攻擊。同時也對於面臨資安威脅情勢的關鍵基礎設施提供者於遭受到攻擊破壞時，可以立即給予援助[55]。

另一方面藉由不定時檢測相關設施是否有潛在的弱點與威脅，達到事前預防之目的與效果。同時也賦予聯邦資訊技術安全局更多的職責，如聯邦資訊科技安全局有權收集與鑑定資訊、分析潛在的威脅進而通報關鍵設施提供者，同時設施提供者負有法定的安全保障義務。於資訊安全產品上市時，檢驗測試資訊科技產品系統安全性，經評估檢測後，必要時公布檢驗測試結果，使產品資訊透明化。

---

[54] 同註 48，§8a。

[55] 參見蘇柏毓，同註 23，頁 30。

四、資安事件處理

資訊科技安全法規範關鍵基礎設施提供者設立一個專門處理與 BSI 之間的資訊交換，負責建立符合資訊科技安全防護的最低標準，並向聯邦資訊安全局（BSI）報告重大的資訊科技安全事件，由聯邦資訊安全局將收到的資安報告進行評估分析，並將改善防護技術資料提供給關鍵基礎設施提供者，協助改善對於各該設施的保護，只有在已經導致關鍵基礎設施運作功能喪失或嚴重損壞下，才可以對外公布關鍵基礎設施提供者的名稱[56]。

聯邦政府為了提升網際網路使用安全性，對於電信業者與數位媒體服務提供者更提出更嚴厲的要求，必須要提供最新技術的資訊安全防護，提供公民於使用網際網路時更安全便利的環境，並給予最完善的保障，當電信公司偵測到客戶端連接異常或遭到濫用時，如殭屍網路、DDOS 阻斷攻擊等，業者必須立即通知該使用者並提供後續解決方式以保障網際網路之安全性。

五、罰則

德國資訊科技安全法案中尚無明定相關罰則，但基於聯邦資訊安全局法及現行不同法律條文修正結合而成，同時亦延續聯邦資訊安全局法之規範，如聯邦資訊安全局法第 14 條明文規定，其是一種行政違法行為，以故意或過失的結果論，行政違法最多可達 10 萬歐元的罰款。其餘如電信法、能源經濟法、核能法，限於篇幅，本節將介紹聯邦資訊安全局法之罰則。另因德國為歐盟的成員國之一，所訂定之規範須同時符合歐盟指令之規範。

於 2016 年德國陸續頒布三項與資訊安全有關之政策與條例，1. 德國資訊安全策略（Cyber Security Strategy for Germany）：主要是針對關鍵基礎設施之保護，並要求政府機關與民間企業建置

---

[56] 同註 48，§8b。

網路威脅分享機制，共同防禦網路威脅與能力提升。同時針對政府機構和關鍵基礎設施建置行動快速回應軍團（Quick Reaction Force），以便因應網路資安之攻擊與威脅[57]；2.關鍵基礎設施條例（BSI-Kritisverordnung）：資訊安全科技法規範關鍵基礎設施提供者須執行安全最低標準，並回報資安事件給聯邦資訊安全局，此條例爲資訊科技安全法之補充定義，提供關鍵基礎設施提供者通過該條例附件所定義之準則和計算公式，判斷是否在該法規範適用範圍之內，並將判斷基準擴大至交通運輸、醫療、金融保險等關鍵基礎設施提供者，於次年6月30日起生效[58]；3.德國國防與安全政策白皮書（White Paper on German Security Policy and the Future of the Bundeswehr）：此政策白皮書說明強化各級政府機關、關鍵基礎設施提供者與網路服務提供者資安威脅防禦能力，對抗持續不斷多元化之網路威脅，須不斷強化國家災後復原能力，有效控制資安事件與保護公民之責。

伍、日本網路安全基本法

網際網路通訊已成爲全球各國人民生活中必要及必須的使用工具，各國政府對於網路安全的重視程度已提升至國家安全層級，眾多先進國家紛紛以制定專法方式對資通安全議題加以規範及重視，如同本章前節之介紹，歐盟制定 NIS 指令、美國制定聯邦資

---

[57] 德國資訊安全策略，Cyber-Sicherheitsstrategie für Deutschland2016，https://www.enisa.europa.eu/topics/national-cyber-security-strategies/ncss-map/strategies/cyber-security-strategy-for-germany/@@download_version/8adc42e23e194488b2981ce41d9de93e/file_native（最後瀏覽日：2018 年 12 月 15 日）。

[58] 關鍵基礎設施條例，Verordnung zur Bestimmung Kritischer Infrastrukturen nach dem BSI-Gesetz (BSI-Kritisverordnung - BSI-KritisV)，https://www.gesetze-im-internet.de/bsi-kritisv/BSI-KritisV.pdf（最後瀏覽日：2018 年 12 月 17 日）。

訊安全現代化法，德國則頒布資訊科技安全法，來維護自己國家國土的網路安全環境。

同樣地，日本亦不遑多讓，於 1999 年即開始研擬網路安全政策，重視資訊安全等議題，推動資安政策及法令的制定，同時培育資安專業人才，提升資訊與網路安全技術，強化國家與企業的資安防護能力，但由於日本受到傳統文化影響，保守與壓抑羈絆著資訊進步與發展，且整體國家社會經濟十分仰賴資訊及網路，使其逐漸變成駭客與資訊犯罪的天堂，同時日本封建社會武士精神的道德規範與哲學思想深植，認為被駭客入侵成為眾矢之的相當不名譽，基層資安人員擔心因通報資安事件將遭上級懲處，常以低調方式處理問題，且不與相關技術領域相互援助、閉門造車心態，導致一再受到資安侵害[59]。

日本於 2000 年 7 月成立情報戰略本部（IT Strategic Headquarters），其宗旨為促進日本全體國民共同享受資訊科技的成果，並期望打造一個國際觀、具有競爭力的資訊先進國家。同年頒布多部資訊法規，如基本資訊科技法、基本資訊科技策略、電子簽章與認證服務法、資訊安全指導方針等，推動資安管理政策、訂定資安處理機制，並促進資訊科技發展、電子商務，打造資訊化的政府。2001 年至 2003 年提出 e-Japan 重點政策計畫與發展修正，期望達成 2005 年建置安全網路交易環境與資訊及資訊系統防禦機制，成為全球先進的資訊科技國家之使命。由這一連串的政策發展可觀日本政府重視國家安全外，更強調資訊科技安全與應用發展，提升國家經濟發展的企圖心[60]。

2005 年頒布關鍵基礎設施資訊安全策略行動計畫，制定關

---

[59] 參見張書瑋，我國資通安全戰略及體系評估——兼論資通安全管理法草案，國立政治大學國家發展研究所博士論文，2018 年 1 月，頁 52。

[60] 參見資通安全處，2010 資通安全政策白皮書，https://nicst.ey.gov.tw/File/318CAAEA9D5CEACB?A=C（最後瀏覽日：2018 年 12 月 19 日）。

鍵基礎設施資訊安全確保的安全基準指導指南、強化資訊共享機制、分析各領域關鍵基礎設施相依性、模擬關鍵基礎設施遭受到攻擊時之應變機制，於事故發生後能縮短回復時間及降低受影響的層度範圍。2009 年日本政府提出關鍵基礎設施資訊安全策略第二次行動計畫，主要推動政府與民間企業之間協力合作方式，共同提升資訊安全防護之目標，該計畫擬定後，2011 年發生日本大地震及持續不斷的網路攻擊資安事件，造成日本重要關鍵基礎設施受到破壞，如交通運輸、電力、通信及煉油廠發生火災和爆炸等，造成日本死傷無數及大規模災情[61]。隨後日本政府提出該計畫之修訂版以符合當前所需，最主要是增訂災後與資安事件發生後之回復機制與對策，降低關鍵基礎設施於事故後對於國民經濟社會環境之影響。

日本政府經歷過天然災害與無數次人為網路攻擊資安事件威脅，同時正面臨政府機構與其他機構遭受持續性、多樣化的網路攻擊，為增強網路系統防護，日本政府與立法部門積極參與評估與研擬相對應法案，並針對關鍵基礎設施運作制定資安事件後續應變措施，於 2014 年 11 月，日本眾議院於院會議中表決通過由自民黨、民主黨與公明黨國會議員共同提出之網路安全基本法（サイバーセキュリティ基本法）[62]，此法主要是闡明政府對於網路安全措施的基本原則和責任，協調政府與民間企業於網路資源之應用，制定網路安全戰略與有關網路安全措施的基本法規，確保重要基礎設施提供者、政府機關、民間企業、教育研究機構的網路安全，提升國家整體競爭力[63]，2016 年 4 月為目前最後修正版。

---

[61] 參見維基百科，東日本大震災，https://zh.wikipedia.org/wiki/%E6%9D%B1%E6%97%A5%E6%9C%AC%E5%A4%A7%E9%9C%87%E7%81%BD（最後瀏覽日：2018 年 12 月 20 日）。

[62] 參見日本網路安全基本法，http://elaws.e-gov.go.jp/search/elawsSearch/elaws_search/lsg0500/detail?lawId=426AC1000000104（最後瀏覽日：2018 年 12 月 28 日）。

[63] 參見賴怡君，日本通過網路安全基本法，宣示打擊網路攻擊決心，科技法律透析，第 27 卷第 5 期，2015 年 5 月，頁 2。

一、立法宗旨與定義

　　網路安全基本法立法宗旨為：1. 建立基本理念，由於全球化的資訊安全威脅持續影響著全球經濟的成長，建立一個先進穩定安全的網路環境是政府與全民共同意識，先進資訊技術發展與共同防禦資安威脅是最終的目標；2. 明確國家和地方政府的責任，闡明政府防禦網路安全措施的基本原則和國家責任範圍，揭示國家與地方、公共組織之責任，並要求努力和建立基本的措施制度；3. 制定網路安全戰略和其他有關網路安全措施的基本事項，防禦全球化無國界的資安威脅情勢[64]。

　　此法網路安全之定義為：以電磁方式記錄、不能由其他人所直接辨識識別的資訊與資訊系統、電信與網路系統資料傳輸與接收，確保整個過程為可靠性與穩定性，防止資訊遺失或損壞，藉由資訊技術所為妥善維護及管理[65]。

二、規範對象

　　日本網路安全基本法規範對象為政府機關、關鍵基礎設施提供者、民間企業與教育單位，其涵蓋廣泛的內容（如中央政府應訂定全國性的資安政策並負責推動，地方政府應與中央分擔責任，制定地方政策及推動。關鍵基礎設施提供者，應確保所提供之設施能穩定提供相關服務，並確保其設施之資訊安全，同時配合政府之政策推動，其他網路服務及資安業者應配合政府之政策，確保資訊安全。教育單位、研究單位應積極培育資安人才及推動資安之研究，同時每個國民也應對資訊安全之重要性有所認知，維護資訊安全），包括人力資源管理、打擊犯罪、促進工業發展、加強國際競

---

[64] 同註 62，第 1 條。

[65] 同註 62，第 2 條（定義）。

爭力、促進國際合作等以自願積極尋求網路安全保障[66]，除了努力配合網路安全措施外，國民應加深對於網路安全重要性認知和理解，努力注意保障網路安全[67]。

三、主管機關

主管機關為網路安全戰略總部，其組織由內閣中具相關研究領域或相關經驗之成員所組成。統一協調各部門的網路安全應變機制是否合適，網路安全基本法賦予戰略總部監督權限，可以調查政府各省廳的網路安全政策是否適當、測試其網路防禦資安攻擊是否穩固[68]。2015年日本政府推動網路安全基本法，主要目標是制定推動資安政策、明確定義主管機關之權責，以及各行政機關主要權責與任務劃分明確，網路安全基本法施行後，原隸屬於 IT 戰略總部的 NISC，改為直屬於內閣管轄，並將名稱更為國家資安事件整備與戰略中心（National Center of Incident Readiness and Strategy for Cybersecurity, NISC），為獨立運作之內閣單位。強制政府各級單位須向總部回報資安事件，總部也會向各單位送出正式的資安建議。NISC 則要協助各政府單位落實網路安全的稽核，於重大資安事件發生時，第一時間主動介入調查。日本在網路資安策略的落實，有顯著的效益。過去資安策略只有綁定 ISPC 委員會成員，也無任何強制的執行力，但在網路安全基本法制定後，所有的網路資安策略是屬於內閣的命令，因此可以將權力拓展到各個政府單

---

[66] 參見賴怡君，同註63，頁3。

[67] 同註62，第4條至第9條（第4條中央政府制定和實施網路安全綜合措施、第5條規範地方政府的職責、第6條規範社會基礎設施的責任、第7條規範網路相關經營者的責任、第8條規範教育單位的責任、第9條要求全民強化網路安全認知與理解）。

[68] 同註62，第24條至第35條規範網路安全戰略總部相關組織及權責事項。

位[69]。

四、資安事件處理

　　日本網路安全基本法對於資訊安全維護措施，主要由四個面向進行：1. 行政機關之網路安全防禦；2. 關鍵基礎設施提供者之網路安全防禦；3. 民間企業與教育研究機關自願參與；4. 政府、關鍵基礎設施提供者與網路安全產業之間的相互合作。如訂定網路安全措施之統一標準、對攻擊資訊系統之方式進行監控與分析、進行訓練與演習方式分享資安威脅情資分享，同時提供網路安全諮詢、資訊提供及資安防範建議，將可藉由公私部門彼此合作共同防禦網路安全。對於可能影響國家安全、造成重大影響之網路安全事件之應變機制，透過各機構之間相互合作及責任分擔，建立網路犯罪機制以避免資安事件範圍擴大。另一方面藉由定期辦理教育宣傳與活動推廣，提升全體國民網路安全意識與觀念，並積極參與國際規範之訂定，與各國建立合作、資訊分享、共同分工取締網路犯罪[70]。

五、罰則

　　日本網路安全基本法中罰則的部分，第 37 條訂定：「經行政機關委託之獨立行政法人或其他指定之法人之內部成員，違反同法第三十條第二項無正當理由，不得洩漏或竊取相關機密，違反者，處一年以上有期徒刑或者不超過五十萬日元的罰款處罰。」第 37 條規範為該法唯一罰則，並無配合主管機關之政策施行而衍生民刑事或行政之責[71]。

---

[69] 參見張書瑋，同註 59，頁 53-54。

[70] 同註 62，第 24 條至第 35 條規範資安事件預防及因應措施。

[71] 同註 62，第 37 條。

陸、結論

綜觀本文各章所介紹之國際組織（歐盟 NIS 指令）與國家（美國資訊安全管理現代化法、德國資訊科技安全法、日本網路安全基本法），均對於網路安全及資安事件相當重視，將其事件提升至國家安全等級，相繼皆以明文立法方式，同時對於資訊安全人才亦是積極培育，新興網路空間安全防禦亦是為國土的一部分，資安事件的因應與處置，由幾個方向可以得之，如建立專責主管機關，並賦予明確職權；關鍵基礎設施皆納入法律規範，著重保障相關運作與網路安全；建立資安事件通報及應變措施機制。

各國對於資安事件未發生之前，積極研擬資安政策與推動、培育專業資安人才，並對於公務機關與攸關國家、國民經濟及生活之重要關鍵基礎設施皆提出規範政策與通報機制，另日本網路安全基本法規範對象涵蓋政府機關、關鍵基礎設施提供者、網路服務及資安業者、民間企業與教育單位，訂定全國性的資安政策與推動，共同捍衛國家安全不遺餘力，從立法及規範方面可以看出對於資訊安全極其重視。資訊安全威脅危害及攻擊手法瞬息萬變，但只要於資安事件發生時做好防範措施，確實執行資安政策與資安稽核，並在資安事件發生後立即通報主管機關，技術單位能夠協助排除與資安事件事後就其缺失或待改善之事項提出改善計畫報告，同時藉由資安情資分享與交換機制，確實可降低影響範圍、降低受損害的層度，運用現有的資源以最短的時間內恢復到資安事件發生前的正常運作。

本章所提及的各法例有著許多優點，如歐盟如何提升網路使用效益、降低網路犯罪、提升防護能力，以及成員國之間資安情資、資訊共享；美國政府積極推動資訊安全策略，強化全民網路安全意識及隱私保護、維護公共安全及經濟和國家安全；日本推動建立全民資安意識與思維，鼓勵民間企業自願參與資安政策推動執行。各國針對資訊安全政策制定、資安政策執行、資安稽核與檢

查、資安評估與改善，著實可提供我國立法者參考及借鏡，修訂一個符合我國所需資通安全法例，降低資安事件、提升資安防禦能力與資安情資共享，建置一個資訊安全環境，讓我國邁向先進資安防禦及優越網路環境，創造新一波經濟繁榮與奇蹟。

參考文獻

一、中文部分

1. 行政院科技顧問組，關鍵資訊基礎建設保護政策指引，https://land.tainan.gov.tw/FileDownLoad/FileUploadList/744.pdf（最後瀏覽日：2018 年 11 月 15 日）。

2. 施弘文，淺論我國關鍵基礎設施之資安管理發展——以歐盟網路與資訊系統安全指令為參考，科技法律透析，第 29 卷第 3 期，2017 年 3 月，頁 28-34。

3. 張書瑋，我國資通安全戰略及體系評估——兼論資通安全管理法草案，國立政治大學國家發展研究所博士論文，2018 年 1 月。

4. 陳蔚菁，英國將依歐盟指令調整關鍵基礎資訊設施規範，科技法律透析，第 29 卷第 3 期，2017 年 3 月，頁 5-6。

5. 資通安全處，2010 資通安全政策白皮書，https://nicst.ey.gov.tw/File/318CAAEA9D5CEACB?A=C（最後瀏覽日：2018 年 12 月 19 日）。

6. 樊國楨、林惠芳、黃健誠，資訊安全法制化初探之一：根基於美國聯邦資訊安全管理法，資訊安全通訊，第 18 卷第 2 期，2012 年 4 月，頁 20-34。

7. 樊國楨、黃健誠、林樹國，完備我國資訊安全管理法規初探，前瞻科技與管理，第 3 卷第 1 期，2013 年 5 月，頁 97-147。

8. 賴怡君，日本通過網路安全基本法，宣示打擊網路攻擊決心，科技法律透析，第 27 卷第 5 期，2015 年 5 月，頁 2-3。

9. 簡宏偉，由資安風險談我國資安管理，國家通訊傳播委員會，第 10 卷第 9 期，2017 年 1 月，頁 1-3。

10.蘇柏毓，資訊安全法規國際最新發展舉隅，科技法律透析，第 27 卷第 6 期，頁 27-34。

二、外文部分

1. Appendix III to OMB Circular No. A-130, https://georgewbush-whitehouse.archives.gov/omb/circulars/a130/a130appendix_iii.html (last visited: 2018/11/26).

2. BSI-Kritisverordnung,Verordnung zur Bestimmung Kritischer Infrastrukturen nach dem BSI-Gesetz (BSI-Kritisverordnung - BSI-KritisV), https://www.gesetze-im-internet.de/bsi-kritisv/BSI-KritisV.pdf (last visited: 2018/12/17).

3. Cyber Security Strategy for Germany, Cyber-Sicherheitsstrategie für Deutschland2016, https://www.enisa.europa.eu/topics/national-cyber-security-strategies/ncss-map/strategies/cyber-security-strategy-for-germany/@@download_version/8adc42e23e194488b2981ce41d9de93e/file_native (last visited: 2018/12/15).

4. Cybersecurity Act of 2015 (Public Law 114-113 of December 18, 2015; 129 STAT. 2242), https://www.dni.gov/index.php/ic-legal-reference-book/cybersecurity-act-of-2015 (last visited: 2018/12/6).

5. Cybersecurity National Action Plan, The White House Office of the Press Secretary, https://obamawhitehouse.archives.gov/the-press-office/2016/02/09/fact-sheet-cybersecurity-national-action-plan (last visited: 2018/12/7).

6. Cyber-Sicherheitsstrategie für Deutschland, Datum 24.02.2011, https://www.it-planungsrat.de/SharedDocs/Downloads/DE/Pressemitteilung/Cyber%20Sicherheitsstrategie%202011.pdf?_blob=publicationFile&v=2 (last visited: 2018/12/11).

7. Die Lage der IT-Sicherheit in Deutschland 2014, https://www. bsi.bund.de/SharedDocs/Downloads/DE/BSI/Publikationen/ Lageberichte/Lagebericht2014.pdf?_blob=publicationFile (last visited: 2018/12/12).

8. Directive (EU) 2016/1148 of the European Parliament and of the Council of 6 July 2016 concerning measures for a high common level of security of network and information systems across the Union, 2016 O.J. (L194/1), https://eur-lex.europa.eu/legal-content/ EN/TXT/PDF/?uri=CELEX:32016L1148 (last visited: 2018/11/17).

9. Federal Information Security Management Act of 2002 (Pub.L. 107-347), https://www.gpo.gov/fdsys/pkg/PLAW-107publ347/html/ PLAW-107publ347.htm (last visited: 2018/11/26).

10. Federal Information Security Modernization Act of 2014, https:// www.congress.gov/113/plaws/publ283/PLAW-113publ283.pdf (last visited: 2018/12/5).

11. Gesetz über das Bundesamt für Sicherheit in der Informationstechnik (BSI-Gesetz-BSIG), Ausfertigungsdatum: 14.08.2009, https:// www.gesetze-im-internet.de/bsig_2009/BSIG.pdf (last visited: 2018/12/10).

12. IT-Sicherheitsgesetz, Gesetz zur Erhöhung der Sicherheit informationstechnischer Systeme, https://www.bmi.bund.de/ SharedDocs/downloads/DE/gesetztestexte/it-sicherheitsgesetz.pdf?_ blob=publicationFile&v=1 (last visited: 2018/12/13).

13. Strengthening the Cybersecurity of Federal Networks and Critical Infrastructure, The White House Office of the Press Secretary, https:// www.whitehouse.gov/articles/strengthening-the-cybersecurity-of-federal-networks-and-critical-infrastructure/ (last visited: 2018/12/9).

14. The National Cyber Incident Response Plan (NCIRP). United States. Department of Homeland Security, https://www.us-cert.gov/sites/

default/files/ncirp/NCIRP_FAQ.pdf (last visited: 2018/12/8).

15. White Paper on German Security Policy and the Future of the Bundeswehr, https://www.bundeswehr.de/resource/resource/MzEzN TM4MmUzMzMyMmUzMTM1MzMyZTM2MzIzMDMwMzAzM DMwMzAzMDY5NzE3MzM1Njc2NDYyMzMyMDIwMjAyMD Iw/2016%20White%20Paper.pdf (last visited: 2018/12/18).

16. サイバーセキュリティ基本法，http://elaws.e-gov.go.jp/search/ elawsSearch/elaws_search/lsg0500/detail?lawId=426AC1000 000104（最後瀏覽日：2018 年 12 月 28 日）。

|第六章|
我國資通安全管理法制初探
A Study for the R.O.C Information Communication Security Management Act

曾勝珍* 陳仕弘**

* 嶺東科技大學財經法律研究所教授，shengtseng1022@gmail.com。

** 雲林科技大學資訊管理研究所博士班研究生，d10823004@yuntech.edu.tw。

壹、前言

隨著資訊科技創新與網路快速發展，帶動各項產業產能提升，從早期傳統交易市場，快速演變成透過網際網路從事各種類型電子商務[1]，如：企業對企業（B2B）、企業對消費者（B2C）、消費者對消費者（C2C）、消費者對企業（C2B）[2]，透過網路有機會接觸到世界各地之潛在客戶，藉由網路快速傳遞，改變交易型態、資訊交換方式、資料保存方式，文創產業得以數位化保存，使人們輕易完成目標與創造奇蹟[3]。然而快速進步與發展同時，也相對帶來問題與威脅，惟網路普及以致形成許多型態之網路不當行為，其不當行為將構成許多法制所規範不容許之行為，如網路誹謗、網路詐欺、侵害著作權、網路攻擊、變更、刪除或竊取資料等[4]。

網際網路是一種新型態資訊傳遞媒介，突破時間與空間之隔閡，進入另一階段之互動領域，改變人們生活之新起點，不單單只是資訊搜尋與瀏覽工具，已在人們生活食衣住行育樂中蔓延開來，因其具有匿名性、分散性（去中心）、大量資訊、無國界性、即時性等特性[5]，創造人類新的生活方式，也開啓了商業契機，日新月異之資訊安全問題，亦於此網路空間中擴散開來，惟使用者不良習慣、系統漏洞[6]與薄弱資訊安全意識下，駭客自然是輕而易舉取

---

[1] 靖心慈，跨境電子商務國際規範之建立和探討，經濟前瞻，第 181 期，2019 年 1 月，頁 92。

[2] 胡昭民、吳燦銘，計算機概論——數位趨勢與創新，博碩文化出版，2018 年 5 月，頁 10-02～10-09。

[3] 曾勝珍，智慧財產權法專論——智慧財產權法與財經科技的交錯，五南圖書出版，2018 年 5 月，頁 2。

[4] 曾勝珍，同前註，頁 3。

[5] 曾勝珍，同註 3，頁 2。

[6] iThome 新聞，微軟修補兩個已被駭客開採的零時差漏洞，https://www.ithome.com.tw/news/125266（最後瀏覽日：2019 年 4 月 10 日）。

得各項資料及資訊[7]，甚至是竄改或破壞資料及資訊系統，造成無數資訊系統癱瘓或毀損[8]。駭客攻擊模式與型態之轉變，從早期惡作劇程式[9]演變成現今之勒索軟體[10]，並由單一型態轉變成組織化網路犯罪及詐騙行為，不斷進化之駭客手法造成惡意攻擊行為逐漸擴大傷害範圍，對國家、企業與人民損失不計其數，對此世界各國家如何確保資訊安全與提升資安防禦能力是各國正努力及關注之議題，許多國家開始致力於網路安全研究，先後建置網路安全防禦設施、設立專責部門、擬定專法、尋求各國協同合作，資訊安全之議題已明顯超越科技發展範疇，成為各國首要國家戰略新方針。

　　我國自 2016 年後，積極打造國家資安機制、成立國家資安團隊，並積極推動國防資安自主研發，相繼成立行政院資通安全處、行政院數位國家創新經濟小組、國防部資通電軍[11]，並推動資安相關立法，如 2018 年 5 月立法院三讀通過「資訊安全管理法」[12]，總統府於 6 月 6 日公布，並於翌年元旦正式施行。行政院資安處將依法繼續制定相關六個子法，如：「資通安全管理法施行細則」[13]、

7　民視新聞，萬豪酒店遭駭客入侵 5 億筆客戶個資疑外洩，https://www.ftvnews.com.tw/news/detail/2018B30W0018（最後瀏覽日：2019 年 4 月 10 日）。

8　東森新聞，驚！新一波勒索病毒又來　直接刪除用戶檔案，https://news.ebc.net.tw/News/society/150190（最後瀏覽日：2019 年 4 月 10 日）。

9　大紀元科技新聞，首個電腦病毒竟源自一對兄弟的偶然錯誤，http://www.epochtimes.com/b5/14/8/26/n4233359.htm（最後瀏覽日：2019 年 3 月 18 日）。

10　iThome 新聞，臺灣史上第一次券商集體遭 DDoS 攻擊勒索事件，https://www.ithome.com.tw/news/111875（最後瀏覽日：2019 年 3 月 17 日）。

11　國家安全會議，國家資通安全戰略報告──資安即國安，國家資通安全辦公室，2018 年 9 月，頁 1。

12　中華民國 107 年 6 月 6 日總統華總一義字第 10700060021 號令制定公布全文 23 條；施行日期，由主管機關定之。中華民國 107 年 12 月 5 日行政院院臺護字第 1070217128 號令發布定自 108 年 1 月 1 日施行。

13　中華民國 107 年 11 月 21 日行政院院臺護字第 1070213547 號令訂定發布全

「資通安全責任等級分級辦法」[14]、「資通安全情資分享辦法」[15]、「資通安全事件通報及應變辦法」[16]、「特定非公務機關資通安全維護計畫」[17]及「公務機關所屬人員資通安全事項獎懲辦法」[18]，以期建立安全、可靠之資通環境，達成數位經濟與國家發展之目標，將我國資訊安全政策等級提升至與國家安全並重，並爲下一步之資安政策定出新方向[19]。

貳、資安法制發展概說

我國爲加速與推動資訊通訊安全基礎建設，於 2001 年行政院成立國家資通安全會報[20]，肩負國家資通安全政策、資安事件通報

文 13 條；施行日期，由主管機關定之。中華民國 107 年 12 月 5 日行政院院臺護字第 1070217128 號令發布定自 108 年 1 月 1 日施行。

[14] 中華民國 107 年 11 月 21 日行政院院臺護字第 1070213547 號令訂定發布全文 12 條；施行日期，由主管機關定之。中華民國 107 年 12 月 5 日行政院院臺護字第 1070217128 號令發布定自 108 年 1 月 1 日施行。

[15] 中華民國 107 年 11 月 21 日行政院院臺護字第 1070213547 號令訂定發布全文 11 條；施行日期，由主管機關定之。中華民國 107 年 12 月 5 日行政院院臺護字第 1070217128 號令發布定自 108 年 1 月 1 日施行。

[16] 中華民國 107 年 11 月 21 日行政院院臺護字第 1070213547 號令訂定發布全文 21 條；施行日期，由主管機關定之。中華民國 107 年 12 月 5 日行政院院臺護字第 1070217128 號令發布定自 108 年 1 月 1 日施行。

[17] 中華民國 107 年 11 月 21 日行政院院臺護字第 1070213547 號令訂定發布全文 10 條；施行日期，由主管機關定之。中華民國 107 年 12 月 5 日行政院院臺護字第 1070217128 號令發布定自 108 年 1 月 1 日施行。

[18] 中華民國 107 年 11 月 21 日行政院院臺護字第 1070213547 號令訂定發布全文 7 條；施行日期，由主管機關定之。中華民國 107 年 12 月 5 日行政院臺護字第 1070217128 號令發布定自 108 年 1 月 1 日施行。

[19] 國家安全會議，同註 11，頁 6。

[20] 行政院國家資通安全會報，行政院國家資通安全會報設置要點，https://nicst.ey.gov.tw/Page/1308C3D16D271378（最後瀏覽日：2019 年 3 月 19 日）。

應變機制與跨部會資通安全事務之督導與協調，以強化我國資通訊安全防禦與災後應變能力。

一、發展概說

　　國家資通安全會報成立後，積極推動政府機關一系列資訊安全計畫[21]，至2019年已進入第五期國家資通安全發展方案，國家資通安全發展計畫進程，第一期發展計畫（2001-2004年）[22]，目標為全國3,713個重要政府機關（構）建立整體資安防護體系。將政府機關分為國防、行政、學術、能源（水、電、石油、瓦斯）、運輸（交通、通信、網路、航管）、經濟（金融、證券、關貿）、醫護（醫療）等七個不同屬性類別，建立全面資通安全防禦體系，在關鍵基礎設施方面，導入資安管理制度，限期完成異地備援與通過資訊安全管理系統認證，同時建置資安監控中心，在人員訓練培育方面，要求資訊人員須通過資安認知與教育訓練等課程。第二期發展計畫（2005-2008年）[23]，政府單位推動資訊安全長設置，落實資訊安全長責任制度，強化政府機關資通安全防護及管理之責，每年選擇近30個機關單位外部資訊安全稽核，並提供稽核之建議，落實資訊安全防護工作，並推動主管機關內部稽核。

　　第三期發展計畫（2009-2012年）[24]，因網路速率快速提升帶動全民生活數位化及資安事件日益增加，重點發展方案如關鍵資訊基礎建設防護、強化緊急應變與復原能力、強化電子商務資訊安全、厚植資安產業競爭力、培育全民資安素養、資訊系統分類分級、資安治理等，總體目標為強化整體回應能力、提供可信賴之

---

[21] 國家資通安全發展方案（106-109年），行政院國家資通安全會報，2017年11月，頁18。

[22] 國家資通安全發展方案（106-109年），同前註，頁18-19。

[23] 國家資通安全發展方案（106-109年），同註21，頁19-20。

[24] 國家資通安全發展方案（106-109年），同註21，頁20。

資訊服務、優質化企業競爭力、建構資安文化發展環境，打造安全可靠之數位化環境。第四期發展計畫（2013-2016年）[25]，由於網路及經濟犯罪大量竊取個人資訊隱私，影響著整個電子商務與金融之發展，關鍵資訊基礎設施透過網路脈絡相連接，暴露於網際網路中，遭受到實體破壞之風險倍增，總體目標為加強資安防護管理及二線監控機制與資安情報分享，並修訂政府機關資通安全責任等級分級作業規定。第五期發展計畫（2017-2020年）[26]，經過政府推動各項前四期資安政策，已顯著提升我國資訊安全之完備，逐漸邁向完備資安基礎環境、建構國家資安聯防體系、推升資安產業自主能量、孕育優質資安人才等願景。我國第五期發展計畫於2020年到期，第六期發展計畫的重點，除了強化第五期政策的落實，新的規劃則是要把資安事件處理（IR）的單一事件，轉換成資安情資（Security Intelligence）。

二、現行資通安全相關法制

我國對於網際網路之使用率與硬體建設發展上有著顯著成長，因網際網路其特性[27]為匿名性、即時性、分散性及無國界性，於網路迅速普及與多元化時空背景下，許多法律規範之草案研擬跟不上時勢，於立法院會議退回程序委員會重新提出或立委任期屆滿配合退回審查後便無疾而終，如濫發商業電子郵件管理條例草案等，我國關於資訊相關規範係分散於各法規命令及行政規則，可分成三個部分，如資安特別法規、資安政策與作業規範、參考指引[28]。

---

[25] 國家資通安全發展方案（106-109年），同註21，頁20。

[26] 國家資通安全發展方案（106-109年），同註21，頁24。

[27] 曾勝珍，同註3，頁2。

[28] 行政院國家資通安全會報技術服務中心，共通規範—參考指引，https://www.nccst.nat.gov.tw/CommonSpecification?lang=zh（最後瀏覽日：2019年3月19日）。

　　我國現行資安特別法規[29]，如刑法第三十六章妨害電腦使用罪、電信法、電子簽章法、國家機密保護法、個人資料保護法、金融控股公司法、銀行法、醫療法等，藉由各法或專章來約束網際網路之各種行為活動，現行資通安全相關之法律與規範整理如表6-1：

表 6-1　我國現行資通安全相關之法律與規範

類別	法律及規範
網路犯罪	刑法第三十六章妨害電腦使用罪。
身分認證	電子簽章法、電子簽章法施行細則、憑證實務作業基準應載明事項準則、外國憑證機構許可辦法。
資料保護	個人資料保護法、個人資料保護法施行細則、執行電腦處理個人資料保護事項協調聯繫辦法。
通訊保障	電信法、通訊保障及監察法、通訊保障及監察法施行細則。
資訊公開與機密維護	國家機密保護法、國家機密保護法施行細則、檔案法、檔案法施行細則、機密檔案管理辦法、檔案電子儲存管理實施辦法、政府資訊公開法。
資安治理	行政院及所屬各機關資訊安全管理要點、行政院及所屬各機關資訊安全管理規範。

資料來源：作者自行整理。

　　資安政策與相關規定[30]，為行政院國家資通安全會報，對於國家資通安全發展及資安推動所訂定之政策與規範，如國家總體資通發展計畫之國家資通訊安全發展方案、關鍵資訊基礎設施資安防護建議、資訊系統分級與防護基準作業規定等。參考指引[31]為2005年行政院資通安全技術服務辦理政府資安規範整體發展藍圖之規劃事

---

[29] 曾勝珍，同註3，頁3。

[30] 行政院國家資通安全會報技術服務中心，資安政策，https://nicst.ey.gov.tw/Page/6B6D2F6CEA7C99E5（最後瀏覽日：2019年3月19日）。

[31] 行政院國家資通安全會報技術服務中心，同註28。

宜，如安全控制措施參考指引、無線網路安全參考指引、資訊系統風險評鑑參考指引、資訊作業委外安全參考指引、資通系統風險評鑑參考指引、網路架構規劃參考指引、VPN 安全參考指引、Web 應用程式安全參考指引、電子郵件安全參考指引、個人資料保護參考指引等。

2017 年 4 月行政院擬定資通安全管理法草案[32]，送交司法及法制委員會審查，立法院不分朝野黨派歷經多次立法院會期共同修訂，2017 年 11 月逐條審查[33]，2018 年 5 月 11 日三讀通過[34]，6 月 6 日總統公布，於 2019 年 1 月 1 日資通安全管理法正式施行[35]。行政院資通安全處於 2018 年 11 月 21 日公布六部子法，與母法同於 2019 年元旦正式實施[36]。

我國資通安全管理法立法歷程如圖 6-1：

---

[32] 資通安全管理法草案（函送立法院版本），行政院國家資通安全會報，https://nicst.ey.gov.tw/File/98D5DBD18376747B?A=C（最後瀏覽日：2019 年 3 月 28 日）。

[33] 行政院國家資通安全會報，資通安全管理法草案（經立法院司法及法制委員會審議版本），https://nicst.ey.gov.tw/Page/D94EC6EDE9B10E15/bd52cadf-891b-4e13-8fcb-fe24fdfe9adb（最後瀏覽日：2019 年 3 月 28 日）。

[34] 資通安全管理法（三讀），立法院公報，第 107 卷第 52 期院會紀錄，頁 109。

[35] 為積極推動國家資通安全政策，加速建構國家資通安全環境，以保障國家安全，維護社會公共利益，特制定本法，資通安全管理法 2018 年 6 月 6 日公布法條共計 23 條，於 2019 年 1 月 1 日施行。參見資通安全管理法，全國法規資料庫，https://law.moj.gov.tw/LawClass/LawAll.aspx?pcode=A0030297（最後瀏覽日：2019 年 3 月 28 日）。

[36] 行政院國家資通安全會報，資通安全管理法子法最新公告，https://nicst.ey.gov.tw/Page/D94EC6EDE9B10E15/8c1e32e1-f068-4cab-a97d-865d5524d705（最後瀏覽日：2019 年 3 月 19 日）。

2017/4	2017/11	2018/3	2018/5	2018/6	2018/7	2018/11	2019/1
函送立法院審查 行政院資通安全管理法草案	交付司法及法制委員會審查 一讀程序完成 立法院第九屆第三期	子法草案分區座談會	法案三讀通過 立法院第九屆第五期	總統令公布	子法進行預告	子法公布	正式施行

圖 6-1　我國資通安全管理法立法歷程

資料來源：作者自行整理。

參、資通安全管理法架構與定義

　　資通安全管理法係參照歐盟 2016 年網路與資訊系統安全指令（Network and Information Security Directive, NIS）[37]、美國聯邦資訊安全現代化法（Federal Information Security Modernization Act of 2014, FISMA 2014）[38]、德國資訊科技安全法（IT-Sicherheitsgesetz）[39]、

---

[37] Directive (EU) 2016/1148 of the European Parliament and of the Council of 6 July 2016 concerning measures for a high common level of security of network and information systems across the Union, 2016 O.J. (L 194/1), https://eur-lex.europa.eu/legal-content/EN/TXT/PDF/?uri=CELEX:32016L1148 (last visited: 2019/3/20).

[38] Federal Information Security Modernization Act of 2014, https://www.congress.gov/113/plaws/publ283/PLAW-113publ283.pdf (last visited: 2018/12/5).

[39] (IT-Sicherheitsgesetz), Gesetz zur Erhöhung der Sicherheit informationstechnischer Systeme, https://www.bmi.bund.de/SharedDocs/downloads/DE/gesetztestexte/it-sicherheitsgesetz.pdf?_blob=publicationFile&v=1 (last visited: 2019/3/20).

日本網路安全基本法[40]等資訊科技發展先進國家之法制核心，於本法第 1 條明文立法宗旨與目標，惟網路與數位化於各產業及家庭生活應用廣泛，資訊安全事件日益嚴重，為確保資訊與資訊系統於安全環境下運作，積極推動資通安全政策與落實執行與管理層面，強化公部門與私部門之資通環境，賦予各機關資通安全維護權責與明確法律依據，維護國家安全與國民權益，提升我國資通安全防禦能力，賦予各機關資通安全維護權責，明確之法律依據。

一、架構

　　資通安全管理法[41]架構分成五個章節，條文共計二十三條，第一章為總則，主要規範立法目的、名詞定義、行政院職責、國家資通安全政策之推動、資通安全維護計畫定期稽核、任務委任或委託、資通安全責任等級分級、情資分享機制及委外監督等九條條文；第二章為公務機關資通安全之管理，主要對於公務機關之資通安全管理與維護計畫、資通安全長之設置、年度資通安全報告彙整、資通安全稽核、資通安全事件通報、應變措施及獎懲措施之規範；第三章為特定非公務機關資通安全管理，針對特定非公務機關之資通安全管理訂定規範，對於關鍵基礎設施提供者資通安全維護之管理與監督、受指定之非公務機關所提供之產品或服務資通安全管理維護計畫實施稽核、資通安全事件通報、應變措施與改善計畫。

　　第四章與第五章為罰則與附則，罰則係以行政處罰為主，分成公務機關與特定非公務機關兩部分，公務機關之人員懲戒、懲處本有公務人員考績法、公務員懲戒法等規定加以規範，惟為了促使相

---

[40] 日本網路安全基本法，http://elaws.e-gov.go.jp/search/elawsSearch/elaws_search/lsg0500/detail?lawId=426AC1000000104（最後瀏覽日：2019 年 3 月 20 日）。

[41] 資通安全管理法，同註 12。

關人員對於資通安全工作之重視與投入，爰於本條規定主管機關應
訂定懲處事項之辦法，對公務機關所屬人員未遵守本法規定者，按
情節輕重予以懲處。特定非公務機關如未依照本法制定、修正或實
施資通安全維護計畫，違反第 16 條第 6 項或第 17 條第 4 項所定辦
法中有關資通安全維護計畫必要事項、實施情形之提出、稽核之頻
率、內容與方法、改善報告之提出及其他應遵行事項之辦法，依
照情結輕重處以不同懲處或罰鍰，按次處新臺幣 10 萬元以上 100
萬元以下之罰鍰；未於限期內改正，按次處罰之。未依本法通報
資安事件之規定，處 30 萬元以上 500 萬元以下罰鍰；限期內未改
正，按次處罰之；第五章為附則，資通安全管理法母法與子法已於
2019 年 1 月 1 日正式實施 [42]，資通安全管理法架構如圖 6-2。

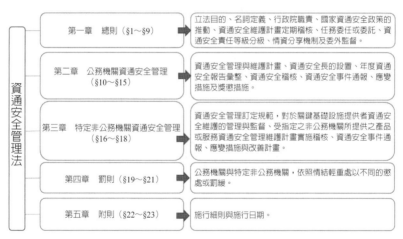

圖 6-2　資通安全管理法架構圖

資料來源：作者自行整理。

---

[42] iThome 新聞，臺灣資通安全管理法上路一個月，行政院資安處公布實施現況，https://www.ithome.com.tw/news/128789（最後瀏覽日：2019 年 3 月 26 日）。

二、定義

鑑於各界對於資通安全議題重視及模稜領域之界定，本法第 3 條明確定義資通系統、資通服務、資通安全、資通安全事件、公務機關、特定非公務機關、關鍵基礎設施、關鍵基礎設施提供者、政府捐助之財團法人等九款。資通系統[43] 係指用以蒐集、控制、傳輸、儲存、流通、刪除資訊或對資訊為其他處理、使用或分享之系統；資通服務[44] 係指與資訊之蒐集、控制、傳輸、儲存、流通、刪除、其他處理、使用或分享相關之服務；資通安全[45] 係指防止資通系統或資訊遭受未經授權之存取、使用、控制、洩漏、破壞、竄改、銷毀或其他侵害，以確保其機密性、完整性及可用性。

資通安全事件[46] 係指系統、服務或網路狀態經鑑別而顯示可能有違反資通安全政策或保護措施失效之狀態發生，影響資通系統機能運作，構成資通安全政策之威脅；公務機關[47] 係指依法行使公權力之中央、地方機關（構）或公法人，但不包括軍事機關及情報機關；特定非公務機關[48] 係指關鍵基礎設施提供者、公營事業及政府捐助之財團法人；關鍵基礎設施[49] 係指實體或虛擬資產、系統或網路，其功能一旦停止運作或效能降低，對於國家安全、社會公共利益、國民生活或經濟活動有重大影響之虞，經主管機關定期檢視並公告之領域；關鍵基礎設施提供者[50] 係指維運或提供關鍵基礎設施之全部或一部，經中央目的事業主管機關指定，並報請主管機關核

---

43 資通安全管理法第 3 條第 1 款。
44 資通安全管理法第 3 條第 2 款。
45 資通安全管理法第 3 條第 3 款。
46 資通安全管理法第 3 條第 4 款。
47 資通安全管理法第 3 條第 5 款。
48 資通安全管理法第 3 條第 6 款。
49 資通安全管理法第 3 條第 7 款。
50 資通安全管理法第 3 條第 8 款。

定者；政府捐助之財團法人[51] 係指其營運及資金運用計畫應依預算法第 41 條第 3 項規定送交立法院，及其年度預算書應依同條第 4 項規定送交立法院審議之財團法人。

上述九款資通安全範圍用詞之定義，參酌美國聯邦資訊安全管理法（Federal Information Security Management Act）[52]，資訊安全管理之目標為保護資訊及資訊系統以避免未經授權之存取、使用、洩漏、破壞、修改或銷毀等行為，以確保資訊之可用性、完整性及保密性[53]；德國聯邦資訊科技安全法[54] 亦指出，資訊安全指透過安全防範方式，確保資訊之可用性、完整性及保密性。資通安全事件定義及標準參照美國國家標準技術研究所（National Institute of Standards and Technology）SP800-60 Volume I: Guild for Mapping Type of Information and Information System to Security Categories 及經濟部標準檢驗局公布國家標準 CNS 27001，資訊技術、安全技術、資訊安全管理、要求事項等文件，明確定義資訊用詞與意涵。

公務機關如總統府、行政院、立法院、司法院、考試院、監察院、直轄市政府、縣（市）政府、公立社會教育機構、公立文化機構、公立醫療機構或行政法人等。公務機關中明列出軍事、情報機關等因性質較特殊，其資安情勢管理則由其所屬主管單位另訂法規範。特定非公務機關包含公營事業、政府捐助之財團法人與關鍵基礎設施提供者三部分，其中關鍵基礎設施[55] 包含能源、水資源、通

---

[51] 資通安全管理法第 3 條第 9 款。

[52] 美國 2002 年的聯邦資訊安全管理法（FISMA of 2002），美國聯邦法律於 2002 年頒布的第三篇 2002 年電子政務法（Pub. L. 107-347），https://www.gpo.gov/fdsys/pkg/PLAW-107publ347/html/PLAW-107publ347.htm（最後瀏覽日：2018 年 11 月 26 日）。

[53] 施威銘，新世界計算機概論（第八版），旗標出版，2016 年 9 月，頁 17-2～17-6。

[54] 德國聯邦資訊科技安全法。

[55] 行政院國土安全辦公室，國家關鍵基礎設施安全防護指導綱要，http://

訊傳播、交通、金融、高科技園區等足以影響國家安全、社會公共利益、國民生活或經濟活動有重大影響之虞，經主管機關定期檢視並公告所涉及之領域，另關鍵基礎設施提供者之名單則由中央目的事業主管機關指定[56]，並報請主管機關核定，再徵詢相關公務機關、民間團體、專家學者之意見，最後以書面通知受核定者，並由主管機關將關鍵基礎設施提供者名單送交立法院備查，必要時再由立法院召集委員會委員們共同審議。

肆、資通安全管理法之主管機關

　　主管機關之定位對於資安治理架構而言相當重要，每個環節都需要確實掌控，主導整個國家資通安全脈絡[57]。其主要職責為政策擬定規劃並推動資通安全政策、推動資通安全科技發展、國際協同合作交流、提升國家整體資通安全防護等，並制定標準、監督檢查稽核、緊急處理等保護措施。本法第 2 條明定：「本法之主管機關為行政院。」行政院國家資通安全會報設置要點第 1 點[58]明定：為積極推動國家資通安全政策，加速建構國家資通安全環境，提升國家競爭力，特設國家資通安全會報。

---

ws.ey.gov.tw/Download.ashx?u=LzAwMS9FeVVwbG9hZC8xNS9yZWxmaWxlLzgyNTgvMjUyMzU0L2MxZDJlM2QwLWI2MzEtNGQ0OS05ZDljLWIyYWExYmM2NDdhMS5wZGY%3D&n=5ZyL5a626Zec6Y215Z%2B656SO6Kit5pa95a6J5YWo6Ziy6K235oyH5bCO57ax6KaBKDEwNzA1MTjoqILmraMpLnBkZg%3D%3D（最後瀏覽日：2018 年 3 月 18 日）。

56　資通安全管理法第 16 條第 1 項。

57　謝銘洋、蔡易餘、余宛如，從資通安全管理之國際規範趨勢看我國立法內容，月旦法學雜誌，2018 年 4 月，頁 158。

58　行政院國家資通安全會報設置要點，同註 20，第 1 點。

一、架構

　　主管機關之架構，依據行政院國家資通安全會報設置要點，國家資通安全會報組織架構如圖 6-3：

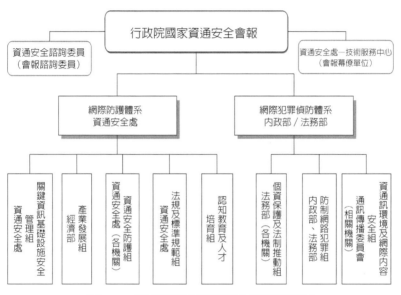

圖 6-3　行政院國家資通安全會報組織圖

資料來源：作者自行整理。

　　依行政院國家資通安全會報設置要點第 2 點，國家資通安全會報主要任務為[59]：國家資通安全政策之諮詢審議、國家資通安全通報應變機制之諮詢審議、國家資通安全重大計畫之諮詢審議、跨部會資通安全事務之協調及督導、其他本院交辦國家資通安相關事項。資通安全會報組織架構，下設網際防護體系、網際犯罪偵防體系與幕僚、諮詢單位。網際防護體系主辦單位為資通安全處，主要

---

[59] 行政院國家資通安全會報設置要點，同註 20，第 2 點。

任務與職責為負責整合資通安全防護資源，推動資安相關政策，並設置關鍵資訊基礎設施安全管理組、產業發展組、資通安全防護組、法規及標準規範組、認知教育及人才培育組。

網際犯罪偵防體系由內政部與法務部共同主辦，主要任務與職責為負責防範網路犯罪、維護民眾隱私、促進資通訊環境及網際內容安全等工作，並設置個資保護及法制推動組、防制網路犯罪組與資通訊環境及網際內容安全組；幕僚單位及諮詢單位主要任務與職責為提供資通安全資訊技術之資源與協助，協助政府機關資安規範及指引，建置完善國家資安環境；會報諮詢單位主要任務為國家資安政策及推動策略，強化產官學研資安技術、情資及經驗之交流及分享。

二、職責

主管機關之職責，於本法第 5 條明定：「主管機關職責應規劃並推動國家資通安全政策、資通安全科技發展、國際交流合作及資通安全整體防護等相關事宜，並應定期公布國家資通安全情勢報告、對公務機關資通安全維護計畫實施情形稽核概況報告及資通安全發展方案（第 1 項）。前項情勢報告、實施情形稽核概況報告及資通安全發展方案，應送交立法院備查（第 2 項）。」主管機關應衡酌公務機關及特定非公務機關業務之重要性與機敏性、機關層級、保有或處理之資訊種類、數量、性質、資通系統之規模及性質等條件，訂定資通安全責任等級之分級；其分級基準、等級變更申請、義務內容、專責人員之設置及其他相關事項之辦法[60]；主管機關得對特定非公務機關進行資安稽核[61]，對於發生重大資安事件之特定非公務機關，主管機關於適當時機得公告與事件相關之必要內

---

[60] 資通安全管理法第 7 條第 1 項。

[61] 資通安全管理法第 7 條第 2 項。

容及因應措施，並對特定非公務機關提供相關協助；主管機關應建立資通安全情資分享機制，如資通安全情資之分析、整合與分享之內容、程序、方法等，透過資安情資分享機制 [62]，及時提供情資與應變機制，迅速排除威脅，將資安所造成之損失與傷害降至最低。

伍、資通安全管理法之規範對象

我國近五十年來國家積極推動各項重要建設，如十大建設[63]、十二項建設[64]、十四項建設[65]、國家建設六年計畫[66]等，邁向一個高度現代化發展之國家，無論是工業生產、商業貿易往來或是日常生活中皆高度倚重能源、水資源、電能、交通運輸、資通訊網路、金融等各項重要建設，這些重要建設逐漸採用現代化操作與自動化管理，並與網際網路相互連接，這些設施一旦遭遇到天然災害[67]，如

---

[62] 資通安全管理法第 8 條。

[63] 文化部國家文化資料庫，產業建設篇—十大建設，http://cna.moc.gov.tw/Myphoto/catintro.asp?categoryid=73&cateid=5（最後瀏覽日：2019 年 3 月 24 日）。

[64] 維基百科，十二項建設，https://zh.wikipedia.org/wiki/%E5%8D%81%E4%BA%8C%E9%A0%85%E5%BB%BA%E8%A8%AD（最後瀏覽日：2019 年 3 月 24 日）。

[65] 維基百科，十四項建設，https://zh.wikipedia.org/wiki/%E5%8D%81%E5%9B%9B%E9%A0%85%E5%BB%BA%E8%A8%AD（最後瀏覽日：2019 年 1 月 8 日）。

[66] 維基百科，國家建設六年計畫，https://zh.wikipedia.org/wiki/%E5%85%AD%E5%B9%B4%E5%9C%8B%E5%BB%BA（最後瀏覽日：2019 年 3 月 24 日）。

[67] 維基百科，東日本大震災，https://zh.wikipedia.org/wiki/%E6%9D%B1%E6%97%A5%E6%9C%AC%E5%A4%A7%E9%9C%87%E7%81%BD（最後瀏覽日：2019 年 3 月 24 日）。

地震、颱風受損或是人為破壞如恐怖攻擊[68]、操作不當等，影響政府及社會功能運作，造成停止運作，甚至遭受到破壞，對於整個國家安全及社會經濟民生仰賴資源[69]，將帶來甚大影響與傷害，甚至造成人民傷亡、財物損失、經濟衰退或其他致使國家安全與利益損害等。

特別是美國遭遇到九一一恐怖攻擊事件後，世界各國開始對於關鍵基礎設施（Critical Infrastructure, CI）[70]，投入大量人力、物力保護並持續擴充防護項目與內容，顯示出關鍵基礎設施保護之重要性，如何建設關鍵基礎設施及要如何避免災害發生與降災後影響之層面相較之下，防禦維持現有重要設施避免受侵害、制定相關法律規範及應變政策措施則為首要之任務，進一步落實資安政策與標準[71]。本法所規範並列為管理對象，為對國家安全、社會公共利益、國民生活及經濟活動有重大影響者，依照現行法規架構則可區分出兩種型態，公務機關與特定非公務機關。公務機關如中央與地方機關（構）、公法人，特定非公務機關如關鍵基礎設施提供者、公營事業及政府捐助之財團法人。

一、公務機關

本法第 3 條第 5 款明定公務機關，係指依法行使公權力之中

---

[68] 維基百科，九一一襲擊事件，https://zh.wikipedia.org/wiki/九一一襲擊事件（最後瀏覽日：2019 年 3 月 17 日）。

[69] 全台大停電 原來國家關鍵基礎設施如此脆弱，蘋果即時新聞，https://tw.appledaily.com/new/realtime/20170819/1185810/（最後瀏覽日：2019 年 3 月 24 日）。

[70] 行政院科技顧問組，關鍵資訊基礎建設保護政策指引，https://land.tainan.gov.tw/FileDownLoad/FileUploadList/744.pdf（最後瀏覽日：2019 年 3 月 24 日）。

[71] 蘇柏毓，資訊安全法規國際最新發展舉隅，科技法律透析，第 27 卷第 6 期，頁 33。

央、地方機關（構）或公法人，但不包括軍事機關及情報機關。如總統府、行政院、立法院、司法院、考試院、監察院、直轄市政府、縣（市）政府、公立社會教育機構、公立文化機構、公立醫療機構或行政法人等，因另考量軍事機關及情報機關之性質特殊，其資通安全管理宜由該等機關另行規定，故定明非屬本法所稱公務機關，該機關之範圍將於施行細則第 2 條中規範。

二、特定非公務機關

依據本法第 3 條第 6 款之特定非公務機關，係指關鍵基礎設施提供者、公營事業及政府捐助之財團法人。由於關鍵基礎設施之維運穩健與否，對整體國家安全及社會公共利益具有相當影響因素，探究其功能性及重要性之性質有所差異，行政院資通安全處所公告之關鍵基礎設施，依據國家關鍵基礎設施安全防護指導綱要之定義及分類採三層架構，第一層為主領域（Sector）、第二層為次領域（Sub-sector）、第三層為次領域下之重要功能設施與系統。依功能屬性分成能源、水資源、通訊傳播、交通、銀行金融、緊急救援與醫院、政府機關、科學園區與工業區，共八項主要領域[72]。行政院依照關鍵基礎設施之性質與功能現階段分成八大領域，未來將視科技發展、國家社會民生等需求而增減[73]，依本法第 3 條第 7 款之規定，主管機關應依法定期檢視並公告領域類型，關鍵基礎設施領域分類如圖 6-4：

[72] 行政院國土安全辦公室，同註 55，頁 3-4。
[73] 資通安全管理法第 16 條第 1 項。

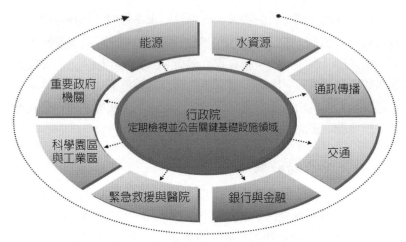

圖 6-4　行政院公告關鍵基礎設施領域（2019 年）

資料來源：作者自行整理。

　　本法第 3 條第 8 款中規定，被指定為關鍵基礎設施之全部或一部，中央目的事業主管機關須報請主管機關（行政院）核定之。為合理及妥適訂定關鍵基礎設施提供者之範疇，中央目的事業主管機關於指定關鍵基礎設施提供者前，應徵詢相關公務機關、民間團體、專家學者之意見，嗣後並應以書面通知受核定者，且行政院應將關鍵基礎設施提供者名單送交立法院備查，相關程序均於第 16 條中規範。

陸、稽核與罰則

　　資通安全管理非僅為資訊安全法規之制定及硬體、軟體之防禦，而是一系列之政策、原則、標準、指引、指令間相互輔助規劃推動，資源整合、資源技術交流之逐步發展，為一個完整體系脈絡之防護網絡，資通安全管理屬於一種分工合作互助體系，同時藉由定期內部與外部之檢查與稽核運作，透過問題事件分析與研擬問題

事件對策及執行，方能建置完善之資安防護網[74]。主管機關應評估與考量其所監督之下級機關之業務重要性與機敏性，所屬層級、處理之資訊類型、資通系統之規模及性質等條件，訂定資通安全責任等級之分級，相關規範由主管機關來制定[75]。同時主管機關得檢查與稽核所屬下級機關之資通安全維護情形[76]，如發現受其所監督之機關其資安維護計畫執行有異常或缺失時，受稽核機關須向主管機關提出改善報告，並向中央目的事業主管機關報告[77]。

一、公務機關之稽核

公務機關須依據本法第二章公務機關資通安全管理之規範，訂定符合所屬資通安全責任等級、修訂及實施資通安全維護計畫；執行稽核與檢查為資通安全維護計畫修訂與執行；公務機關為本法所規範之對象，應就所保有之資訊或資訊系統對應其所屬資通安全責任等級及修訂，並確實執行資通安全維護計畫，避免機關內之資料或系統遭受未經授權不當使用或其他破壞等事件發生[78]；公務機關須設置資通安全長一職，資通安全長之主要權責為推動與督導機關內資通安全事務，通常由資深資安專門人員或機關副首長擔任[79]。

公務機關就資通安全維護計畫實施情況，每年向上級或監督機關提出資通安全實施報告，接受上級或監督機關稽核，另考量我國行政機關組織架構，若無上級或監督機關者，如總統府、立法院、司法院、考試院、監察院、直轄市政府、縣（市）政府、直轄市議會及縣（市）議會等公務機關，其資通安全維護計畫實施情

---

[74] 劉靜怡、徐彪豪，行政院版資通安全管理法草案評析，月旦法學雜誌，2018 年 1 月，頁 125。

[75] 資通安全管理法第 7 條第 1 項。

[76] 資通安全管理法第 7 條第 2 項。

[77] 資通安全管理法第 7 條第 3 項。

[78] 資通安全管理法第 10 條。

[79] 資通安全管理法第 11 條。

形，應提送本法主管機關行政院稽核報告[80]。

公務機關對其所屬或監督之機關，應依照該機關所屬層級、業務性質、訂定稽核之標準、內容及方式進行稽核，對於稽核後有缺失或待改善之事項，受稽核機關應就其缺失或待改善之事項提出改善計畫報告，並送交上級機關或稽核機關查核[81]。公務機關應訂定資通安全事件之通報及應變機制，於發生資通安全事件時，有效掌控資安事件及有效降低其影響之損害，同時須立即通報上級機關或監督機關；無上級機關或監督機關，則向主管機關通報，並向上級或監督機關提出資安事件之調查報告、改善報告[82]，公務機關資安維護計畫稽核角色與權責如圖 6-5：

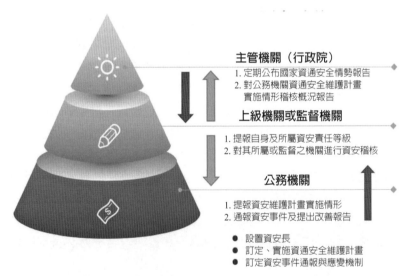

圖 6-5　公務機關資安維護計畫稽核角色與權責

資料來源：作者自行整理。

---

[80] 資通安全管理法第 12 條。

[81] 資通安全管理法第 13 條。

[82] 資通安全管理法第 14 條。

　　上述為本法第二章公務機關資通安全管理（第 10 條至第 15 條）稽核規範，執行之稽核與檢查屬於主管機關內部稽核檢查之部分，至於外部稽核部分，由監察院審計部於每年度 7 月底時，依據憲法第 105 條與決算法第 26 條規定，提送中央政府總決算審核報告於立法院審議。審核報告中包括所有相關法律各機關遵循之情形，檢查稽核各主管機關實際法規遵循情況，此為由外部審計機關之角度出具審計意見，於每年審核報告中充分之揭露。

二、特定非公務機關之稽核

　　特定非公務機關須依據本法第三章特定非公務機關資通安全管理（第 16 條至第 18 條）所規範，資通安全維護計畫之訂定、修正及實施，中央目的事業主管機關應於徵詢相關公務機關、民間團體、專家學者之意見後，指定關鍵基礎設施提供者，報請主管機關核定，並以書面通知受核定者[83]。關鍵基礎設施提供者應符合其所屬資通安全責任等級之要求，並考量其所保有或處理之資訊種類、數量、性質、資通系統之規模與性質等條件，訂定、修正及實施資通安全維護計畫[84]。

　　關鍵基礎設施提供者應向中央目的事業主管機關提出資通安全維護計畫實施情形[85]，同時中央目的事業主管機關應稽核所管關鍵基礎設施提供者之資通安全維護計畫實施情形[86]，關鍵基礎設施提供者之資通安全維護計畫實施有缺失或待改善者，應提出改善報告，送交中央目的事業主管機關[87]。資通安全維護計畫必要事項、實施情形之提出、稽核之頻率、內容與方法、改善報告之提出及其

---

[83] 資通安全管理法第 16 條第 1 項。

[84] 資通安全管理法第 16 條第 2 項。

[85] 資通安全管理法第 16 條第 3 項。

[86] 資通安全管理法第 16 條第 4 項。

[87] 資通安全管理法第 16 條第 5 項。

他應遵行事項之辦法，由中央目的事業主管機關擬定，報請主管機關核定之 [88]。

中央目的事業主管機關得要求關鍵基礎設施提供者以外之特定非公務機關，提出資通安全維護計畫實施情形，應符合其所屬資通安全責任等級之要求，並考量其所保有或處理之資訊種類、數量、性質、資通系統之規模與性質等條件，訂定、修正及實施資通安全維護計畫 [89]；中央目的事業主管機關得要求其監督特定非公務機關，提出資通安全維護計畫實施情形，如發現有缺失或待改善者，應限期要求受稽核之特定非公務機關提出改善報告 [90]。資通安全維護計畫必要事項、實施情形之提出、稽核之頻率、內容與方法、改善報告之提出及其他應遵行事項之辦法，由中央目的事業主管機關擬定，報請主管機關核定之 [91]。

特定非公務機關為因應資通安全事件，應訂定通報及應變機制，於知悉資通安全事件時，應向中央目的事業主管機關通報、提出資通安全事件調查、處理及改善報告；如為重大資通安全事件者，並應送交主管機關，通報及應變機制之必要事項、通報內容、報告之提出及其他應遵行事項之辦法，由主管機關定之 [92]，特定非公務機關資安維護計畫稽核角色與權責如圖 6-6：

---

[88] 資通安全管理法第 16 條第 6 項。

[89] 資通安全管理法第 17 條第 1 項、第 2 項。

[90] 資通安全管理法第 17 條第 3 項。

[91] 資通安全管理法第 17 條第 4 項。

[92] 資通安全管理法第 18 條。

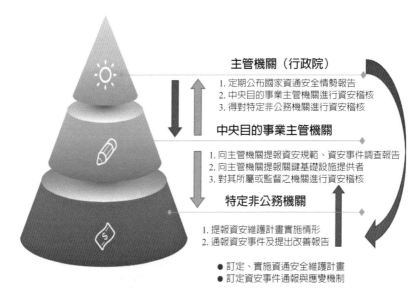

圖 6-6　特定非公務機關資安維護計畫稽核角色與權責

資料來源：作者自行整理。

　　知悉重大資通安全事件時，主管機關或中央目的事業主管機關，於適當時機得公告與事件相關之必要內容及因應措施，並得提供相關協助。我國資通安全管理法現階段除母法之外，由主管機關（行政院）已完成制定相關子法，對於不同規範對象與資通安全事件發生之前中後所不同對應之規範，如資通安全管理法施行細則、資通安全責任等級分級辦法、資通安全事件通報及應變辦法、特定非公務機關資通安全維護計畫實施情形稽核辦法、資通安全情資分享辦法、公務機關所屬人員辦理資通安全業務獎懲辦法等，因應母法後續推動施行之規範。資通安全管理法之子法對應架構[93] 如圖 6-7：

---

[93] 行政院國家資通安全會報，資通安全管理法子法草案分區座談會簡報（子法簡報_1070801），https://nicst.ey.gov.tw/File/ADB040CA8B28521E?A=C（最後瀏覽日：2019 年 2 月 19 日）。

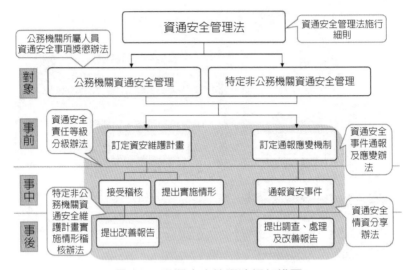

圖 6-7 資通安全管理法規架構圖

資料來源：國家資通安全會報（最後瀏覽日：2019 年 4 月 10 日）。

三、公務機關之罰則

公務機關未依本法第二章所規範之情況者，將予以懲戒或懲處，如未依其所屬資通安全責任等級之要求，並考量其所保有或處理之資訊種類、數量、性質、資通系統之規模與性質等條件，訂定、修正及實施資通安全維護計畫[94]；公務機關辦理資通安全事項其所屬人員未依規定每年向上級或監督機關提出資通安全維護計畫實施情形，或無上級機關者，其資通安全維護計畫實施情形未送交主管機關[95]；未依照規定設置資通安全長或指派適當人選兼任負責[96]；未稽核其所屬或監督機關之資通安全維護計畫施行情形，或

---

[94] 資通安全管理法第 10 條。

[95] 資通安全管理法第 12 條。

[96] 資通安全管理法第 11 條。

受稽核機關之資通安全維護計畫實施有缺失或待改善者，未提出改善報告，送交稽核機關及上級或監督機關[97]；未訂定通報及應變機制或知悉資通安全事件時，未通報上級或監督機關、主管機關，未提出資通安全事件調查、處理及改善報告，或無上級機關者，知悉資通安全事件時，未通報主管機關資安事件、應變機制；未提出資通安全事件調查、處理及改善報告[98]。符合上述之情形者，按違反情況依本法第19條之規定[99]予以懲戒或懲處[100]。換言之，所屬人員辦理資通安全維護計畫，其績效優良者亦依法予以獎勵[101]。

四、特定非公務機關之罰則

特定非公務機關未依本法第三章所規範之情況者，如未依特定非公務機關辦理資通安全事項，或未依其所屬資通安全責任等級之要求，並考量其所保有或處理之資訊種類、數量、性質、資通系統之規模與性質等條件，訂定、修正及實施資通安全維護計畫[102]；未向中央目的事業主管機關提出資通安全維護計畫實施情形；資通安全維護計畫實施有缺失或待改善者，未提出改善報告，送交中央目的事業主管機關；因應資通安全事件，未制定通報及應變機制；知悉資通安全事件時，未向中央目的事業主管機關通報、未向中央目的事業主管機關提出資通安全事件調查、處理及改善報告；重大

---

[97] 資通安全管理法第 13 條。

[98] 資通安全管理法第 14 條。

[99] 資通安全管理法第 19 條。

[100] 行政資通安全會報，公務機關所屬人員資通安全事項獎懲辦法，https://nicst.ey.gov.tw/File/DEC4D25394956EC9?A=C（最後瀏覽日：2019 年 2 月 21 日）。

[101] 資通安全管理法第 15 條。

[102] 資通安全管理法第 16 條第 2 項。

資通安全事件者，未送交主管機關[103]。符合上述情形之機關，按違反情況依本法第 20 條之規定，由中央目的事業主管機關令限期改正，屆期未改正者，按次科予新臺幣 10 萬元以上 100 萬元以下之罰鍰；如未依規定通報資安事件之機關，按違反情況依本法第 21 條之規定，由中央目的事業主管機關科以新臺幣 30 萬元以上 500 萬元以下之罰鍰，未於期限內改善則按次處罰[104]。

柒、結論與建議

檢視我國現行資通安全管理法之法例，主管機關為行政院，規範對象二分為公務機關與特定非公務機關，公務機關排除軍事情報單位[105]，特定非公務機關包含關鍵基礎設施提供者、公營事業及政府捐助之財團法人[106]。資安稽核流程：主管機關對公務機關、特定非公務機關資通安全維護報告實施情形，進行資通安全維護報告實施情形稽核；中央目的事業主管機關對其所屬或監督機關進行資安稽核；通報流程：公務機關上級或監管機關提報資安維護計畫施行情形，特定非公務機關向監管機關提報資安維護計畫施行情形及通報資安事件與改善報告。整個稽核與通報流程形式外觀上相當縝密，但似乎疏漏民間龐大產業體系對於總體經濟、國民生活及其影響之事業體系，甚至是擁有智慧財產[107]、營業秘密[108]或產業數位

---

[103] 資通安全管理法第 18 條第 3 項。

[104] 資通安全管理法第 21 條。

[105] 資通安全管理法第 3 條第 5 款。

[106] 資通安全管理法第 3 條第 6 款。

[107] 曾勝珍，論我國經濟間諜法立法之必要性——以美國法制為中心，元照出版，2007 年 12 月，頁 199。

[108] 曾勝珍，同前註，頁 204。

化[109] 之關鍵企業與國防工業等關鍵民間產業[110]。

探究資通安全管理法立法歷程，自行政院版草案[111]、國會各黨團版本[112] 至審議階段國會司法及法制委員會審議版本，各階段專家、學者與立法者多方進行公益與私益之間拉扯欲取得衡平，公務機關排除軍事機關與情報機關，其因考量軍事機關及情報機關之性質特殊，其資通安全管理宜由該等機關另行規定，故定明非屬本法所稱公務機關，該等機關之範圍將於施行細則第2條中規範，考量在避免不當侵犯人民權利前提下，為保障公共利益參酌多國資安法制之要義，排除非公務機關列為規範對象，在各界妥協之下完成整部資安法制之立法，實為珠沉滄海之憾。資訊安全防護體系應採標準化全面協調一致之方式，建立專人、專責單位，協調國家安全辦公室、通訊傳播委員會及我國甫成立資電通指揮部之第四軍種[113]，同時結合民間企業資訊安全能量與政府機關協同合作，共同落實資安政策執行與培育資安自主，逐步完善資安體系。

一、修法建議

資通安全政策是一套有體系之標準制定與推動、資源整合分工合作，透過反覆稽核與檢視資安防護標準之運作，政府積極培育專

---

[109] 經濟日報，遠傳打造「大人物」啟動 2020 數位化轉型計畫，https://money.udn.com/money/story/5612/3545791（最後瀏覽日：2019 年 4 月 10 日）。

[110] 國家資通安全會議，同註 11，頁 9。

[111] 資通安全管理法草案總說明，行政院國家資通安全會報，http://nicst.ey.gov.tw/File/98D5DBD18376747B?A=C/（最後瀏覽日：2019 年 4 月 9 日）。

[112] 資通安全管理法立法歷程，立法院法律系統，https://lis.ly.gov.tw/lglawc/lawsingle?02BF1033A7A10000000000000000001E000000005000000^028231070511100^0014F001001（最後瀏覽日：2019 年 4 月 9 日）。

[113] iThome 新聞，臺灣網軍跨出第一步，資通電軍指揮部正式成立，第四軍種成軍在即，https://www.ithome.com.tw/news/115209（最後瀏覽日：2019 年 4 月 9 日）。

業人才、產學合作及國際交流，同時全民教育和全體產業參與之多方互助進行。本節將對於資通安全發展及現行資通安全管理法提出本文之淺見，擬作爲未來修法建議。

（一）中央目的事業主管機關權責修訂

現行資通安全管理法之中央目的事業主管機關權責，規範於第一章總則之第3條第8項，及第三章特定非公務機關資通安全管理之第16條第1項。前者爲關鍵基礎設施提供者[114]：指維運或提供關鍵基礎設施之全部或一部，經中央目的事業主管機關指定[115]，並報主管機關核定者；後者爲中央目的事業主管機關應於徵詢相關公務機關、民間團體、專家學者之意見後，指定關鍵基礎設施提供者，報請主管機關核定，並以書面通知受核定者。各產業體系架構、各領域事業體皆有相對應之中央目的事業主管機關，按章程所訂宗旨任務及目的事業之性質而定，受各事業主管機關之指導監督。如金融業、證券業、保險業之中央目的事業主管機關是金融監督管理委員會；醫院之中央目的事業主管機關是衛生福利部；環保業務以環保署爲目的事業主管機關；稅賦業務以財政部爲目的事業主管機關。檢視第3條第8款立法理由，關鍵基礎設施提供者爲由中央目的事業主管機關指定其中具重要性者，並報行政院核定之。另爲合理及適切訂定關鍵基礎設施提供者範疇，中央目的事業主管機關於指定關鍵基礎設施提供者前，應徵詢相關公務機關、民間團體、專家學者之意見，事後並應以書面通知受核定者，且行政院應將關鍵基礎設施提供者名單送立法院備查，相關程序均於第16條規範。

資通安全管理法建議修法原因有二，其一爲中央目的事業主管機關之業務性質並非爲資訊安全相關技術領域之單位，關鍵基礎設

---

[114] 資通安全管理法第3條第8款。

[115] 資通安全管理法第16條第1項。

施提供者之指定，需先徵詢相關公務機關、民間團體、專家學者之意見後，方可指定及報請主管機關核定。中央目的事業主管機關對於非管轄內之資通安全業務非相當專業且非資安主管機關，還須依法徵詢其他機關或民間團體、專家學者，且徵詢後易產生不同見解。其二為現行資通安全管理法第 3 條第 7 款規定：「關鍵基礎設施：指實體或虛擬資產、系統或網路，其功能一旦停止運作或效能降低，對國家安全、社會公共利益、國民生活或經濟活動有重大影響之虞，經主管機關定期檢視並公告之領域。」本文建議應將中央目的事業主管機關指定關鍵基礎設施提供者之權責刪除，回歸由資安主管機關評估及列冊。

（二）民間企業納入規範對象

　　資通安全管理法現階段之規範對象，為公務機關與特定非公務機關，於此架構下易產生資安防護漏網之疑慮，資安與國安並不是口號，資安治理政策應屬於國安與全民層級[116]，不應分政府或民間作為規範區隔，本文以為須將民間企業納入本法之規範對象，採階段性納入民間產業，第一階段於我國申請上市[117]、上櫃[118]之企業，納入規範對象，並依現行特定非公務機關之責任與義務落實資安，主要考量其產業資本額與結構及投資人權益，減少企業智慧財產、營業秘密等之資安事件，確保民間企業資安風險及影響。第二階段以民間中小企業[119]為規範對象，逐步推動民間企業共同參與資

---

[116] iThome 新聞，有資安才有國安，https://www.ithome.com.tw/voice/129337（最後瀏覽日：2019 年 4 月 9 日）。

[117] 證券交易法，全國法規資料庫，https://law.moj.gov.tw/LawClass/LawAll.aspx?pcode=G0400001（最後瀏覽日：2019 年 3 月 30 日）。

[118] 上（興）櫃申請標準及流程，證券櫃檯買賣中心，http://www.tpex.org.tw/web/regular_emerging/apply_way/standard/standard.php?l=zh-tw（最後瀏覽日：2019 年 3 月 9 日）。

[119] 中小企業認定標準，經濟部主管法規查詢系統，https://law.moea.gov.tw/

安政策推動。第三階段推動全民資安政策，由全民參與日常資安防護，為日後物聯網時代來臨做規劃。

（三）罰則修訂

現行第四章罰則第 20 條及第 21 條之規定，特定非公務機關未依法訂定、修正或實施資通安全維護計畫、未依法提出資通安全維護計畫之實施情形、未依法通報資安事件與提出改善報告等，處 10 萬元以上 500 萬元以下罰鍰。關鍵基礎設施提供者本於對於相關資訊設施或設備作完整維護之責，又因本法所規範之特定非公務機關之單位皆為政府捐助之財團法人、大型事業體或企業，對於未訂定、修正或實施資通安全維護計畫，或未向中央目的事業主管機關提出資通安全維護計畫之實施情形，罰則採罰鍰方式對於整體資安治理機制並非完善之策。

因現行資通安全管理法之特定非公務機關為：關鍵基礎設施提供者、公營事業及政府捐助之財團法人，本文認為現行僅採罰鍰方式[120]，對於整體資安政策推動並未有相當助益[121]。建議修訂若未依責任義務之特定非公務機關除現行罰則外，該事業體資訊長、首長或負責人應由主管機關另訂資安講習等課程，並依比例原則[122]核心內容檢視，其適當性、必要性、衡平性等，藉由強化事業體之首長與資訊長之資訊安全知識，同時將此資安知識教育機關內人員，既能加強對於資安政策推動及相關措施之意識，亦能大幅提升關鍵基礎設施資安推動。

LawContent.aspx?id=FL011859（最後瀏覽日：2019 年 4 月 9 日）。

[120] 大紀元新聞，陳國雄，食安的省思（上），https://www.epochtimes.com.tw/n103987/%E9%A3%9F%E5%AE%89%E7%9A%84%E7%9C%81%E6%80%9D%E4%B8%8A.html（最後瀏覽日：2019 年 4 月 10 日）。

[121] 蘋果日報，繳罰鍰較划算企業罰不怕，https://tw.appledaily.com/headline/daily/20160724/37321100/#f2f4baf5647222（最後瀏覽日：2019 年 4 月 10 日）。

[122] 李惠宗，憲法要義，元照出版，2015 年 9 月，頁 155。

（四）全民資安教育推動

　　筆者於公、私部門資安維護實務領域中，以近年常見之勒索軟體、蠕蟲、病毒、資安攻擊事件問題，探究其主因為使用者資訊安全意識薄弱、貪心及好奇心誘惑，面臨問題小則造成資訊設備異常無法正常運作，造成工作延宕，大則影響整個企業體機密資料、客戶資料外洩，造成企業巨額損失甚至商譽受損。筆者亦曾協助警察機關調查購物網站因會員資料外洩，造成詐騙事件等經驗，協助分析資安事件之威脅攻擊等紀錄與手法，歸納整合資安事件起因，絕大多為使用者無意之下所造成無法挽回之資安事件。管見以為如能於國民基礎教育體制安排資訊安全基本教育及高等教育如學術倫理，列為一資訊安全知識學科，並從教育方面，如國民教育、高等教育及全民教育，厚植資訊安全意識及知識，如同國民教育之生活與倫理、日常生活之交通規則知識，另一方面再透過報章媒體宣導，強化資訊安全常識，如交通安全、反詐騙等宣導，逐一提升資通安全重要性，落實資安政策執行及全民資訊安全教育之推行。

二、結論

　　綜本文所述，資訊安全威脅型態已轉為多功能型攻擊與破壞，不論是特定性之攻擊，或是大規模之網路攻擊，藉由惡意程式滲透，控制受害者系統及網路權限，轉化成為新一波網路攻擊發動者，結合物聯網裝置之安全性問題與殭屍網路並進，針對特定國家與關鍵基礎設施發動網路攻擊，直接侵害各國關鍵基礎設施之維運，間接影響各國民生經濟與社會秩序穩定與發展，甚至造成國防安全威脅與軍事情報外洩等問題，鑑於資安事件影響甚鉅，實有必要建構資通安全之基礎環境，如何提升防禦網路攻擊與資安威脅，是資安政策推動主要方針與目標。參酌先進國家之資通安全法制與修法趨勢，對於規範對象涵蓋攸關民生經濟之基礎設施皆採明文訂定，如能源及交通等領域，其中美國 FISMA 將國家安全系統

領域，如攸關情報工作、國家安全、軍事指揮與控制、武器與武器系統、國防及外交作業資訊，特別明列納入規範對象及保護範圍內，相當重視國土安全層級，一旦國家安全系統受到威脅或失控，影響之層面可想而知。

另外，關鍵資訊基礎設施（Critical Information Infrastructure, CII）之防護亦不容忽視，關鍵資訊基礎設施係指用來維運關鍵基礎設施所需之資訊網路系統，若遭遇資安攻擊或破壞，如本文所提如同電影般情節上演之烏克蘭電廠遭駭客入侵，導致該國大停電，影響數十萬用戶無預警停電數小時。德國於 2011 年所頒布的德國網路安全戰略，主要目的在防護聯邦資訊基礎設施於網路空間不受影響，維持正常運作。烏克蘭電廠資安事件與德國之著重層面除關鍵基礎設施領域外，對於關鍵資訊基礎設施亦相當重視，值得作為我國資安政策訂定之借鑑。資安標準訂定與實施、資安稽核制度，如美國採以聯邦法律立法，明確規範資訊安全與控制標準，要求聯邦各政府機關制定與實施適用於該機關之資訊安全計畫，明確定義資訊安全、國家安全系統與聯邦各機關之責任及資安政策執行、資安稽核與緊急處理應變之措施，同時藉由外部獨立評估稽核，每年對於各機關之資訊系統實施安全稽核，在資安評估與稽核方面具客觀與有效性，值得作為我國資安推動之借鏡。

現今網路光纖寬頻普及，個人電腦執行運算能力大幅提升之際，民眾普遍缺乏資訊安全概念及防禦能力，同時各式物聯網裝置逐漸普及，穿戴式運算透過智慧裝置接收相關數據資料，進行資料分析與控制，AI 人工智慧之應用，當各式各樣的物件都與網路連接下，各種缺乏資訊安全管理與安全加密傳輸設備，如網路攝影機、行動裝置、連網智慧家庭產品之應用，逐漸成為網路攻擊主要途徑[123]，未來將面臨更多未知資安威脅與危害，惟網路攻擊具無時

[123] 資安趨勢部落格，2019 年資安預測銀髮族可能成為智慧裝置攻擊的第一個受害者，https://blog.trendmicro.com.tw/?p=58415#more-58415（最後瀏覽日：2019 年 4 月 10 日）。

差與無國界之特性，全民必須肩負起數位公民職責，全面提升資安意識與資安教育廣泛推行，使全民建立基本資安知識，成為日常生活基本常識，唯有更進一步認知資安威脅問題，才是資訊安全防護正確方向。

國家方面須積極培育資通安全專業人員、整合政府與民間資安能量、強化全民資安意識、同時與其他國家共同參與資安情資分享交流，對於目前的資安維安轉化為資安能量，建立產官學合作機制發展資通安全產業，提升資安自主能力。資訊安全政策推動並非僅政府、民間企業或軍、情報單位之責，三方皆不能疏漏，唯有透過多方互助與分工的體系下才能發揮全面性資安推動防禦，再配合我國現行不同領域之資訊法律規範，如網路犯罪、身分認證、資料保護、通訊保障、資訊公開與機密維護、資安治理等，以全方位、新技術之觀念永續推動資訊安全維護，同時強化關鍵基礎設施之防禦，建置落實可靠之資安防護網絡，同時全民資安意識厚植與專業資安人才培育亦需同步進行，提升國家資安防禦之根基。

參考文獻

一、中文部分

專書

1. 李惠宗，憲法要義，元照出版，2015 年 9 月。
2. 施威銘，新世界計算機概論（第八版），旗標出版，2016 年 9 月。
3. 胡昭民、吳燦銘，計算機概論——數位趨勢與創新，博碩文化出版，2018 年 5 月。
4. 曾勝珍，智慧財產權法專論——智慧財產權法與財經科技的交錯，五南圖書出版，2018 年 5 月。

5. 曾勝珍，論我國經濟間諜法立法之必要性——以美國法制為中心，元照出版，2007年12月。

期刊

1. 靖心慈，跨境電子商務國際規範之建立和探討，經濟前瞻，第181期，2019年1月，頁92-97。
2. 劉靜怡、徐彪豪，行政院版資通安全管理法草案評析，月旦法學雜誌，2018年1月，頁111-132。
3. 謝銘洋、蔡易餘、余宛如，從資通安全管理之國際規範趨勢看我國立法內容，月旦法學雜誌，2018年4月，頁156-167。
4. 蘇柏毓，資訊安全法規國際最新發展舉隅，科技法律透析，第27卷第6期，頁27-34。

官方資料

1. 總統華總一義字第10700060021號令。
2. 行政院院臺護字第1070217128號令。
3. 行政院院臺護字第1070213547號令。
4. 行政院國家資通安全會報，https://nicst.ey.gov.tw/。
5. 行政院國家資通安全會報技術服務中心，https://www.nccst.nat.gov.tw/。
6. 行政院國土安全辦公室，https://www.ey.gov.tw/Page/66A952CE4ACACF01。
7. 立法院法律系統，http://lis.ly.gov.tw/lgcgi/lglaw。
8. 證券櫃檯買賣中心，http://www.tpex.org.tw/web/。
9. 經濟部主管法規查詢系統，https://law.moea.gov.tw/。

網路新聞

1. iThome新聞，微軟修補兩個已被駭客開採的零時差漏洞，https://www.ithome.com.tw/news/125266（最後瀏覽日：2019年3月20日）。

2. 民視新聞，萬豪酒店遭駭客入侵 5 億筆客戶個資疑外洩，
   https://www.ftvnews.com.tw/news/detail/2018B30W0018（最後瀏
   覽日：2019 年 3 月 17 日）。

3. 東森新聞，驚！新一波勒索病毒又來　直接刪除用戶檔案，https://
   news.ebc.net.tw/News/society/150190（最後瀏覽日：2019 年 3 月
   18 日）。

4. 大紀元科技新聞，首個電腦病毒竟源自一對兄弟的偶然錯誤，
   http://www.epochtimes.com/b5/14/8/26/n4233359.htm（最後瀏覽
   日：2019 年 3 月 18 日）。

5. iThome 新聞，臺灣史上第一次券商集體遭 DDoS 攻擊勒索事
   件，https://www.ithome.com.tw/news/111875（最後瀏覽日：2019
   年 3 月 17 日）。

6. iThome 新聞，臺灣資通安全管理法上路一個月，行政院資安處
   公布實施現況，https://www.ithome.com.tw/news/128789（最後
   瀏覽日：2019 年 3 月 26 日）。

7. 蘋果即時新聞，全台大停電　原來國家關鍵基礎設施如此脆弱，
   https://tw.appledaily.com/new/realtime/20170819/1185810/（最後瀏
   覽日：2019 年 3 月 24 日）。

8. iThome 新聞，臺灣網軍跨出第一步，資通電軍指揮部正
   式成立，第四軍種成軍在即，https://www.ithome.com.tw/
   news/115209（最後瀏覽日：2019 年 3 月 25 日）。

9. 大紀元新聞，陳國雄，食安的省思（上），https://www.
   epochtimes.com.tw/n103987/%E9%A3%9F%E5%AE%89%E7%9
   A%84%E7%9C%81%E6%80%9D%E4%B8%8A.html（最後瀏覽
   日：2019 年 4 月 10 日）。

10.蘋果日報，繳罰鍰較划算企業罰不怕，https://tw.appledaily.com/
   headline/daily/20160724/37321100/#f2f4baf5647222（最後瀏覽
   日：2019 年 4 月 10 日）。

11.經濟日報，遠傳打造「大人物」啟動 2020 數位化轉型計畫，

https://money.udn.com/money/story/5612/3545791（最後瀏覽日：
2019 年 4 月 10 日）。

網路資料

1. 文化部國家文化資料庫，產業建設篇─十大建設，http://cna.
   moc.gov.tw/Myphoto/catintro.asp?categoryid=73&cateid=5（最後
   瀏覽日：2019 年 3 月 24 日）。
2. 維基百科，九一一襲擊事件，https://zh.wikipedia.org/wiki/
   九一一襲擊事件（最後瀏覽日：2019 年 3 月 17 日）。
3. 維基百科，十二項建設，https://zh.wikipedia.org/wiki/%E5%8D%
   81%E4%BA%8C%E9%A0%85%E5%BB%BA%E8%A8%AD（最
   後瀏覽日：2019 年 3 月 24 日）。
4. 維基百科，十四項建設，https://zh.wikipedia.org/wiki/%E5%8D%
   81%E5%9B%9B%E9%A0%85%E5%BB%BA%E8%A8%AD（最
   後瀏覽日：2019 年 3 月 24 日）。
5. 維基百科，東日本大震災，https://zh.wikipedia.org/wiki/%E6%9
   D%B1%E6%97%A5%E6%9C%AC%E5%A4%A7%E9%9C%87%
   E7%81%BD（最後瀏覽日：2019 年 3 月 24 日）。
6. 維基百科，國家建設六年計畫，https://zh.wikipedia.org/wiki/%E
   5%85%AD%E5%B9%B4%E5%9C%8B%E5%BB%BA（最後瀏覽
   日：2019 年 3 月 24 日）。
7. 維基百科，資通電軍指揮部，https://zh.wikipedia.org/wiki/國防
   部參謀本部資通電軍指揮部（最後瀏覽日：2019年4月10日）。

二、外文部分

1. Directive (EU) 2016/1148 of the European Parliament and of the
   Council of 6 July 2016 concerning measures for a high common
   level of security of network and information systems across the
   Union, 2016 O.J. (L 194/1), https://eur-lex.europa.eu/legal-content/

EN/TXT/PDF/?uri=CELEX:32016L1148 (last visited: 2019/3/20).

2. E-Government Act of 2002, https://www.govinfo.gov/content/pkg/PLAW-107publ347/html/PLAW-107publ347.htm (last visited: 2019/3/26).

3. Federal Information Security Modernization Act of 2014, https://www.congress.gov/113/plaws/publ283/PLAW-113publ283.pdf (last visited: 2018/12/5).

4. Gesetz zur Erhöhung der Sicherheit informationstechnischer Systeme, https://www.bmi.bund.de/SharedDocs/downloads/DE/gesetztestexte/it-sicherheitsgesetz.pdf?_blob=publicationFile&v=1 (last visited: 2019/3/20).

5. サイバーセキュリティ基本法，http://elaws.e-gov.go.jp/search/elawsSearch/elaws_search/lsg0500/detail?lawId=426AC1000000104（最後瀏覽日：2019 年 3 月 20 日）。

|第七章|
外國著作權法上教育目的法定授權制度之研究
A Study on Compulsory License for Educational Purpose in Copyright Laws of Foreign Countries

曾勝珍*　武治華**

* 嶺東科技大學財經法律研究所教授，shengtseng1022@gmail.com。
** 嶺東科技大學財經法律研究所研究生，A6ME008@stumail.ltu.edu.tw。

壹、前言

我國著作權法最早制定於 1938 年，歷經多次修正，並於 1997 年作全面修正，體例已接近完備。惟 1997 年之著作權法第 47 條規定：「依法設立之各級學校或教育機構及其擔任教學之人，為教育目的之必要，在合理範圍內，得公開播送他人已公開發表之著作，或將其揭載於教育行政機關審定之教科書或教師手冊中。但依著作之種類、用途及其公開播送或揭載之方法，有害於著作財產權之利益者，不在此限。」仍係採「一般著作財產權限制」之制度，而非「法定授權」制度。但由於教科書往往印量十分龐大，利用他人著作，幾乎皆可能有害著作財產權人之利益，故此一規定，幾無適用可能，致使為教育目的而製作教科書或教學手冊等，不能以合理使用方法利用，仍須藉由市場機制之授權，然而教科書使用他人著作，攸關下一代之教育及智識成長，皆須使用最優秀之著作，如果完全採市場機制之授權，則若干最優秀之著作，勢必割愛，甚為可惜。為此，1998 年修正之著作權法第 47 條，乃仿照日本立法例，改採「法定授權」制度[1]。

修正後著作權法第 47 條規定：「為編製依法令應經教育行政機關審定之教科用書，或教育行政機關編製教科用書者，在合理範圍內，得重製、改作或編輯他人已公開發表之著作（第 1 項）。前項規定，於編製附隨該教科用書且專供教學用之輔助用品，準用之。但以由該教科用書編製者編製為限（第 2 項）。依法設立之各級學校或教育機構，為教育目的之必要，在合理範圍內，得公開播送他人已公開發表之著作（第 3 項）。前三項情形，利用人應將利用情形通知著作財產權人並支付使用報酬。使用報酬率，由主管機關定之（第 4 項）。」依此規定，主管機關須訂定第 47 條第 4

1　蕭雄淋，著作權法第 47 條第 4 項使用報酬率之修正評估期末報告，經濟部智慧財產局，2008 年 12 月 20 日，頁 7。

項之使用報酬率，當時著作權主管機關內政部即於 1998 年 1 月 23 日，以台（87）內著 8702053 號公告「著作權法第四十七條第四項之使用報酬率」規範文字。

前揭 1998 年修正施行之著作權法第 47 條條文與公告「著作權法第四十七條第四項之使用報酬率」，迄今已逾二十年，未曾再修訂與調整。在此期間內，外國立法例有無變動？其實務運作如何？我國實務上運作方式有何不同？法院以及主管機關之見解又是如何？現行相關報酬率之規定，有無修訂之必要？均值得再加以檢討。試想這二十年來，隨著電腦科技不斷的變化，我們接受資訊與學校施教的方式，有著多大的不同？相關著作權法規範能不與時俱進、因應調整嗎？以上是為本文之研究動機。

有鑑於國民教育對於國家發展之重大影響，使諸多先進國家在著作權法制上，莫不對於「教育目的之合理使用行為」廣開門路，節制著作人權利，甚至賦予相關業者「法定授權制度」的尚方寶劍，使其能毫無限制地（僅須負擔少許費用），盡可能擷取最新、最好的著作內容，提供國民教育使用，以提升國民素質，強化國家的競爭力。是故作者將竭盡所能，詳細研讀、探索相關文獻，並深刻思考、分析與歸納整理，俾能產生結論。期盼藉由本文研究成果，為我國著作權法第 47 條關於教育目的法定授權制度，提出若干能夠與時俱進、符合時代潮流又具體可行的修法建議，此為本文之研究目的。

最後，為闡明前述「國民教育」攸關國家發展大計之道理，特提出以下「教育興國」的歷史事例為證。1870 年普法戰爭爆發，德軍長驅直入，直抵巴黎郊外，法國皇帝兵敗被俘，德國統一的最後一個障礙終被掃除。1871 年 1 月 18 日，法國巴黎凡爾賽宮鏡廳裡，氣氛莊嚴肅穆，並出現了眾多普魯士人的身影，這一天德意志帝國在法國的王宮裡宣告了自己的誕生。這一年，距離拿破崙攻入勃蘭登堡城門整整六十五年，德意志能從瀕臨亡國的絕境，發展成令人矚目的強國，最為重要的原因，就是它高度重視國民素質的

培養，並以此作為國家振興的基礎。戰勝法國並俘虜法國皇帝的元帥毛奇就曾經說過：「普魯士的勝利，早就在小學教師的講台上決定了！」在普魯士，受教育被視為公民應盡的義務，普魯士也是最早實施免費國民義務教育的國家。德國的工業化進程原先落後於英國，但是它以自己獨特的方式走上了現代化道路，優質的國民義務教育為德國培養了高素質的國民，大學又為德國帶來了創造和發明，智力成為這個國家最重要的資源。憑藉這一資源，十九世紀的德國引領了第二次工業革命，站上了世界科學技術發展的前端地位[2]。

細看世界近代史中諸多大國崛起的軌跡，不難發現「優質教育」（特別是國民義務教育）與「國家富強」之理想實現，莫不息息相關。除了前述的德意志民族復興故事之外，1868 年 4 月 6 日明治天皇親率文武百官，在京都御所紫宸殿向天地、人民宣誓，揭示國是方針，堂堂開啟了明治維新的歷史序幕，其「御誓文」最末項：「求知識於世界，大振皇國基業。」更是一語道破了「教育的內容，是國家發展最重要基礎」之原理，永遠值得世人深思與努力實踐。

貳、我國教育目的法定授權制度概說

茲將我國教育目的法定授權制度內容涵義簡要列示如下[3]：

著作權法第 47 條是關於編製教科用書的合理使用規定，而且是一種「法定授權」。任何人為了編製教科用書，或是教育行政機關為了編製教科用書，以供學生於課堂使用之目的，只要在合理的

---

[2] 德意志民族復興故事，參見中國中央電視台製作之歷史影集「大國崛起」第六集：帝國春秋（德國）。

[3] 參見章忠信，著作權法逐條釋義，五南圖書出版，2017 年 8 月，頁 117-119。

範圍內，都可以重製、改作或編輯他人已公開發表的著作，而同一個編製教科用書者，爲了編製附隨於該教科用書且專供教學之人教學使用的輔助用品，例如教師手冊、掛圖，或專供課堂中播放，協助教學使用的錄音、錄影帶等，凡是專供教學之人教學輔助之用者，均可就同一著作，作相同的合理使用。

本條所稱「教科用書」，有其嚴格的範圍，限於高級中等（含）以下學校所使用，且屬於須經教育部「審定」的教科書，或是教育部自己所編定的教科書，不包括專科以上學校所使用的教授指定用書，或各學校自己編訂的通識性用書，也不包括所謂「參考書」。依該條項之利用，仍必須「在合理範圍內」，並非可以任意爲之，例如，使用一篇短文英文，作爲英文課文，是合理使用，但若將「空中英語教室」某月號全本，作爲教科書內容，就不是合理使用。

又依法設立之各級學校或教育機構，爲教育目的之必要，在合理範圍內，得公開播送他人已公開發表之著作。例如透過校內的播送系統，播出特定短文欣賞，或某樂風或作曲家之專題音樂，以供學習與認知等。至於類似教育廣播電台、世新廣播電台等，因其播送區域已超越校園內部，或學校固定以廣播系統，經常性播出英語學習雜誌之內容、晨間或午間音樂等，都已溢出合理範圍，並不適用本條規定。

本條得作爲合理使用的客體，僅限於「已公開發表之著作」，未公開發表之著作不得依本條爲之。又本條之利用應依第 64 條規定註明示出處，以尊重著作人格權。並且依本條合理使用須要付費，此爲均衡著作財產權人與利用人之利益。雖然編製教科用書，不必經過著作財產權人授權，就可以重製、改作或編輯他人已公開發表之著作，但由於教科書的市場比一般出版品市場更加廣泛，其使用情形將對於著作財產權人造成不小的影響；並且校園之公開播送規定是爲教育使用之方便，不必先獲得授權，可以減輕洽談授權之苦，惟仍不宜使著作財產權人受到太多損失，故第 4 項規

定，其使用情形要通知著作財產權人，並應依主管機關（經濟部智慧財產局）所定的使用報酬率，支付使用報酬。

由於有第47條第4項的法定費率，在依第65條第2項所定四個基準，判斷是否合理使用時，也應將付費一事考量進去。也因此可以理解，第47條所謂的「在合理範圍內」，會因為是編製教科書之目的，也會因為有付費，解釋範圍會較一般合理使用寬廣。著作財產權人對於利用人依本條規定的使用行為，沒有反對的權利，只有請求報酬的權利。當然，如果利用人獲得著作財產權人的授權，或願意支付更多的使用報酬，則係屬於第37條的合意授權，而不是本條的「法定授權」。有時利用人若可以依第37條獲得授權，寧可不用本條的「法定授權」。蓋依教科書編製參考書時，可能須要使用到相同的著作，而參考書並不是本條所稱之「教科用書」，為能便於更有利潤的參考書之編輯，同時獲得著作財產權人授權編製教科用書及參考書，應該更為實際。

實務上，利用人若不知誰是著作財產權人，或無法聯絡到著作財產權人時，如何通知及付費呢？此時只要將使用報酬留存，等到著作財產權人出面時再給付即可。又本條的使用報酬只是著作財產權人對於利用人的債權，若利用人明知著作財產權人，卻不支付使用報酬時，著作財產權人也只能以民事訴訟提出請求，並不能主張利用人侵害著作權，此與著作權法第69條的音樂著作強制授權不同。在第69條特別明定「經申請著作權專責機關許可強制授權，並給付使用報酬後，得利用該音樂著作，另行錄製」，而本條係先規定得利用，再於第47條第4項規定「利用人應將利用情形通知著作財產權人並支付使用報酬」。

法定授權與強制授權制度被稱為「非自願性授權制度」，係因其授權均非由當事人雙方自行協議所完成。法定授權是基於法律之規定，直接形成授權關係；強制授權則是依主管機關之許可，而於當事人間成立授權關係。至於為何要以「非當事人間合意」的方式完成授權？乃為追求特殊公益目的與對著作權人之補償效果，並於

考量交易成本後，以擬制之方式進行交易。蓋身為著作權限制制度，法定授權與強制授權均負有調和公、私益衝突的任務，使具特殊關鍵地位與公益性質之著作得為全民所共享，且尚能兼顧著作權人之權益。惟因法定授權所處理者為具高度公益性質之著作，強制授權則針對公益性較弱的著作，是以二者在要件與實施程序之嚴謹程度上有所區別[4]。

參、德國之教育目的法定授權制度

一、德國法制之規範內容

　　德國著作權法最先於 1838 年由邦聯議會制定（斯時尚未有統一的德意志帝國），可惜偏於理論，未予確實施行，而後全面修正於 1965 年 9 月 9 日，全稱為著作權及相關保護權法（Gesetz über Urheberrecht und verwandte Schutzrechte）。其中有關教育目的法定授權利用之規定在第 46 條，該條文內容如下：「著作之部分、小型語文著作物或音樂著作物、造形藝術著作物或照片著作物，於發行後被收編於編輯物之中，抑或編輯物係由較多著作人之著作物所結合而成，而依其性質係僅供教會、學校或課堂使用者，得為重製及散布。於此等編輯物之標題頁或其他相當處所，應標明所限定之用途（第 1 項）。音樂著作物被編入限定供非音樂學校之音樂課程使用的編輯物中者，第一項之規定，於此種音樂著作物，亦適用之（第 2 項）。在將利用第一項所賦予之權利的意圖，以掛號信通知著作人，而於發信滿二星期之後，始得開始重製，著作人之住所或居所不明者，必須通知排他的用益權人。排他的用益權人之住所或居所亦不明者，得將此通知在聯邦政府公報公告（第 3 項）。

---

[4] 參見趙質堅，純公益性目的合理使用條款之研究，國立臺灣大學法律學院法律學系碩士論文，2012 年 7 月，頁 261。

著作物不再符合著作人之信念，且因此不能責望著作人為著作物之利用，而著作人必須收回用益權者，著作人得禁止重製及散布。第一百三十六條第一項及第二項之規定，準用之（第4項）。」[5]

1971年德著作權法第46條經聯邦憲法法院判決一部無效，認為就該著作重製及散布行為，應向著作權人支付相當之報酬，故於1972年增修著作權法第46條第4項規定；其後為因應網路之公開傳輸權發展，德國著作權法於2007年12月，又對第46條第1項及第4項規定加以修正，修正後全文如下：「著作之部分、小範圍之語文著作物或音樂著作、造形藝術個別著作物或照片個別著作，於發行後被收編於編輯物中，或由較多數著作人之著作所結合而成，且依其性質係指定僅供教會、學校或授課使用者，准予重製、散布及『公開傳輸』。但指定用於學校授課之著作須經權利人同意始得公開傳輸。於該編輯物之標題頁或相當處所或公開傳輸時，應註明所指定之用途（第1項）。音樂著作係為提供除音樂學校以外之學校音樂課程使用之編輯物時，第一項之規定，對編入指定為音樂課程之編輯物中之音樂著作，始適用之（第2項）。將行使第一項規定所賦予之權利之意圖，應用掛號信函通知著作人；如著作人之住所或居所不明時，應通知專屬用益權人；專屬用益權人之住所或居所亦不明者，得將該通知於聯邦公報公告之（第3項）。就第一項及第二項所許可之利用行為，應向著作權人支付相當之報酬（第4項）。著作不再符合著作人之信念，致不能期待著作人為著作之利用，且其因此理由已撤回現仍存在之用益權時，著作人得禁止重製及散布。第一百三十六條第一項及第二項之規

5　本項1965年德國著作權法第46條中文意思，參見蔡明誠主持：德國著作權法令暨判決研究，1996年4月，頁131-132。轉引自：蕭雄淋律師，同註1，頁16。德國著作權法原文詳見智慧財產局，http://www.wipo.int/wipolex/en/details.jsp?id=10557（最後瀏覽日：2018年8月2日）。

定，準用之（第5項）。」[6]經筆者於智慧財產局網頁搜尋比較，該法條目前原（德）文規定，尚與2007年12月修訂時一致。

二、德國法制之規範特色

（一）教會與學校共享法定授權

　　觀察德國著作權法第46條規定內容發現，無論是在1965年初次全面修正時，抑或是今日，「教會」與「學校」或「授課」（教師）使用者都是符合本法條規範的行為主體，這在我國是絕無可能比照辦理的，因為肯定違反憲法第7條所揭示之平等原則（為什麼只有教會可以？為什麼寺廟不行？）。為何身為大陸法系代表國家的德國，對於教會與學校共享法定授權之事如此堅持？答案似乎須由教育史甚至是文化史的脈絡中加以尋找。

　　原來，在歐陸關於「母語學校」之建立，並使之成為永續發展的教育機構，重要因素有二，首先為1450年印刷術的發明；其次為1517年開始的「新教改革」運動（Protestant Reformation）。在德國，新教改革最大的動力，來自馬丁路德（Martin Luther, 1483-1546）與傳統「天主教會」的決裂，他是以個人的理性來反擊教會的威權，創立了「基督教」。但後來他對平民的理性失去了信心，認為人的理性與其知識教育水平有關。他在宗教上的主張，最重要的就是以「聖經權威」來取代先前天主教的「教會權威」[7]（有些類似在政治上，以「法治」取代「人治」的觀念）。

　　一切依照「聖經」，這樣的說法顯然對於教育產生重大的影響。此種說法的結局是：人人都必須研讀聖經，以便從這本神聖著

---

[6]　本項修正後德國著作權法第46條之中文意思，係由蕭雄淋就前註譯文，於2008年12月參照現行德國著作權法作出修改。本文引用自蕭雄淋，著作權法第47條第4項使用報酬率之修正評估期末報告，經濟部智慧財產局，2008年12月20日，頁17。

[7]　林玉体，西洋教育史，三民書局出版，2017年1月，頁311-312。

作（神的話語）獲得人生指引。並且，新教教會特別注重教友集會、歌唱與查經活動，參加這些儀式活動的人都必須識字。掃除文盲，本來就是初等教育最重要的功能，馬丁路德的新教改革，恰巧為日後德國實施全面國民義務教育，鋪上最佳的觀念坦途（即家長對兒童識字教育必要性的認同）。正因如此，不少日耳曼邦侯順勢推出強迫性的初等教育法案[8]。

當我們知道馬丁路德所領導的新教教會對於德國國民教育的重大貢獻及影響之後，面對德國在著作權法制上如此的尊重教會，使其能與學校共享法定授權的事實，或許便知「其來有自」，而不再感到疑惑吧。

（二）「通知『後』利用原則」與「著作者信念改變之著作撤回權」

同前所述，2007 年修正後德國著作權法第 46 條第 3 項規定：「將行使第一項規定所賦予之權利之意圖，應用掛號信函通知著作人；如著作人之住所或居所不明時，應通知專屬用益權人；專屬用益權人之住所或居所亦不明者，得將該通知於聯邦公報公告之。」因此可知，教會、學校或授課者使用他人著作，應盡到通知著作人、專屬用益權人或公告於聯邦公報之義務，使著作人等了解其著作經使用於教育之事實。基於第 1 項法定授權規定，著作人或專屬用益權人原則上不能反對該項利用其著作之行為，本文擬稱之為「通知後利用原則」。德國 1965 年著作權法原規定於發信或公告通知二週之後得利用（重製）著作，而後改為不定期限，惟本文認為，仍應明定通知後等待回覆之期限為佳，以利原著作人思考與舉證回應。

特別值得注意與探討的是，同法條第 5 項規定：「著作不再符合著作人之信念，致不能期待著作人為著作之利用，且其因此理由已撤回現仍存在之用益權時，著作人得禁止重製及散布。」本文認

爲此種「著作者信念改變之著作撤回權」饒富意義，也值得我國借鏡。舉例來說，「假設」歷史上曾有某一著名生物學家，依據他年輕時的研究結果，提出了「人類的祖先是猿猴⋯⋯」等等的學說，結果聲名大噪，並廣泛獲得學術界及社會大眾的接受與引用，可是在他晚年時，竟然不再認同自己原先提出的學說，並且感到後悔。這時候，如果還有學校想要使用他當年的著作作爲教材，當然應該給予否決的權利，要不然讓他眼睜睜地看著自己的學說繼續「誤人子弟」，將是情何以堪呢？（附註：達爾文晚年是否後悔曾提出進化論學說，並回歸信仰上帝？此事容有爭議）本文認爲，無論是基於「對著作人格權的尊重」，或是爲達到「學說更新」之目的，此項「著作者信念改變之著作撤回權」機制的存在，皆有其必要性。

（三）由無償利用原則改為須支付報酬

按前述德國 1965 年著作權法規定內容可知，當時對於爲教育目的利用他人著作之行爲，尚不採法定授權的補償金制度，而係以著作財產權限制規定，處理教科書的重製及散布問題，亦即「教堂」與「學校或授課使用者」可以「無償」使用他人之「部分著作」或「小範圍之語文著作物或音樂著作物等」，僅須注意於教材標題頁等處標明所限定之用途，及將利用著作之意圖，事先掛號信通知著作人。由此我們可以合理推測，在德國，教會、學校或授課使用者可無償使用他人著作，應該已有相當期間的歷史淵源，惟其何以致之呢？本文推測，與下述歷史事蹟有關：

歐洲啓蒙運動時期（十七世紀及十八世紀），教會善心人士佛朗凱（August Hermann Francke, 1663-1727）在普魯士創辦了一所收容窮人與孤兒的免費學校，後來普魯士王威廉一世（Frederick William I, 1797-1888）注意到佛朗凱的事蹟，並熱烈地支持他的理念與善行。威廉一世以佛朗凱的學校爲模範，設立學校數百間，並於 1717 年頒布「學校法」（School Code），強迫家長遣送子女

入學,貧苦兒童的學費由宗教或其他社會團體代為繳納。其後於1737年,制定了普通學校法(General School Code),規定校舍的建築與學校教師的薪俸,一律改由政府資助,從此奠定了普魯士國民小學「免費」義務教育制度的基礎[9]。

基於德國的教會與政府長期推行「免費」中、小學教育及公立大學教育之歷史事實,或許我們就能理解與接受,為何其著作權法制起初容許教會或學校「免費」並且無限量地重製他人著作,以作為教材使用的道理。

同前所述,德國著作權法第46條在1971年經聯邦憲法法院判決一部無效,認為就該著作重製及散布行為,應向著作權人支付相當之報酬,故於1972年增修著作權法第46條第4項規定,以維護著作人的權益。事實上,原先的免費利用制度,確實不符合追求「私利與公益衡平」的著作權法制基本原則,理當作此修正。但令我們好奇的是,本項「相當之報酬」,其數額是如何決定的?著作人如果開出天價,學校豈不就無法利用該著作呢?本文認為,依據「法定授權」的道理,教堂或學校得選用並重製任何符合規定要件的著作(部分著作、小範圍之語文著作物或音樂著作物等),而不涉及侵害著作權,此為先決事實。至於費用問題,原則上當然可以先由雙方以協議定之;協議不成立時,再由教會或學校訴請法院決之即可。我國關於此項報酬之額數,係採主管機關公告「法定報酬率」的方式,雖然實施簡易,但很可能並非「相當」,亦即金額可能偏低,對著作人之權益保障不足,故德國本項法制,仍可作為參考借鏡。

(四)納入公開傳輸權規範

同前所述,德國著作權法於2007年12月為因應網路之公開傳

---

[9] 美國Butts著、劉伯驥譯,歐美近代教育史,中華書局出版,2017年7月,頁27。

輸權發展，又對第 46 條加以修正，修正後第 1 項規定如下：「著作之部分、小範圍之語文著作物或音樂著作、造形藝術個別著作權物或照片個別著作，於發行後被收編於編輯物中，或由較多數著作人之著作所結合而成，且依其性質係指定僅供教會、學校或授課使用者，准予重製、散布及『公開傳輸』。但『指定用於學校授課』之著作，須經權利人同意始得公開傳輸。」而修正後第 4 項規定如下：「就第一項及第二項所許可之利用行為，應向著作權人支付相當之報酬。」

　　觀察前列規定，可以發現一個有趣的事實，亦即就「公開傳輸」之著作利用行為而言，學校被排除了「法定授權」，因為指定用於學校授課之著作，須經權利人同意始得公開傳輸；然而教會卻仍享有法定授權，似乎德國法對於教會的尊重，是「一以貫之」的，但也可能是因為教會公開傳輸著作之內容，通常偏向教義宣傳與道德陶冶，商業價值較為有限，對於著作財產權之侵害較小，故而容許其公開傳輸行為仍享有法定授權的保障。

　　隨著時代與科技的進步，人類的生活方式隨之改變，而教育的形式亦因發達的資訊科技而突破了校園圍牆的限制，朝著跨越時間、空間、距離限制及資源共享的方向發展。「遠距教學」是利用資訊傳播科技與教學方法結合，而產生的新型態教學模式，教育者與學習者可在同一時間或不同時間，透過傳播媒介進行遠距離且不同學習場所的教學活動，並藉著科技傳播無遠弗屆的力量，讓教育的資源達到最廣泛的使用率，而其亦成為未來教育發展的主流趨勢 [10]。本文認為，為因應以電腦設備實施遠距教學的需要，我國著作權法第 47 條法定授權之使用著作行為態樣，應思考比照德國法此項規定，將「公開傳輸」行為納入其中為宜。

---

[10] 黃嘉勝、黃孟元，遠距教育的定義、演進及其理論基礎，臺中師院學報，第 13 期，1999 年 6 月，頁 495。

肆、日本之教育目的法定授權制度

一、日本法制之規範內容

　　日本現行的著作權法係於 1970 年 5 月 6 日頒布（昭和 45 年 5 月 6 日法律第 48 號），最後修正於 2012 年（平成 24 年），其中第 33 條規定「教科書之轉載」，並於第 34 條規定「學校教育節目之廣播」，茲列述如下[11]：

　　日本著作權法第 33 條規定：「已公開發表的作品，在教育目的所需『必要範圍』內，可以在教學用圖書（指在小學、中學或者高中以及類似的學校中，供兒童或者學生用的教學圖書，經文部大臣審定者或文部省有著作名義者）上登載（第 1 項）。依據前項規定將作品登載於教學用圖書者，必須通知作者，同時必須斟酌同項規定的意圖，作品的種類和用途以及通常使用費的金額等情況，將文化廳長官每年規定數額的補償金付給作者（第 2 項）。文化廳長官在作出前項補償金數額的規定後，應在政府公報上公布（第 3 項）。前三項規定準用於高級中等學校的函授用的學習圖書和屬於第一項的教學圖書的教師輔導書（限於該教學圖書發行者所發行的）上登載作品（第 4 項）。」

　　日本著作權法第 34 條規定：「已發表的作品，在認為學校教育目的上有需要的限度內，可以根據關於學校教育的法令所規定的教育課程標準，在學校的廣播節目中廣播和在該廣播節目所用的教材中登載（第 1 項）。根據前項規定利用作品者，在通知作者的同時，須以相當數額的補償金付給著作權人（第 2 項）。」

---

[11] 日本著作權法第 33 條及第 34 條之中文翻譯參見：http://www.twword.com/wiki/日本著作權法（最後瀏覽日：2018 年 6 月 25 日）。

二、日本法制之規範特色

（一）法定授權適用之範圍

　　在日本著作權法第 33 條規定中，有關教科書之利用，原則上著作種類並無限制，但就使用之數量或比例，仍有一定之限度。對同一著作人之著作大量揭載，或小說全文揭載，是爲法所不許（因條文規定須在「必要範圍」內）。然而詩歌、俳句、繪畫、照片、短篇小說全文揭載，仍爲法所許可。對於外國作品之揭載，基於伯恩公約之關係，其限度應作嚴格解釋。另得依法定授權方式者，限於經文部大臣審定者或文部省有著作名義者，供小學、中學、高等學校或中等教育學校及其他類似學校教育兒童或學生用之教科書、高等學校（含中等教育學校後期課程）函授教育用學習圖書及上述教科書之教師用指導書，如爲大學教科書或中小學學習參考書，則不包含在內 [12]。

（二）補償金「法定費率」制度之提出

　　依日本著作權法第 33 條第 3 項規定，文化廳長官依第 33 條第 2 項所訂定之補償金數額，應於官報公告之。而此訂定補償金之數額，應諮詢文化審議會審議。另著作權人拒絕受領補償金或不能受領時，或應給付補償金之人無過失而不能確知著作權人者，得以提存補償金代替支付。前述文化廳官報公告之「使用教科書等揭載補償金規定」，歷經多次修訂，目前該公告將使用教科書等揭載之類型，大致區分爲語言著作物、音樂著作物、美術及寫眞著作物等，並依據使用發行之數量、國內或國外使用、使用的種類（例如在語言著作物中，又細分爲四種使用情形），詳細訂定補償金之數

---

[12] 加戶守行：著作權法逐條講義（平成 18 年五訂新版），頁 248。轉引自蕭雄淋，同註 1，頁 13。

額[13]。對照之下，我國相關「使用報酬率」公告內容似乎過於簡略，並且費率未依照教科書之印行數量遞增，是否合理？實在值得思考。

德國著作權法雖採法定授權制度，然其並無由主管機關訂定費率之規定，故若著作權人懷有敝帚自珍之心理而漫天要價時，使用者將難以順利與著作權人就補償金額達成協議，而須訴請法院裁決，其過程將是繁冗費時，以致嚴重影響「因教育目的使用著作」制度實施成效。日本針對該項缺失，所設補償金「法定費率」制度，提供著作權人與使用者簡明易行且具有強制效力的法律規範，確為解決前揭問題之良方。

伍、南韓之教育目的法定授權制度

一、南韓法制之規範內容

南韓於 1986 年修正著作權法，於該法第 23 條規定有關教育目的法定授權制度內容，惟於數次修訂之後，相關規範在 2009 年又大幅度修正，並改置於現行著作權法第 25 條，其規定如下：「基於高中、相等的學校或較低的學校（中小學）教育目的之必要範圍內，可於教科書中重製已經公開發表之作品（第 1 項）。基於課堂教學目的之必要範圍內，依特別法（中小學教育法、高等教育法）設立或者由國家或地方政府經營之教育機構，得對於已公開發表作品之一部分加以重製、公開演出、廣播或實施互動式傳輸。但如依照作品之性質、利用之目的及方式等，使用作品之全部是不可避免的，則得使用該作品之全部（第 2 項）。在上述第二項所定教育機

---

[13] 日本文化廳公告之「使用教科書等揭載補償金規定」，http://www.bunka.go.jp/seisaku/bunkashingikai/chosakuken/bunkakai/43/pdf/shiryo1.pdf（最後瀏覽日：2018 年 6 月 25 日）。

構受教育之人，於第二項所定課堂教學目的之必要範圍內，得對於已公開發表之作品加以重製或互動地傳輸（第3項）。欲依據第一項及第二項規定利用作品之人，應按照文化及觀光部所頒布之補償金標準，對著作財產權人支付補償金。但第2項所規定之高中、相等的學校或較低的學校（中小學），對於他人作品所爲之重製、公開演出、廣播及互動式傳輸，不需要支付補償金（第4項）。依據第四項收取補償金之權利，應由符合以下全部條件且係由文化及觀光部所指定之組織執行。當文化及觀光部指派該組織時，該組織之同意是必須的。此組織必須是：1. 由有權收取補償金之人所組成；2. 非基於營利目的；3. 具有實現其包括收取與分配補償金責任之充分能力（第5項）。第五項所定之組織，不得拒絕爲補償金權利人執行上述權利之要求，縱使該補償金權利人並非該組織之會員。在此情形，組織將有權以其名義，就補償金權利人之權利，爲訴訟上及訴訟外之行爲（第6項）。文化及觀光部可撤銷第五項所定組織之指派，假如該組織發生以下狀況之一：1. 該組織不符合第五項所定條件；2. 該組織違反關於作品補償金之規定；3. 由於該組織於相當時間內停止執行其關於補償金之職務，而可能使補償金權利人之利益受損（第7項）。第五項所定組織，就未分配之補償金已發出通知三年以上，並獲得文化及觀光部之授權下，爲公共利益之目的可以使用未分配之補償金（第8項）。根據第五、七及八項所定之關於組織之指派及撤銷、作品規範、補償金之通知及分派、基於公共利益對於未分派補償金利用之授權等，將由總統命令所決定（第9項）。如教育機構依據第二項規定實行互動式傳輸，爲了防止著作權以及本法所保護權利被侵害，應採取依總統令所決定之必要措施，包括防止重製措施（第10項）。」[14]

---

[14] 南韓著作權法第25條規定內容（英文版）詳見經濟部智慧財產局，http://www.wipo.int/wipolex/en/details.jsp?id=7182（最後瀏覽日：2018年6月25日）。本條文中文翻譯來源：蕭雄淋，同註1，頁15。

二、南韓法制之規範特色

綜觀南韓著作權法第 25 條第 5 項至第 8 項規定，可知南韓法之規範特色，係將收取及分配補償金之權利交由文化及觀光部所指定之組織執行（類似我國的著作權集體管理團體），而非任由個別著作權人各自執行（縱使該補償金權利人並非該組織之會員）。且該組織在滿足一定要件並獲得文化及觀光部之授權下，得為公共利益之目的，使用未分配之補償金。本文認為，此制度設計之優點大抵有二，其一為該組織可迅速有效地協助個別著作權人獲取應得之補償金，並解決個別著作權人自身可能缺乏維權能力的問題（因為該組織有權以其名義，就補償金權利人之權利，為訴訟上及訴訟外之行為……）。其次，在允許組織為公共利益之目的，得使用未分配之補償金的情形下，組織可運用該筆資金於培育新人，以促進新興文創產業的蓬勃發展，厚植國家整體文化的「軟實力」。

我國雖有著作權集體管理團體組織運作，但著作權法並未明定須由著作權集體管理團體代替個別著作權人行使權力，致部分著作權人之權益不能獲得合理之保障（因其欠缺相關法律與訴訟之知能），韓國著作權法制之本項特色，亦有值得我國參考借鏡之處。

陸、中國大陸之教育目的法定授權制度

一、中國大陸法制之規範內容

（一）著作權法規定部分

中國大陸於 1990 年 9 月 7 日通過第一部著作權法，然而並未規定教科書的法定授權。該法於 2001 年 10 月 27 日修正，增列教科書法定授權之規定，修正後著作權法第 23 條規定：「為實施九年制義務教育和國家教育規劃而編寫出版教科書，除作者事先聲明不許使用之外，可以不經著作權人許可，在教科書中彙編已經發

表的作品片段或者短小的文字作品、音樂作品或者單幅的美術作品、攝影作品，但應當按照規定支付報酬，指明作者姓名、作品名稱，並且不得侵犯著作權人依照本法享有的其他權利。前項規定適用於對出版者、表演者、錄音錄影製作者、廣播電台、電視台的權利的限制。」[15]

（二）中國大陸信息網路傳播權保護條例規定部分

中國大陸於 2001 年 10 月 27 日修正通過之著作權法，增訂信息網路傳播權，亦即以有線或者無線方式向公眾提供作品、表演或者錄音錄影製品，使公眾可以在其個人選定的時間和地點獲得作品、表演或者錄音錄影製品的權利。國務院依據中國大陸著作權法第 58 條規定，於 2006 年 5 月 10 日通過「信息網路傳播權保護條例」，並自同年 7 月 1 日起施行。該「信息網路傳播權保護條例」第 8 條規定：「為通過信息網路實施九年制義務教育或者國家教育規劃，可以不經著作權人許可，使用其已經發表作品的片段或者短小的文字作品、音樂作品或者單幅的美術作品、攝影作品製作課件，由製作課件或者依法取得課件的遠程教育機構通過信息網路向註冊學生提供，但應當向著作權人支付報酬。」[16] 此條文乃上述中國大陸著作權法第 23 條規定在網路環境下的延伸，把教科書法定授權之規定，擴大運用於遠距教育的課程軟體的製作與提供，有利因應當前及未來學校教學技術改變之所需。

[15] 中國大陸著作權法，經濟部智慧財產局，https://www.tipo.gov.tw/ct.asp?xItem=332852&ctNode=7015&mp=1（最後瀏覽日：2018 年 6 月 25 日）。

[16] 中國大陸信息網路傳播權保護條例，經濟部智慧財產局，https://www.tipo.gov.tw/ct.asp?xItem=586880&ctNode=7767&mp=1（最後瀏覽日：2018 年 8 月 2 日）。

二、中國大陸法制之規範特色

（一）著作權法規定部分

經由前揭中國大陸著作權法第 23 條條文內容可知，中國大陸所實施之教育目的法定授權制度適用範圍實際上較臺灣狹隘，其要點分述如下：

本條限於九年制義務教育和國家教育規劃出版教科書，高等中學和大專院校之教科書，不包含在內。日本、南韓、德國及我國著作權法，均不限於九年義務教育，此規定較嚴。本條之教科書，亦非泛指中小學使用之所有教材。根據中國大陸義務教育法以及國務院教育主管部門國家教育委員會在「全國中小學教材審定委員會章程」之相關規定，此教科書應為經省級以上教育行政部門批准編寫，經專門設立之學科審查委員會審查通過，並報送審定委員會批准後，由主管部門國家教育委員會正式列入全國普通中小學教學用書目錄之教科用書[17]。

本條規定如果作者聲明不許轉載，不得以此法定授權之規定而轉載，此與其他國家規定不同，且在某程度上削弱了法定授權之功能。本條轉載作品限於已經發表的作品片段或者短小的文字作品、音樂作品或者單幅的美術作品、攝影作品，且明文規定限於教科書使用，因此如教師手冊之類的輔助教材，不包含在內，與我國、南韓與日本著作權法不同。此外，如參考書、輔導叢書及教材等，亦不包括在內。

本文認為，關於中國大陸法定授權制度適用範圍狹隘事實，係屬利弊相參之舉措。縱然其法制有利於個別著作人收益之取得（因其減少法定費率適用的範圍），但若為促進國家文化發展，須增加教科書業者或學校的教材選擇自由度，以提升整體教育成效計，故仍應效仿德、日及南韓等國相關法制為佳。惟中國大陸為發展遠距

---

[17] 劉春田，案說著作權法，知識產權出版社，2008 年 1 月，頁 150。

教育的法定授權制度，制定了信息網路傳播權保護條例，其使用作品的前提爲「通過信息網路實施九年制義務教育或者國家教育規劃」。此爲我國著作權法第 47 條法定授權之內涵所無，即臺灣方面並不含以網路公開傳輸方式提供者，相比之下，中國大陸則較爲先進。

柒、美國相關制度

一、合理使用

美國身爲當代資本主義世界之領導國家，並未如德、日等大陸法系國家設有教育目的法定授權制度，僅於其著作權法第 107 條有關合理使用（fair use）規定中，對於諸如「教學」、「學術研討」及「研究」等目的使用他人著作者，給予相對之保護。本文認爲，此項事實，可能與英國自亞當斯密（Adam Smith, 1723-1790）提出「國富論」以降，政府著重保障私人財產權與交易（契約）之自由，並由美國承其緒有關。亞當斯密的「國富論」奠定了現代資本主義經濟理論的基礎，主張應該任由每個人基於自我利益，從事經濟活動，國家不必多作干涉，而最後各種利益會被「市場機制」那隻「看不見的手」所調和，使得社會整體得到最大的好處。依此論調，著作權既屬私權，政府自不應過度介入，故無須創設所謂之「教育目的法定授權制度」。

從歷史沿革來看，合理使用最早可以追溯至英國之「合理節錄原則」（fair abridgement），1740 年的 *Gyles v. Wilcox* 乙案首度宣示該原則，法院認爲摘錄或翻譯的本質，亦帶有創作性，因而有利於公共利益之發展（雖法條本身並未明文承認無須經著作權人之同意或授權），當時英國的著作權法僅保護著作權人對其著作物翻印以及販售之排他權。至於「合理使用」一詞之出現，則係於英國

1803 年的 *Cory v. Kearsley* 乙案中，職司審判的艾倫巴洛爵士（Lord Ellenborough）認為：「並非每一種抄襲都當然構成著作權侵害，利用者可能本於他人既有著作，達到促進公共利益與科技發展之目的，此時之關鍵係利用人所使用之範圍是否合理。」[18]

美國判例法承繼了英國的合理使用制度，關於合理使用的案例可以追溯至 1839 年，Story 法官就對有關「公有素材進行編纂的保護範圍」在 *Gray v. Russell* 一案中加以闡述，進而將討論擴展到善意節錄。兩年之後，1841 年的 *Folsom v. Marsh* 案件中，Story 法官首次使用了美國法上的合理使用制度這一概念，即 fair use。在判決中，Story 法官指出：「在著作權案例中，是否成立版權侵犯，往往取決於某種精妙的平衡，及對另一部作品中部分材料的使用是否合法，取決於使用的性質、程度和價值，每部作品的目的，每一作者公平的利用同一信息來源的程度，或者對材料的選擇和安排的勤勉程度。」[19] 此後的案例進一步深化了這一普通法原則，這一時期的案件普遍認為，是否構成對他人作品的合理使用應該參考以下判斷標準：1. 大量引用他人作品而不加說明、評價，只是簡單的複製，不能視為合理使用；2. 使用他人作品不得出於有損於原作價值或銷售市場的盈利動機與目的；3. 合理使用限於對他人作品材料的使用，而不能使用他人作品中的構思、風格和結構，否則該作品會被視為缺乏獨立性；4. 對不同的作品應有不同的合理使用要求：對於未發表的作品的合理使用要嚴於已發表的作品，對虛構作品的合理使用要嚴於紀實作品[20]。

---

[18] 闕光威，論著作權法上之合理使用，元照出版，2009 年 8 月，頁 37-38。

[19] *See* Adienne J, Marh, Fair Use and New Technology: The Appropriate Standards to Apply, Cardozo L, Rev. 635 (1984), Note 14. 轉引自「壹讀」網頁，https://read01.com/nxjR7Nn.html#.W2KsB1Uzbb0（最後瀏覽日：2018 年 8 月 2 日）。

[20] 吳漢東，著作權合理使用制度研究，中國人民大學出版社，2013 年 9 月，頁 21。

　　美國著作權法第 107 條 [21] 規定了「排他權之限制」，亦即「合理使用」，其內容如下：「不論第 106 條（關於有著作權著作之排他權）及第 106A 條（關於特定著作人歸屬及完整性之權利）如何規定，其他人仍得爲著作之合理使用，包括重製爲重製物或影音著作；或該條所定之其他使用方法。爲批評、評論、新聞報導、教學（包括爲課堂使用之多數重製物）、學術或研究之目的者，非屬著作權之侵害。於特定個案決定著作之使用是否爲合理使用，其考量之因素應包括：1. 使用之目的及性質，包括該使用是否爲商業性質或爲非營利「教育」之目的；2. 該有著作權著作之性質；3. 就設有著作權著作之全體衡量，被使用部分之質與量；4. 其使用對該有著作權著作之潛在市場或價值之影響。於考量前開因素時，如著作尚未公開發表者，並不當然排除合理使用之認定。」

　　實際比較我國著作權法第 65 條 [22] 與美國著作權法第 107 條規定，會發現二者除了少數的文字差異外，內涵幾乎一樣，於是出現我國著作權法立法體例參酌德、日等大陸法系國家，惟合理使用部分卻援用英美法系立法例之現象。本文認爲，美國著作權法第 107 條雖然明定准許利用人因「教學」等目的，得合理使用他人著作（我國著作權法第 46 條意旨與之相同），以有助於「調和社會公共利益」、「促進國家文化發展」，但爲求進一步提升國民基礎教育成效，提升國民素質，以強化國家競爭力，於著作權法授權教育

---

[21] 本條文中文翻譯資料來源：經濟部智慧財產局，https://www.tipo.gov.tw/ct.asp?xItem=332837&ctNode=7015&mp=1（最後瀏覽日：2018 年 7 月 3 日）。

[22] 我國著作權法第 65 條規定：「著作之合理使用，不構成著作財產權之侵害（第 1 項）。著作之利用是否合於第四十四條至第六十三條所定之合理範圍或其他合理使用之情形，應審酌一切情狀，尤應注意下列事項，以爲判斷之基準：一、利用目的及性質，包括係爲商業目的或非營利教育目的。二、著作之性質。三、所利用之質量及其在整個著作所占之比例。四、利用結果對著作潛在市場與現在價值之影響（第 2 項）。著作權人團體與利用人團體就著作之合理使用範圍達成協議者，得爲前項判斷之參考（第 3 項）。前項協議過程中，得諮詢著作權專責機關之意見（第 4 項）。」

部或教科用書業者，編製高級中等以下學校所使用教科書及輔助用品，在合理範圍內得使用他人著作；或依法設立之各級學校或教育機構，為教育目的之必要，在合理範圍內，得公開播送他人著作之「法定授權」制度，仍有其必要。

二、微量利用原則

美國著作權法制實務中尚有「微量利用原則」之適用。按美國法之合理使用規範，並沒有特定具體要件，而是透過審酌要素，由法院終局判決來判斷利用行為是否侵害著作權。該原則能因應社會科技文化的變遷，具有適用彈性，但於利用人利用著作當時，對其行為是否合法之預見可能性上，則有高度的不確定性。複雜的合理使用審酌要素判斷，在實務上產生許多爭議，因此對於瑣碎而微不足道的著作利用，為日常生活中常見且並未侵害著作權人實質經濟利益之案件，為節省司法資源，學說及實務上發展出「微量利用原則」，並且在著作權侵害案件的判斷上，優先於合理使用。微量利用原則源於「法律不管瑣小事原則」，類似於刑事訴訟法上的「微罪不舉」。微量利用原則並非著作權法上專有之原則，而是適用於所有的民事案件，主要意旨係指：嚴格而言雖是侵害法益的行為，但因為太過瑣碎細小與微不足道，不宜進入法院爭訟浪費司法資源，故不予追究。在著作權法上，則指凡是利用他人享有著作權之著作的份量及利用部分之重要性，對被利用著作而言是「微不足道」或是「顯非重大之使用行為」時，不構成著作權侵害 [23]。

---

[23] 參見張又文，著作權法上引用合理使用之研究，中原大學財經法律學系碩士論文，2013 年 7 月，頁 22。

捌、各國教育目的法定授權制度研究小結

一、本項法制價值之質疑思辨

　　經由前述比較研究結果，或許有人會提出如下質疑：「既然美國沒有教育目的法定授權制度，只有合理使用規範，卻仍然發展成為當今世界第一的強國，可見所謂的教育目的法定授權制度，對於國家邁向強盛發達之路途，未必能產生多大的實質助益？」這樣的論調乍聽之下似乎有理，殊不知，今日美國之所以能站上領導世界的地位，其原因除了正確的開國政策（三權分立、自由民主）少走冤枉路與地大物博之外，最關鍵的是，二十世紀的兩次世界大戰戰場都以歐亞大陸為主，不只讓美國免於戰火的蹂躪摧殘，反而乘機發展成為世界工場，並吸納全世界各領域大量的菁英，例如科學家愛因斯坦（Albert Einstein，猶太裔，出生於德國），還有許多銀行家、實業家等，這些菁英很多都是在歐陸接受教育培養出來的，特別是德國。因此我們不能以今日美國的強大，來推斷「教育目的法定授權制度」沒有價值。

　　以上思辨判斷心得，係參見「二戰後德國科學家都去美國之原因何在」[24] 網路相關報導而得，內容摘述如下：二戰後，美國科技開始崛起，成為世界大國。美國的原子物理學、核物理學、化學和數學等學科能夠快速發展，與在世界囊括的眾多科學家有關。其中有不少是德國前去的科學家，根據相關數據，當時前去美國的德國科學家有 457 名之多，……直接導致猶太人出走德國的，是在 1939 年發起的德波戰爭後，德國和法西斯實行各種反猶政策，殘害猶太人。當時德國的科學家是猶太人居多的，在遭到如此殘害的猶太人自然是不會想要為德國效力，大量的猶太人科學家去到美國。所以，美國的科技崛起得益於德國在第二次世界大戰之前的

---

[24] 二戰後德國科學家都去美國之原因何在，「每日頭條」報導，https://kknews.cc/zh-tw/history/396g9j3.html（最後瀏覽日：2018 年 7 月 26 日）。

排猶政策。設想，要是當時沒有德國的這些猶太人科學家前去美國，美國還會成為二戰後的科技大國嗎？

二、各國法制研究小結

　　2007 年修正後德國著作權法第 46 條第 5 項規定：「著作不再符合著作人之信念，致不能期待著作人為著作之利用，且其因此理由而已撤回現仍存在之用益權時，著作人得禁止重製及散布。」本文認為，此項「著作者信念改變之著作撤回權」非常獨特，一方面能貫徹「著作人格權」的保護，例如某位作者改變了宗教信仰，便不宜再多散布其早期所著，且具原有宗教信仰內容的文章（因為「見文如見人」）；另一方面也能發揮「學說更新」的作用，以避免讓作者眼睜睜地看著自己的學說繼續「誤人子弟」，實值得我國借鏡引用。此外，德國為因應網路之公開傳輸權發展，著作權法第46 條第 1 項規定增加了「公開傳輸」行為的適用（但指定用於學校授課之著作，仍須經權利人同意始得公開傳輸，教會則否），是為時代先聲。為因應以電腦設備實施遠距教學的需要，我國著作權法第 47 條法定授權之使用著作行為態樣，亦應思考比照德國法此項規定意涵，將「公開傳輸」行為納入其中為宜。

　　日本文化廳官報公告之「使用教科書等揭載補償金規定」，將使用教科書等揭載之類型，大致區分為語言著作物、音樂著作物、美術及寫真著作物等，並依據使用發行之數量、國內或國外使用、使用的種類，詳細訂定補償金之數額。相互對照之下，我國相關「使用報酬率」公告內容似乎過於簡略，並且費率未依照教科書之印行數量遞增，是否合理？值得深入思考。

　　南韓著作權法將收取及分配補償金之權利交由文化及觀光部所規定之組織執行，而非任由個別著作權人各自執行（縱使該補償金權利人並非該組織之會員）。且該組織在滿足一定要件並獲得文化及觀光部之授權下，得為公共利益之目的，使用未分配之補償金。這樣的規定，使該組織可迅速有效地協助個別著作權人獲取應

得之補償金，並解決個別著作權人可能缺乏自身維權能力的問題；且在允許組織為公共利益之目的，得使用未分配之補償金的情形下，組織可運用該筆資金於培育新人，以促進新興文創產業的蓬勃發展，厚植國家整體文化的「軟實力」，本文認為亦有值得我國參考借鏡之處。惟因我國著作權集體管理團體之發展情形未臻理想（只有經管音樂與錄音著作者），目前似乎尚難以承擔此項任務，但就長期而言，此制度仍為我國將來力求比照實施的可行方式。

中國大陸為發展遠距教育的法定授權制度，制定了「信息網路傳播權保護條例」，在「通過信息網路實施九年制義務教育或者國家教育規劃」之前提下，利用人得使用他人著作。此為我國著作權法第 47 條法定授權之內涵所無，臺灣方面尚不含以網路公開傳輸方式提供者，相比之下中國大陸較為先進，臺灣應該研議修法，迎頭趕上才是。至於公開傳輸方式之法定授權使用費率如何訂定？本文認為，原則上可用「規劃課程時數」計費，亦即該公開傳輸著作內容，係為多少的「學習時數」而設來計算費用，而非考慮檔案大小，以避免影音檔案大小隨著科技進步與日俱增後，費率計算的諸多不確定性，致發生適用上的困難或費率暴增的困境。

玖、我國法制相關配套

一、著作權法第47條第4項之使用報酬率

（一）現行使用報酬率之形成過程

現行著作權法第 47 條第 4 項之使用報酬率的形成，係於 1997 年由主管機關內政部（下設著作權委員會負責實際業務）委託蕭雄淋律師研議撰擬而得。當時在外國立法例方面，主要係參考日本教科書法定授權制度使用報酬率之相關規定；在國內方面，則是廣發問卷予各相關團體及教科書業者，以徵詢以往利用他人著作之付費方式及各種相關意見。當時蕭雄淋律師參考的日本教科書法定

授權制度使用報酬率相關規定，主要是日本平成 8 年（1996 年）3
月 28 日之文化廳告示第 2 號「平成 7 年度使用教科書等揭載補償
金額」。至於國內問卷調查方面，為求研擬工作之嚴謹周詳，並配
合國內實際環境所需，於 1997 年 4 月初陸續發函予國立編譯館、
各著作權相關團體及教科書業者，請其就教科書法定授權問題表示
意見，作為擬定我國教科書法定授權制度使用報酬率之重要參考依
據。1997 年 4 月 24 日，本研究主持人蕭雄淋律師另與出版公會就
教科書法定授權制度在臺大校友會館開會研商，與出版業者作成決
議，並確立以下原則 [25]：

    1. 採一次固定付費方式，而不採每年付版稅方式。

    2. 使用在國內發行與國外發行之著作，費率相同。

    3. 教學輔助用品之減半付費。

    4. 應明確規定「使用報酬額」之收取權利人，俾免爭議。

    5. 就不同種類著作之費率進行研擬。

    現行著作權法第 47 條第 4 項之使用報酬率，於 1998 年 1 月
23 日台（87）內著字第 8702053 號公告以來，長期未有修正，其
後經濟部智慧財產局基於業者「重新評估」的要求，曾於 2005 年
積極檢討，要求相關團體及業者提供意見，並與之開會協商，而於
2005 年 11 月 25 日作成「著作權法第四十七條第四項之使用報酬
率修正意見對照表」，包含會議資料及內部智慧財產局初擬修正意
見，惟迄今未見公告實施「更新版」的使用報酬率規定。

（二）著作權法第 47 條第 4 項之使用報酬率規定內容

    現行著作權法第 47 條第 4 項之使用報酬率規定，即內政部於
1998 年 1 月 23 日以台（87）內著字第 8702053 號公告者，內容詳
列於下：

    1. 本使用報酬率依著作權法（以下簡稱「本法」）第 47 條第

---

[25] 蕭雄淋，同註 1，頁 27。

4 項規定訂定之。

2. 依本法第 47 條第 1 項規定重製或編輯者，其使用報酬，除本使用報酬率另有規定外，依下列情形分別計算之：

(1) 語文著作：以字數為計算標準，每一千字新臺幣 1,000 元，不滿一千字者以一千字計算。

(2) 攝影、美術或圖形著作：以張數為計算標準，不論為黑白或彩色、版面大小，每張新臺幣 500 元。如使用於封面或封底每張新臺幣 1,000 元。

(3) 音樂著作：詞曲分開計算，每首新臺幣 2,000 元。

(4) 前三款以外之其他著作：以每頁版面新臺幣 1,000 元為標準，依所占版面比例計算。如不能依版面計算者，每件新臺幣 1,000 元。

3. 依本法第 47 條第 1 項規定改作者，其使用報酬，依第 2 點標準減半計算之。

4. 依本法第 47 條第 2 項規定編製教學輔助用品者，其使用報酬，除本使用報酬率另有規定外，依下列情形分別計算之：

(1) 錄音或視聽著作：每 3 分鐘新臺幣 2,000 元。不足 3 分鐘者，以 3 分鐘計算。

(2) 前款以外之其他著作：依第 2 點、第 3 點標準減半計算之。

5. 依本法第 47 條第 3 項規定公開播送者，其使用報酬，依下列情形分別計算之：

(1) 以廣播公開播送：音樂著作詞曲分開計算，每首每次新臺幣 1 元；其他著作每 3 分鐘新臺幣 1 元，不足 3 分鐘者，以 3 分鐘計算。

(2) 以電視公開播送：音樂著作詞曲分開計算，每首每次新臺幣 40 元；其他著作每 3 分鐘新臺幣 30 元，不足 3 分鐘者，以 3 分鐘計算。

6. 依本法第 47 條第 1 項或第 2 項規定重製、編輯教科用書或編製教學輔助用品，其所利用之著作為衍生著作時，如對原著作及

衍生著作應支付二筆以上之使用報酬者，其每筆使用報酬，依第 2
點或第 4 點標準之百分之七十五計算之。

二、利用者之明示出處義務

　　著作權法第 64 條規定：「依第四十四條至『第四十七條』、
第四十八條之一至第五十條、第五十二條、第五十三條、第五十五
條、第五十七條、第五十八條、第六十條至第六十三條規定利用他
人著作者，應明示其出處（第 1 項）。前項明示出處，就著作人之
姓名或名稱，除不具名著作或著作人不明者外，應以合理之方式為
之（第 2 項）。」故利用人依據著作權法第 47 條編製教科用書、
附隨於該教科用書之輔助用品，或各級學校與教育機構公開播送他
人著作時，負有「明示其出處之義務」。利用人之此項義務，與著
作人所享有之著作人格權中「姓名表示權」有關，實為一體之兩面。

　　著作人所享有之著作人格權，可區分為公開發表權、姓名表示
權及同一性保持權，相關規定見於著作權法第 15 條至第 17 條，其
中第 16 條規定：「著作人於著作之原件或其重製物上或於著作公
開發表時，有表示其本名、別名或不具名之權利。著作人就其著作
所生之衍生著作，亦有相同之權利（第 1 項）。前條第一項但書規
定，於前項準用之（第 2 項）。利用著作之人，得使用自己之封面
設計，並加冠設計人或主編之姓名或名稱。但著作人有特別表示或
違反社會使用慣例者，不在此限（第 3 項）。依著作利用之目的及
方法，於著作人之利益無損害之虞，且不違反社會使用慣例者，得
省略著作人之姓名或名稱（第 4 項）。」

　　按民法所保護之權利，依其內容可分為財產權與非財產權，財
產權係以財產上利益為標的之權利，如債權、物權等；非財產權則
以非財產上利益為標的之權利，又可分為人格權與身分權，人格權
係指存在於權利主體之人格發展利益，包含生命、身體、自由、名
譽、姓名、隱私等，由於人格權與權利主體間具有密不可分之關

係，因此不得拋棄、讓與或繼承[26]。所謂「著作人格權」，意指著作人就其著作，享有人格利益的權利[27]。

　　本文認為，如果我們詳細觀察民法第 195 條所揭示之重要人格權內涵，不難發現著作人格權中「姓名表示權」規定所欲保護之權利客體，主要應為著作人之「名譽」。故著作權法不許非實際創作著作之人，無端獲取創作人之美譽（縱然是無意中遭到誤認），而令實際創作著作之人反而不能享有名符其實的聲譽，因此著作權法第 64 條明文規定合理使用他人著作之人，必須負起明示出處之義務，否則利用人即可能有「不當得利」之嫌疑。此外，藉由合理使用著作之人明示出處，可使閱聽大眾於得知實際創作者或法人著作人（如出版商或唱片公司）後，得以進一步獲取自己有興趣且更完整的著作內容，對於創作者之著作財產權保障，亦有莫大的助益，而能達到鼓勵創作之目的，並利於國家文化發展。

　　誠然在著作權領域，我們常以「站在巨人肩膀上的侏儒，可以看得更高」來說明，現在的文明或文化都是在前人基礎上累積及創作而來，但無論著作利用人在前人的著作基礎上，增添了多少自己的創見與成就，為向巨人致敬，都應謹守明示出處之義務才是。

三、著作權合理使用之意義及其判斷基準

（一）合理使用之意義

　　依據著作權法第 47 條規定，利用人無論是編製教科用書、附隨於該教科用書之輔助用品，或各級學校與教育機構公開播送他人著作時，都必須要在「合理範圍內」，始能符合本條要件，而得適用「著作權法第四十七條第四項之使用報酬率」享受優惠。因此，

---

[26] 施啓揚，民法總則，自行出版，2005 年，頁 32。

[27] 陸義淋、王怡蘋，著作人格權之比較研究期末報告，經濟部智慧財產局，2011 年 10 月 31 日，頁 1。

何謂著作權之「合理使用」？自有詳加探討的必要。

所謂「合理使用」，是指著作權人以外之人，對於著作權人依著作權法所保障的專屬權利，即便未經著作權人授權，在合理的範圍內，可以合理、自由、無償利用其著作物[28]。由於著作權制度之根本目的在於為「調和社會公共利益，促進國家文化之發展」，在賦予著作權人獨占權利之保障，作為獎勵其創作之誘因的同時，亦應顧及公眾利用該等著作之需求，以增進社會文化整體之發展。「合理使用原則需求取下列兩項因著作權法制而生之風險間的平衡：一方面，若剝奪著作權人之獨占權利，將減低其創作之誘因；另一方面，若賦予著作權人完全之獨占權利又將降低其他人接續創作之能力。[29]」因此，在保障著作權人專有權利之同時，亦須以合理使用作為實現著作權法制目的之重要機制，故合理使用的內涵，就是在對著作財產權作必要的限制，以調和著作人與利用人間之關係，平衡著作權人之私權及國家社會之公益。

我國著作權第 1 條規定：「為保障著作人著作權益，調和社會公共利益，促進國家文化發展，特制定本法。」本條之立法意旨為「著作固保障著作人智慧之結晶，但其行世，則有賴於他人投資製作加以推廣，與社會大眾之消費欣賞，著作人乃能享有名譽與經濟之利益。故著作權法……於加強著作人權益之保護外，並兼顧利用人之擴大利用，俾藉社會公共利益之調和，達成發展國家文化之目

---

[28] Marshall Leaffer, Understanding Copyright Law, 1989, p. 293. 轉引自：闕光威，論著作權法上之合理使用，元照出版，2009 年 8 月，頁 32。

[29] "The fair use doctrine must strike a balance between the dual risks created by the copyright system: on the one hand, that depriving authors of their monopoly will reduce their incentive to create, and on the other hand, that granting authors a complete monopoly will reduce the creative ability of others." See Sony Corp. of America. v. Universal City Studios, Inc., 464 U.S. 417, 479 (Judge Blackmun dissenting opinion) (1984). 轉引自：馮震宇，著作權合理使用之研究，整體著作權法制之檢討研究報告，經濟部智慧財產局，2001 年 9 月 15 日，頁 211。

的。[30]」是以立法者於制定著作權法時需考量者，應包括著作人之權
益、社會公益，及國家文化之發展，故應設有「合理使用」的規定。

　　為何要有合理使用的規定？從另一角度而言，乃因文化是人類
生活經驗的累積，每個人不斷地學習先人所累積的經驗與知識，再
往各領域鑽研，讓新的創作源源不斷。正如英國著作權學者兼律師
奧古斯丁・畢瑞爾（Augustine Birrell）所說：「如果要我舉證某塊
羊腿是我買的，那會是一件輕而易舉的事情；如果要我說出自己所
寫的書裡面，有多少內容是我自己所獨立創作的，卻會是一件很困
難的事。」著作雖然是著作人個別的創作，但是大多源自於已有的
文化，再融入個人的思想或情感而成，如全部由個人來獨享此成
果，實有失公允[31]，故應設有「合理使用」的規定，使社會大眾都
能有合理分享文化發展成果的機會。惟須特別注意的是，著作之合
理使用，只是不構成著作財產權之侵害，對於著作人格權並不生影
響，故合理使用他人著作，仍應明示其出處，以免發生侵害著作人
格權之情事。

（二）我國合理使用規範之特色

　　綜觀我國著作權法及合理使用相關規定之修正歷程，我國合
理使用制度具備以下特色：於規範體例上，包括例示規定（即第
44 條至第 63 條規定）與概括規定（第 65 條第 2 項規定）。由於
第 65 條第 2 項規定之文義：「著作之利用是否合於第四十四條至
第六十三條所定之合理範圍或其他合理使用之情形，應審酌一切情
狀，尤應注意下列事項，以為判斷之基準：……」故於認定是否
符合合理使用之各例示規定（第 44 條至第 63 條）時，仍須按第
65 條第 2 項所定之基準為判斷，而非僅問是否合於第 44 條至第 63

---

[30] 參見行政院 1985 年「著作權法修正草案總說明」。轉引自：同前註，頁
　　204。

[31] 曾勝珍、黃鋒榮，圖解著作權法，五南圖書出版，2016 年 12 月，頁 160。

條規定之情形。因此，第 65 條第 2 項規定同時屬例示合理使用規定之附屬判斷標準，亦爲獨立之合理使用概括判斷標準 [32]。

就第 65 條第 2 項與第 44 條至第 63 條規定之關係，並無適用先後順序可言，亦即並非須先判斷有無第 44 條至第 63 條規定之適用，再輔以第 65 條第 2 項之四款基準，如肯定之，則可適用第 65 條第 2 項規定判定爲合理使用；而是利用他人著作者，得直接引用第 65 條第 2 項規定，主張合理使用之存在 [33]。

（三）合理使用之判斷基準

合理使用之立法模式，起初多爲針對特定例外情形，給予免除侵害著作權責任的法律效果，而後隨著「制衡強大著作權」思潮之興起，合理使用理論之內涵以修正法律或因法院判決不斷充實，有關合理使用之適用及判斷基準亦趨完整（蔡惠如，2007）。同前所述，合理使用係由承審法院於具體個案中，針對個別案情予以審酌，判斷是否構成合理使用，此即「個案分析原則」（case-by-case analysis method）。由於合理使用係一「衡平之論理法則」（an equitable rule of reason），並無具體之法律定義與界線，因此美國法院判決曾稱之爲「整部著作權法典中最令人頭痛的問題」（the most troublesome in the whole law of copyright）[34]。

我國著作權法有關合理使用之立法體例係兼採例示及概括規定，自第 44 條至第 63 條針對各種具體利用著作行爲予以特別規定，再於第 65 條第 1 項規定合理使用的法律效果爲不構成著作財產權之侵害，更於第 2 項明定合理使用（不問係符合第 44 條至第

---

[32] 蔡惠如，著作權之未來展望——論合理使用之價值創新，元照出版，2007年 8 月，頁 37。

[33] 羅明通，著作權法論第 II 冊，自行出版，2014 年 4 月，頁 254。

[34] 黃銘傑，著作權合理使用規範之現在與未來，元照出版，2011 年 9 月，頁 194-195。

63 條所定情事或其他合理使用之情形）之判斷標準為「應審酌一切情狀，尤應注意下列事項，以為判斷之基準：一、利用之目的及性質，包括係為商業目的或非營利教育目的。二、著作之性質。三、所利用之質量及其在整個著作所占之比例。四、利用結果對著作潛在市場與現在價值之影響。」準此，法院於審理時，即應按「整體衡量原則」，綜觀所有情狀予以通盤考量，且判斷基準不以第 65 條第 2 項第 1 款至第 4 款為限，而係涵蓋所有的個案事實 [35]。

　　考慮到法院對於許多侵害著作權「情節輕微」的案件，也要進行「合理使用」之判斷，以認定其刑責，未免小題大作，浪費司法資源，無法調合社會公益，也不利於國家長期文化之發展，故有學者提出見解，認為著作之「合理使用」與刑法上的「阻卻違法事由」概念並非全等，不成立合理使用時，亦非當然具備不法內涵而構成犯罪，仍須進一步檢視該行為之刑事不法性，始能論罪科刑。更重要的是，應明文規定使「非具商業競爭及私人獲得經濟利益之意圖，純粹個人使用而未進行交易活動者」，縱有損害著作人利益之情形，亦不認為具有刑事不法內涵，僅得依民事損害賠償責任檢視之，以免「苛法擾民」[36]，本文甚為贊同。

拾、結論與建議

一、結論

　　我國著作權法第 47 條所規定之教育目的「法定授權」（Compulsory License）制度，係基於公益考量，為平衡著作權人之私權與公眾接觸著作之公益，降低授權洽談成本，使利用人於符

---

[35] 黃怡騰，著作之合理使用案例介紹，經濟部智慧財產局，2001 年 8 月，頁 52。

[36] 曾勝珍、洪維拓，智慧財產權法專論──著作權之抄襲與侵害，五南圖書出版，2013 年 2 月，頁 150-151。

合著作權法所定條件時，不待任何申請或取得授權程序，即可逕行利用著作，惟應支付適當費用之制度。然著作權原屬私權，依「私法自治」及「契約自由」之原理，政府似不應過度介入，惟因「國民教育」攸關國家發展大計，故德國、日本等著作權法制先進國家，皆為因應「教育目的」的需要，產生「法定授權」之制度，我國從之。

我國對教育及相關文化事業極為重視，其明列於憲法「基本國策」中加以保障者，包括保障教育機會均等（憲法第 159 條，以下同）、基本教育之免費（第 160 條、增修條文第 10 條）、基本教育以上教育之補助（第 161 條）、教育文化事業之獎助（第 164 條至第 167 條、增修條文第 10 條）、邊遠及貧瘠地區教育專業之補助（第 163 條、第 169 條、增修條文第 10 條）等 [37]。蓋因教育具有提升人民學識品德，及培養國家人力資源的功能，猶如培根所言：「知識就是道德，知識就是能力。」尤其在科學昌明的今天，無論是政治、經濟、科技及軍事等，都是建立在知識的基礎上，因此世界各國憲法均明示普及教育之規定，我國憲法第 21 條亦明定：「人民有受國民教育之權利與義務。」一方面視國民教育為權利，另方面又視之為義務 [38]。綜上所述，我國著作權法承襲憲法對於教育（特別是國民基本教育）之重視，而有第 47 條教育目的「法定授權」制度的規定，藉由限制著作權人之部分權利（私益），以獲得國民教育成效之提升（公益），自屬合乎情理之事。

經詳細研究教育目的「法定授權」之緣起、現況及未來趨勢，本文確認，各國相關制度是為有必要且合理存在之事實。無論是基於「著作權保障」仍須達成「調和社會公共利益，促進國家文化發展」之終極立法目的考量，或是藉由「著作合理使用」規範，使著

---

[37] 晏揚清，中華民國憲法，高立圖書出版，2008 年 2 月，頁 127-129。
[38] 謝瑞智，中華民國憲法，臺灣商務印書館，2011 年 5 月，頁 153。

作權人因獨占權利之保障，而有獎勵創作誘因的同時，亦能顧及公眾利用該等著作之需求，以增進社會文化整體發展的法制功能來看，我國著作權法第 47 條所規定內容，均符斯旨。而著作權法為何要有合理使用的規定？乃因文化是人類生活經驗的累積，藉由每個人不斷地學習先人所累積的經驗與知識，再往各領域鑽研，能讓新的創作源源不斷。著作雖然是著作人個別的創作，但其實大多源自於已有的文化，再融入個人的思想或情感而成，如全部由個人來獨享此成果，實有失公允，故應設有「合理使用」的規定，使社會大眾都能有合理分享文化發展成果的機會。

在智慧財產權法學者方面，國內學者論述其憲法基礎者並不多見，羅明通律師在其 2014 年的著作權專論中，認為著作權為無體財產權，自應受憲法第 15 條：「人民之財產權應予保障」之規定保護[39]。本文認為，將智慧創作成果之經濟利益歸於著作權人，即是將著作權當作「憲法意義上的財產權」看待，但並非所有對著作權的限制都是無法接受的侵害，立法者的任務，就在於平衡公益與私益。惟基於公益所作的限制，不一定都是完全正當的，仍需通過「比例原則」的檢驗。

我國著作權法第 47 條規定內涵是否已臻於完善，而無任何改進的空間？其實未必如此！通常我們檢視某項法律或行政措施有無違反「憲法保障人民自由權利」的疑慮時，以及對人民自由權利加以限制，是否確能增進公共利益，而屬必要時，可以運用前述的「比例原則」來檢驗其是否違憲。若是可以通過比例原則的檢驗，即為合憲；否則即為違憲。比例原則源自德國，為歐陸法系國家所採用的違憲審查模型。傳統的比例原則有其三大子原則，即「適當性原則」（國家所採取的措施，必須有助於達成目的）、「必要性原則」（如果有多種措施均可達成目的，國家應採取對人民侵害最

---

[39] 羅明通，著作權法論第 I 冊，自行出版，2014 年 4 月，頁 12。

小者），以及「狹義比例原則」（國家採取的手段，所造成人民基本權利的侵害，和國家所欲達成之目的間，應該有相當的平衡，即兩者不能顯失均衡，不能為了達成很小的目的，而使人民蒙受過大的損失）。我國大法官在違憲審查程序中進行比例原則的操作時，都會引用中華民國憲法第 23 條的條文：「以上各條（指第 7 條至第 22 條包括言論自由、秘密通訊自由、訴訟權、工作權等在內的權利）列舉之自由權利，除為防止妨礙他人自由、避免緊急危難、維持社會秩序，或增進公共利益所必要者外，不得以法律限制之。」作為比例原則在憲法中的法理依據。另行政程序法對於「比例原則」亦有相關規定。

本文認為，依據前述「比例原則」來檢驗著作權法第 47 條規定，雖能肯定該法制有利國家科技、經濟與文化等各方面之長期發展，而具有高度的公益價值，但是我國原公告法定使用報酬率表長期未加調整，似乎已損及原著作人權益，而有修訂之必要；且為增進因該條文適用而能產生之公益價值，亦應順應時代潮流演進，納入符合教育目的之其他使用著作行為，例如「公開傳輸」；另為表示尊重原著作人，並避免損害其著作人格權，應予增列「通知後利用原則」與「著作者信念改變之著作撤回權」。此外，主管機關應釐清教育目的之「公開播送」行為涵義，以避免該條文第 3 項之學校或教育機構無法適用「公開播送」法定費率，不利於相關公益價值之產生（即廣播教育之實施）。最後，仍然依照「比例原則」來檢視整體著作權法中，關於侵權行為所應負之民事及刑事責任規範，本文認為，實有必要將相關刑罰規定，修訂得更加合理，例如明定一般「非營利性」且「非常業性」之著作權侵害案件，排除刑罰規定之適用，以免讓人民有「用大砲打小鳥」的感受，而與「比例原則」及「刑罰謙抑原則」[40] 有違。

---

[40] 參見甘添貴，刑法之謙抑思想，月旦法學雜誌，第 24 期，1997 年 5 月，頁 50。刑法之謙抑思想共有補充性、片斷性、寬容性等三種內涵，所謂

二、建議

（一）原公告法定使用報酬率表之修訂建議

我國憲法本文中，並未有「智慧財產權」之用語，在實質內容上也未對著作權法、商標法及專利法的相關內容有所規定，比較有關的，可能是在基本國策一章中，第 165 條規定：「國家應保障教育、科學、藝術工作者之生活，並依國民經濟之進展，隨時提高其待遇。」以及在第 166 條規定：「國家應獎勵科學之發明與創造……」另外，第 167 條也規定，國家對於學術或技術有發明者之事業或個人，應予以獎勵或補助。按照前述規定，可知國家亦甚為注重實際從事「創作」者權益（例如著作權人）之維護與增進。

我國著作權法第 47 條的教科書法定授權制度，主要就是參酌日本 1970 年著作權法而制定，今考量日本教科書法定授權之使用報酬率計費係採「印量報酬率制」，與我國「定額報酬率制」不同，前者之著作權人有可能因為出版商「每年多次印行之累積總印量」而增加收入；後者則否，著作權人只能向出版商收取一次費用，而後出版商即得於審定執照有效期間持續印行，故我國著作權法第 47 條第 4 項之使用報酬率規定費率實屬偏低，故建議予以適度調高表定金額。

並且，現行著作權法第 47 條第 4 項之使用報酬率規定二十年不變，顯然極不合理，建議主管機關經濟部智慧財產局應定期調整前揭費率，例如每五年依據「國民所得統計資料」之增長幅度，同比例調高著作權法第 47 條第 4 項之使用報酬率，蓋因著作權人所

補充性者，係依社會統制之手段而言，刑法所扮演之角色，正如同車輛之備胎，最好備而不用，故刑法具有防止犯罪之最後手段的性質，但雖係以生活利益為其主要之保護任務，然因種類極為繁多，自無法盡受刑法之保護。亦即僅有重大生活利益之行為侵害始有保護之必要，此即為所謂之片斷性，而寬容性則是指，對於違法有責之行為，並非全部均加以處罰，其需要違法、有責，且須限於法律所特別規定，應予以處罰之行為。

獲報酬亦屬國民所得內涵之一，以維護著作權人應享權益。

另教科圖書審定執照之有效期間，依據最新國民小學及國民中學教科圖書審定辦法第 14 條規定，已無固定期限（原為六年），因而有必要修法明定支付使用報酬之授權期間，例如規定「支付一次使用報酬率之利用期間為三年（或六年），期滿如欲繼續使用，應另行付費。」以避免出版商支付一次使用報酬率之後，竟能無限期使用著作之不合理現象發生。

最後，建議攝影、美術或圖形著作宜區分計費級距。亦即考慮到在教科書內使用攝影、美術或圖形著作之尺寸占整個版面比例大小，其整體呈現效果與清晰度確有不同，如依在版面呈現之不同尺寸大小，而訂出相應之使用費率，應較為公允。故宜參考日本教科書補償金規定，採取不同的付費標準，例如規定為「使用攝影、美術或圖形著作，以張數為計算標準，不論為黑白或彩色，按其在教科書內所呈現版面大小，依下列情形分別計算之：1. 在四分之一頁以內者：每張新臺幣 1,000 元。2. 在超過四分之一至半頁者：每張新臺幣 2,000 元。3. 超過半頁至全頁，及使用於封面或封底者：每張新臺幣 3,000 元。」

（二）研究納入符合教育目的之其他使用著作行為（如公開傳輸）

數位化教材配合科技化學習，已成為全球經濟與教育極為重要的發展方向，為配合前述趨勢，教育部也在「深化數位學習推動草案」中，希望在未來數年內，能有許多的公教機關、大型企業和學校在數位學習環境上能有所提升。所謂數位化教材（digital teaching material）是指將教學內容數位化（例如數位化文章、圖表、圖案、照片、動畫、虛擬情境、語音或影片等），並儲存於各類電子媒體中，以作為講師教學與學員學習之用。從傳統板書及上課口頭說明，加上教學用書及講義資料，現代數位化之媒體使用，透過電腦「傳輸」，將有助於學生之學習，及教師傳達教學意

念[41]。

　　德國為因應網路之公開傳輸權發展，於 2007 年修訂著作權法第 46 條第 1 項規定時，即增加了「公開傳輸」行為的適用（但指定用於學校授課之著作，仍須經權利人同意始得公開傳輸，教會則否，是為時代先聲。對岸中國大陸著作權法第 23 條亦將教科書法定授權之規定，擴大適用於遠距教育的課程軟體之製作與提供，有利因應當前及未來學校教學技術改變之所需，並且制定了信息網路傳播權保護條例，使運用信息網路實施九年制義務教育或者國家教育規劃者得使用他人著作，此為我國著作權法第 47 條法定授權之內涵所無，相比之下，中國大陸則較為先進。

　　故為因應以電腦設備實施遠距教學的需要，我國著作權法第 47 條法定授權之使用著作行為態樣，亦應思考將「公開傳輸」納入其中為宜。至於公開傳輸方式之法定授權使用費率如何訂定，本文認為，原則上可用「規劃課程時數」計費，亦即以該公開傳輸著作內容，係為多少的「學習時數」而設，來計算費用，而非考慮檔案大小，以避免影音檔案大小隨著科技進步與日俱增後，帶來費率計算的諸多不確定性，致發生適用上的困難或是費率暴增的困境。

（三）增列「通知後利用原則」與「著作者信念改變之著作撤回權」

　　2007 年修正後德國著作權法第 46 條第 3 項規定：「將行使第一項規定所賦予之權利之意圖，應用掛號信函通知著作人；如著作人之住所或居所不明時，應通知專屬用益權人；專屬用益權人之住所或居所亦不明者，得將該通知於聯邦公報公告之。」因此教會、學校或授課者使用他人著作，應盡到通知著作人、專屬用益權人或公告於聯邦公報之義務，使著作人等了解其著作「將」使用於教育

---

[41] 李銘義，憲法數位化教學之初步設計，憲法體制與人權教學，麗文文化事業，2008 年 3 月，頁 22-23。

之事實。基於同法條第 1 項法定授權規定，著作人或專屬用益權人原則上不能反對該項利用其著作之行為。但同法條第 5 項規定：「著作不再符合著作人之信念，致不能期待著作人為著作之利用，且其因此理由已撤回現仍存在之用益權時，著作人得禁止重製及散布。」德國法制中「通知『後』利用原則」與「著作者信念改變之著作撤回權」饒富意義，也值得我國借鏡。

前揭「通知後利用原則」除能顯示對於原著作人之尊重外，亦為實現後者「著作者信念改變之著作撤回權」之必要條件，蓋若未先行通知原著作人使用其著作之意思，則無法探知原著作者之信念是否已經改變。此項「著作者信念改變之著作撤回權」，一方面能貫徹「著作人格權」的保護，例如某位作者改變了宗教信仰，便不宜再多散布其早期所著，且具原有宗教信仰內容的文章，乃因「見文如見人」之故；另一方面也能發揮「學說更新」的作用，可以避免讓作者眼睜睜地看著自己都已經不再認同的早期學說繼續「誤人子弟」。

綜上所述，為表示尊重原著作人，並且避免損害其著作人格權，建議於我國著作權法第 47 條中，比照德國著作權法第 46 條相關規定，增列「通知後利用原則」（先說再用），特別明定通知後等待著作人回覆之期限，而非如我國現制所允許的「說了就用」或是「用了再說」，以及增列「著作者信念改變之著作撤回權」。至於利用人以掛號信函通知或登報公告後，如原著作人遲未回覆如何處理，建議可作如下意旨之規定，即「利用人寄出掛號通知信函或登報公告逾『三十日後』，即得使用著作（重製、改作、編輯、公開播送、公開傳輸等）；惟於該期限後，原著作人始發覺使用之事實者，仍得要求利用人停止嗣後之使用著作行為，惟對已發生之使用著作行為，得依規定收受使用報酬（並按可使用期限比例計算，例如依規定可使用六年，於使用二年後停止，則僅須支付三分之一的法定使用報酬），且不得追究其他方面之責任。」

（四）非營利性著作權侵害案件排除刑罰之適用

著作權保護的刑罰規定，係為保障著作人權益而設的、不得已的非常措施，所以應該具體規定[42]「達到何種規模」的行為才加以處罰。過去我國在立法上曾經具體規定，惟因司法實務上認定的困難，仍修改條文，回歸交由法院個案認定，惟有學者認為，司法執行面不宜因為認定不易，就改成通通有可能成立犯罪，應參照中國大陸所為[43]，具體規定刑事責任的成立要件，對於學術與文化的創新發展才會有所助益[44]。

基於刑罰是為「最後且不得已」之制裁手段，本文建議，應將著作權法中相關刑罰規定，修訂得更加合理，例如明定一般「非營利性」且「非常業性」之著作權侵害案件，排除刑罰規定之適用。畢竟如太早或是太過頻繁使用刑罰，容易導致人民動輒得咎，而不知所措，倘若因此完全不敢使用他人著作，將不利於國家整體文化之發展，使各類著作無法發揮公益價值，此絕非合乎著作權法制之根本目的。況且，按照刑罰謙抑原則，唯有反社會、反倫理、危險程度高之犯罪行為，才值得發動刑事司法體系將其羅織入罪，故一般升斗小民之使用他人著作行為，其大多數實無須以刑責相繩。

最後建議，可參酌美國著作權法制實務，訂定「微量利用」免責之條款，對於瑣碎而微不足道的著作利用行為，屬於日常生

---

[42] 我國在 2003 年 7 月 11 日至 2004 年 9 月 1 日之間施行的著作權法曾經規定，侵權之情事區分為「意圖營利」與「非意圖營利」，達五份以上、五件以上或新臺幣 3 萬以上為處罰要件。

[43] 王俊貿，兩岸網路服務提供者責任之探討——以著作權侵權為中心，嶺東科技大學財經法律研究所碩士論文，2010 年 7 月。

[44] 中國大陸在 1995 年 1 月 16 日實施的最高人民法院「關於適用『全國人民代表大會常務委員會關於懲治侵犯著作權的決定』若干問題的解釋」第 2 條中，具體規定金額 2 萬元以上，單位違法所得數額在 10 萬元以上，因侵犯著作權曾經兩次以上被追究行政責任或民事責任者……，為處罰要件。轉引自前註論文。

活中常見且並未侵害著作權人實質經濟利益之案件，爲節省司法資源，故認定其免除法律上責任，並且在著作權侵害案件的判斷上，「優先」於合理使用之審查。亦即就著作權法而言，凡是利用他人享有著作權之著作的份量及利用部分之重要性，對於被利用著作而言，是「微不足道」或是「顯非重大之使用行爲」時，不構成著作權之侵害。

參考文獻

專書

1. 吳漢東，著作權合理使用制度研究，中國人民大學出版社，2013 年 9 月。
2. 李銘義，憲法數位化教學之初步設計，憲法體制與人權教學，麗文文化事業，2008 年 3 月。
3. 林玉体，西洋教育史，三民書局出版，2017 年 1 月。
4. 施啓揚，民法總則，自行出版，2005 年。
5. 美國 Butts 著，劉伯驥譯，歐美近代教育史，中華書局出版，2017 年 7 月。
6. 晏揚清，中華民國憲法，高立圖書出版，2008 年 2 月。
7. 章忠信，著作權法逐條釋義，五南圖書出版，2017 年 8 月。
8. 曾勝珍、洪維拓，智慧財產權法專論——著作權之抄襲與侵害，五南圖書出版，2013 年 2 月。
9. 曾勝珍、黃鋒榮，圖解著作權法，五南圖書出版，2016 年 12 月。
10. 黃怡騰，著作之合理使用案例介紹，經濟部智慧財產局，2001 年 8 月。
11. 黃銘傑，著作權合理使用規範之現在與未來，元照出版，2011 年 9 月。

12. 劉春田，案說著作權法，知識產權出版社，2008 年 1 月。

13. 蔡惠如，著作權之未來展望——論合理使用之價值創新，元照
出版，2007 年 8 月。

14. 蕭雄淋，著作權法論，五南圖書出版，2017 年 8 月。

15. 謝瑞智，中華民國憲法，臺灣商務印書館，2011 年 5 月。

16. 闕光威，論著作權法上之合理使用，元照出版，2009 年 8 月。

17. 羅明通，著作權法論第 I、II 冊，自行出版，2014 年 4 月。

期刊

1. 甘添貴，刑法之謙抑思想，月旦法學雜誌，第 24 期，1997 年 5
月，頁 50-52。

2. 黃嘉勝、黃孟元，遠距教育的定義、演進及其理論基礎，臺中
師院學報，第 13 期，1999 年 6 月，頁 495-508。

研究報告

1. 章忠信，強制授權之緣起與發展——從著作權法制談起，中央
研究院法律學所第六屆歐盟與東亞智慧財產權國際學術研討
會，2015 年 6 月。

2. 陸義淋、王怡蘋，著作人格權之比較研究期末報告，經濟部智
慧財產局 100 年委託學術機構研究案，2011 年 10 月 31 日。

3. 馮震宇，整體著作權法制之檢討研究報告，經濟部智慧財產局
90 年委託學術機構研究案，2001 年 9 月 15 日。

4. 蕭雄淋，著作權法第 47 條第 4 項使用報酬率之修正評估期末報
告，經濟部智慧財產局 97 年委託學術機構研究案，2008 年 12
月 20 日。

學位論文

1. 王俊貿，兩岸網路服務提供者責任之探討——以著作權侵權為
中心，嶺東科技大學財經法律研究所碩士論文，2010 年 7 月。

2. 張又文，著作權法上引用合理使用之研究，中原大學財經法律

學系碩士論文，2013 年 7 月。

3. 趙質堅，純公益性目的合理使用條款之研究，國立臺灣大學法律學院法律學系碩士論文，2012 年 7 月。

網路資源

1. 著作權法第 47 條第 4 項之使用報酬率，經濟部智慧財產局，https://www.tipo.gov.tw/ct.asp?xItem=332404&ctNode=7011&mp=1（最後瀏覽日：2018 年 6 月 25 日）。

2. 德國著作權法原文，經濟部智慧財產局，http://www.wipo.int/wipolex/en/details.jsp?id=10557（最後瀏覽日：2018 年 8 月 2 日）。

3. 日本著作權法第 33 條及第 34 條內容、中文翻譯，http://www.twword.com/wiki/日本著作權法（最後瀏覽日：2018 年 6 月 25 日）。

4. 日本文化廳公告之「使用教科書等揭載補償金規定」，http://www.bunka.go.jp/seisaku/bunkashingikai/chosakuken/bunkakai/43/pdf/shiryo1.pdf（最後瀏覽日：2018 年 6 月 25 日）。

5. 南韓著作權法第 25 條規定內容（英文版），經濟部智慧財產局，http://www.wipo.int/wipolex/en/details.jsp?id=7182（最後瀏覽日：2018 年 6 月 25 日）。

6. 中國大陸著作權法，經濟部智慧財產局，https://www.tipo.gov.tw/ct.asp?xItem=332852&ctNode=7015&mp=1（最後瀏覽日：2018 年 6 月 25 日）。

7. 中國大陸信息網路傳播權保護條例，經濟部智慧財產局，https://www.tipo.gov.tw/ct.asp?xItem=586880&ctNode=7767&mp=1（最後瀏覽日：2018 年 8 月 2 日）。

8. 美國著作權法第 107 條，英文資料來源：Lexis Advance 網站（最後瀏覽日：2018 年 7 月 5 日）。中文翻譯：經濟部智慧財產局，https://www.tipo.gov.tw/ct.asp?xItem=332837&ctNode=7015&

mp=1（最後瀏覽日：2018 年 7 月 3 日）。

9. 「頭條」報導，二戰後德國科學家都去美國之原因何在，https://kknews.cc/zh-tw/history/396g9j3.html（最後瀏覽日：2018 年 7 月 26 日）。

10.中國大陸「出版文字作品報酬規定」，中國網，china.com.cn，http://big5.chia.com.cn/chinese/zhuanti/zhshchq/778712.htm（最後瀏覽日：2018 年 8 月 24 日）。

11.國民所得統計常用資料，中華民國統計資訊網，https://www.stat.gov.tw/ct.asp?xItem=37407&CtNode=3564&mp=4（最後瀏覽日：2018 年 8 月 2 日）。

12.中國大陸著作權法實施條例，https://baike.baidu.com/item/中華人民共和國著作權法實施條例（最後瀏覽日：2018 年 8 月 24 日）。

國家圖書館出版品預行編目資料

智慧財產權法專論——營業秘密實務暨資
通安全與著作權法定授權／曾勝珍著.
-- 初版. -- 臺北市：五南圖書出版股
份有限公司, 2021.04
面；　公分.
ISBN 978-986-522-615-2 (平裝)

1.智慧財產權　2.經濟法規　3.資訊法
規　4.論述分析

553.433　　　　　　　　　110004384

1UC8

智慧財產權法專論——營業秘密實
務暨資通安全與著作權法定授權

作　　者 ― 曾勝珍（279.3）

發 行 人 ― 楊榮川

總 經 理 ― 楊士清

總 編 輯 ― 楊秀麗

副總編輯 ― 劉靜芬

責任編輯 ― 呂伊真、吳肇恩

封面設計 ― 姚孝慈

出 版 者 ― 五南圖書出版股份有限公司

地　　址：106台北市大安區和平東路二段339號4樓

電　　話：(02)2705-5066　　傳　真：(02)2706-6

網　　址：https://www.wunan.com.tw

電子郵件：wunan@wunan.com.tw

劃撥帳號：01068953

戶　　名：五南圖書出版股份有限公司

法律顧問　林勝安律師事務所　林勝安律師

出版日期　2021年4月初版一刷

定　　價　新臺幣420元

經典永恆・名著常在

五十週年的獻禮——經典名著文庫

五南，五十年了，半個世紀，人生旅程的一大半，走過來了。

思索著，邁向百年的未來歷程，能為知識界、文化學術界作些什麼？

在速食文化的生態下，有什麼值得讓人雋永品味的？

歷代經典・當今名著，經過時間的洗禮，千錘百鍊，流傳至今，光芒耀人；

不僅使我們能領悟前人的智慧，同時也增深加廣我們思考的深度與視野。

我們決心投入巨資，有計畫的系統梳選，成立「經典名著文庫」，

希望收入古今中外思想性的、充滿睿智與獨見的經典、名著。

這是一項理想性的、永續性的巨大出版工程。

不在意讀者的眾寡，只考慮它的學術價值，力求完整展現先哲思想的軌跡；

為知識界開啟一片智慧之窗，營造一座百花綻放的世界文明公園，

任君遨遊、取菁吸蜜、嘉惠學子！